经贸类专业实验教程系列丛书

期货交易与
实验教程

Qihuo Jiaoyi Yu Shiyan Jiaocheng

徐 雪 编著

首都经济贸易大学出版社

Capital University of Economics and Business Press

·北 京·

图书在版编目(CIP)数据

期货交易与实验教程/徐雪编著.--北京:首都经济贸易大学出版社,2019.8

ISBN 978-7-5638-2921-7

Ⅰ.①期… Ⅱ.①徐… Ⅲ.①期货交易—实验—高等学校—教材 Ⅳ.①F830.9-33

中国版本图书馆 CIP 数据核字(2019)第 046623 号

期货交易与实验教程

徐雪 编著

责任编辑	洪 敏	
封面设计	风得信·阿东 FondesyDesign	
出版发行	首都经济贸易大学出版社	
地 址	北京市朝阳区红庙(邮编100026)	
电 话	(010)65976483 65065761 65071505(传真)	
网 址	http://www.sjmcb.com	
E-mail	publish@cueb.edu.cn	
经 销	全国新华书店	
照 排	北京砚祥志远激光照排技术有限公司	
印 刷	北京九州迅驰传媒文化有限公司	
开 本	710 毫米×1000 毫米 1/16	
字 数	330 千字	
印 张	18.75	
版 次	2019 年 8 月第 1 版 2021 年 1 月总第 2 次印刷	
书 号	ISBN 978-7-5638-2921-7/F·1601	
定 价	43.00 元	

目　　录

第一章　导论 ……………………………………………………… 1

　　第一节　期货交易界定 ………………………………………… 1

　　第二节　期货市场的基本功能 ………………………………… 5

第二章　期货市场的组织结构 …………………………………… 14

　　第一节　期货交易所 …………………………………………… 14

　　第二节　期货结算机构 ………………………………………… 23

　　第三节　期货中介机构 ………………………………………… 26

　　第四节　期货投资者 …………………………………………… 29

第三章　期货合约与期货品种 …………………………………… 33

　　第一节　期货合约 ……………………………………………… 33

　　第二节　国内期货主要品种及合约 …………………………… 39

第四章　期货交易规则制度与交易流程 ………………………… 59

　　第一节　期货交易的规则制度 ………………………………… 59

　　第二节　期货交易的流程 ……………………………………… 71

第五章　期货价格分析 …………………………………………… 90

　　第一节　期货行情解读 ………………………………………… 91

　　第二节　期货价格的基本分析法 ……………………………… 96

　　第三节　期货价格技术分析法 ………………………………… 104

第六章　套期保值交易 …………………………………………… 130

　　第一节　套期保值概述 ………………………………………… 130

　　第二节　套期保值的种类及应用 ……………………………… 136

　　第三节　基差与套期保值 ……………………………………… 141

第七章 投机交易与套期图利 ……………………………………………………………… 159

　　第一节 期货投机概述 ……………………………………………………………… 159

　　第二节 投机交易方法与策略 ……………………………………………………… 163

　　第三节 期货套利交易 ……………………………………………………………… 170

第八章 金融期货 …………………………………………………………………………… 183

　　第一节 金融期货概述 ……………………………………………………………… 183

　　第二节 股票指数期货 ……………………………………………………………… 191

　　第三节 外汇期货、利率期货及股票期货 ………………………………………… 212

第九章 期权交易 …………………………………………………………………………… 233

　　第一节 期权交易概述 ……………………………………………………………… 233

　　第二节 期权价格 …………………………………………………………………… 245

　　第三节 期权交易 …………………………………………………………………… 248

　　第四节 期权交易的基本策略 ……………………………………………………… 254

第十章 期货模拟交易 ……………………………………………………………………… 262

　　第一节 申久金融投资实训平台简介 ……………………………………………… 262

　　第二节 模拟交易操作 ……………………………………………………………… 266

附录 期货风险案例及其分析 …………………………………………………………… 277

第一章　导　论

学习目的与要求

通过本章的学习，了解期货交易与现货交易的区别和特点，期货交易的产生、发展及我国期货市场建立与发展的过程，掌握期货交易的基本概念和期货交易、期货市场规避风险和价格发现两个基本功能，并充分认识期货市场在现代市场经济中的重要作用。

第一节　期货交易界定

期货交易是商品经济发展到一定阶段的必然产物，是社会经济发展的客观要求，是市场发展的高级形态，在形成规范的交易秩序和有影响的预期价值方面显示出巨大的优越性和市场导向作用，已经成为现代市场体系不可缺少的重要组成部分。

一、什么是期货交易

期货交易（futures trading）是一种与现货或实物交易完全不同的交易方式，如果用一句话来概括，就是在期货交易所内买卖标准化期货合约的交易，即投资者缴纳一定数量的履约保证金，通过在期货商品交易所公开竞价买卖期货合约并在合约到期前进行对冲，或通过期货转现货进行实物交割来了结义务的一种交易方式。

进行期货交易，买卖的是标准化合约，这种标准化合约规定了在将来某一特定时间和地点交割某种特定品质、规格的商品。但由于参与期货交易的投资者的基本目的是回避价格风险或投机获利，所以进行实物交割的比例很小，可见，期货市场上交易的并不是商品实物，而只是以商品实物为基础的一纸标准期货合约，所以有人说"期货不是货"。在期货市场上，投资者不论是否拥有商品实物，也不论是否需要商品实物，都可以进行期货合约的交易。

期货市场是市场经济发展的产物。随着商品生产和商品交换的发展，现货市场逐渐呈现出局限性。主要表现为：商品的市场价格经常会出现剧烈波动，而价格波动的风险又完全落到商品的生产者、经营者和消费者身上。由于现货市场价格调节的滞后性，必定导致市场供求的不平衡，形成巨大的市场风险，这对大宗初级产品和中间产品（半成品）生产和经营的影响尤其明显。比如，一旦原材料或产成品的市价下跌，就会导致生产者、加工者、经营者发生巨大亏损。为了弥补现货交易的不足，人们在长期实践中探索出一种能规避风险和价格发现的新的交易方式，即期货交易。建立期货市场，开展期货交易，借以保护生产者、加工者和经营者的利益，并作为一种风险投资手段，有助于形成均衡价格和转移市场风险。因此，期货市场和期货交易是市场经济发展到一定阶段的产物。

二、期货交易与现货交易的区别

现货交易（cash trading）是指买卖双方以即期现货合同或远期合同所确定的价格与付款方式、交割方式进行商品实物所有权转移的交易。根据交货期的不同，现货交易可分为即期交易（spot contract）和远期合同交易（forward contract）。人们习惯上常把远期合同交易称为"期货"，由此导致许多人误将现货远期合同交易与期货交易混为一谈。虽然期货交易是从现货交易中的远期合同交易发展而来的，但它已完全脱胎换骨，成为一种高级的市场交易形式。期货交易与现货交易的区别见表1-1。

表1-1　期货交易与现货交易的区别

交易方式	现货交易		期货交易
	即期交易	远期交易	
交易目的	获取或让渡商品实物	获取实物、转移风险或追求风险收益	转移价格风险或追求风险收益
交易对象	商品实物	商品实物或非标准合同	标准化合约
交易方式	一对一磋商，讨价还价（无特定限制）	拍卖或双方协商（无特定限制）	公开竞价，公平竞争
交易场所	无限制	无限制	期货商品交易所
结算方式	全额付款（分期或一次性）	全额付款（分期或一次性）	保证金交易（每日无负债结算）
结算关系	双方直接结算	双方直接结算	通过结算所结算
履约方式	实物交割	实物交割	合约对冲，少部分实物交割
交割方式	双方约定	双方约定	固定交割方式
信用风险	需要买卖双方诚信，风险较大	需要买卖双方诚信，风险较大	双方资信由交易所负责，风险小
商品范围	无限制（一切商品）	无限制（一切商品）	有限制（交易所上市品种）

由此可见，期货交易与现货交易是两种截然不同的交易方式，二者有着根本的区别。

（一）交易目的不同

现货交易的目的是获取或让渡商品的所有权，是满足买卖双方需求的直接手段。期货交易的主要目的不是到期获得实物，而是转移现货交易中的风险，包括价格风险、汇率风险和利率风险等，或猎取风险利润，因此，在交易中进行实物交割的数量很少。

（二）交易对象不同

现货交易的买卖对象是商品实物本身，而期货交易买卖的对象是以商品实物为基础的标准化期货合约。

（三）交易方式不同

现货交易一般是即时成交或在很短时间内完成商品的交收活动，交易方式灵活方便，无特定限制。期货交易必须在高度组织化的期货交易所内以公开竞价的方式集中进行交易，投资者参与期货交易必须委托期货经纪公司代理进行交易。

（四）交易场所不同

现货交易一般不受交易时间和场所的限制。期货交易必须在交易所内依照法规进行公开、集中的交易。

（五）结算方式不同

现货交易无论是货到付款、分期付款还是一次性付款，最终都要全额付款。期货交易只缴纳一定数额的保证金即可进行交易活动，但在交易过程中始终要维持一定的保证金水平（每日无负债结算）。

（六）结算关系不同

现货交易买卖双方根据双方签订的合同所约定的方式直接进行结算。期货交易双方不直接发生结算关系，所有期货交易都通过商品结算所或交易所的结算部门进行结算，交易双方互无关系，只对结算所负财务责任，结算所成为任何一个买者或卖者的交易对方，为每笔交易做担保。

（七）履约方式不同

现货交易的履约方式是实物交收。虽然远期合同交易也可采用背书方式转让合同，但最终的履约方式还是实物交收。期货交易有对冲平仓和实物交割两种履约方式，并且绝大多数期货合约都是通过对冲平仓方式了结的。据统计，在成熟的国际商品期货市场上，期货合约到期实际交割的比例不超过5%。

（八）交割方式不同

现货交易的交割方式由双方约定，交割时间、地点、验收等内容由双方在合同中具体约定。期货交易的交割方式是固定的，是通过交易所的指定注册仓库进行的。

（九）信用风险不同

现货交易中需要双方诚信，交易者可能面临信用风险，特别是远期交易，从交易达成到最终完成实物交割有相当长的一段时间，此间市场可能发生各种变化，如市场价格出现大幅波动、买方资金出现问题或卖方生产出现问题等，因而可能导致不履约的行为。期货交易以保证金制度为基础，每日进行无负债结算而且由交易所担保履约，因而信用风险很小。

（十）商品范围不同

现货交易的品种是一切进入流通的商品。期货交易的品种是有限制的，各交易所都有自己的上市品种，在不同的交易所只能对该交易所的上市品种进行交易。

三、期货交易的特点

（一）杠杆机制使得期货交易具有高收益、高风险的特点

期货交易的保证金制度使得期货交易者只需缴纳比率很低的履约保证金，通常只占交易额的 5%～10%，就可以进行数倍乃至数十倍的合约交易，形成杠杆作用。期货交易保证金比例越低，杠杆作用越大，高收益和高风险的特点越突出。例如，当保证金比例为 10% 时，如果不考虑手续费等因素，买入期货合约（做多头）后价格上涨 10% 时，交易者的投资回报达到 100%；而当保证金比例为 5% 时，如果不考虑手续费等因素，买入期货合约（做多头）后价格上涨 10% 时，交易者的投资回报将达到 200%。但是，高收益必然伴随着高风险，如果价格趋势与交易者预期相反，买入期货合约后价格下跌 10% 时，则保证金分别为 5% 和 10% 时，交易者的损失将分别达到 100% 或 200%。

（二）合约标准化使交易便利、高效

期货市场中买卖的标准化合约，除价格以外的所有条款都是由交易所统一规定的。这种标准合约既代表实物商品又作为一种交易单位，商品本身并不进入市场。交易双方不需对合约的具体条款进行协商。合约的标准化提高了它的互换性和流通性，使采用对冲方式了结义务十分便利，节约了交易时间，减少了交易纠纷。并且期货交易是一种规范化的交易，有固定的交易程序和规则，高效率运

作，一笔交易通常不超过一分钟即可完成。

（三）双向交易和对冲机制提供投资机会和市场流动性

双向交易和对冲机制为投资者提供了双向投资机会，同时提高了期货市场流动性。双向交易是指期货交易者既可以买入期货合约（做多头）作为期货交易的开端（称为买入建仓），也可以卖出期货合约作为交易的开端（称为卖出建仓），也就是通常所说的"买空卖空"。与双向交易特点相联系的还有对冲机制，即交易者可以在合约到期前通过与建仓时的交易方向相反的交易（对冲）来解除履约责任。正是由于期货合约可以在交割以前进行对冲，所以在期货交易中最后进行交割的比例很小，一般只占2%～4%。期货交易的双向交易和对冲机制，为投资者提供了双向投资机会：在期货价格上升时，可以通过低买高卖（做多头）来获利；在期货价格下跌时，可以通过高卖低买（做空头）来获利。这就创造了更多的盈利机会。期货交易的对冲机制，使期货合约可以在交易所内连续买卖、转手，频繁地进行交易，提高了期货市场流动性。

（四）当日无负债结算制度可以有效防范风险

期货交易实行当日无负债结算制度，即在每个交易日结束后，对交易者当天的盈亏状况进行结算，在不同交易者之间根据盈亏状况进行资金划转。如果交易者亏损且保证金账户资金不足，则要求交易者必须在下一交易日开市前追加保证金，做到"当日无负债"。无负债结算制度有力地保证了期货市场的正常运行，有效地防范了交易风险。

（五）集中化交易保证了期货市场的公开公正公平

期货市场是一个高度组织化、规范化的市场，期货交易必须在期货交易所内撮合成交，所有期货合约的买卖都必须在期货交易所内公开竞价，不允许进行场外交易。期货交易市场透明，交易信息完全公开，使交易者在平等的条件下公平竞争，避免了一对一的现货交易中容易产生的欺诈和垄断。

第二节　期货市场的基本功能

一、期货市场的功能

期货交易是从现货远期交易发展而来，是由远期合约的交易标准化形成的。早期期货市场就是远期合约的交易市场，具有为交易者提供安全迅速的交易场所、促进产销关系相对稳定、减缓价格波动等功能。随着经济的全球化、规模化以及期货市场制度的创新与完善，期货市场的功能发生了很大变化。作为一种高级的市场组织形式，它具有"规避风险""价格发现"的基本功能，成为现代期货市场不可缺少的组成部分。

（一）规避风险功能

在市场经济中，商品生产经营者在生产、经营过程中，不可避免地要遇到各种各样的风险，如信用风险、经营风险、价格风险等，其中经常面临的风险就是价格波动风险。期货市场规避风险的功能，为生产经营者回避、转移或者分散价格风险提供了良好的途径，也是期货交易发展的主要原因。而期货市场的避险功能是通过套期保值实现的。

1. 套期保值的方法

套期保值的基本方法是：在期货市场上买进或卖出与现货数量相等，但交易方向相反的期货合约，从而在期货市场和现货市场之间建立一种盈亏冲抵的机制，利用一个市场的盈利来弥补另一市场的亏损，从而达到转移价格波动风险并锁定成本、稳定收益的目的。因此，套期保值是在期货、现货两个市场之间建立盈亏冲抵机制，其结果是利用期货市场的盈利弥补现货市场的亏损，也可能是用现货市场的盈利弥补期货市场的亏损。但两个市场的盈亏数值完全相等的可能性较小，盈亏相抵后出现净盈利或者净亏损情况的可能性更大。但是，套期保值的结果即使是净亏损，一般要比单一现货市场价格变化的风险小得多。因此，商品生产经营者作为"风险厌恶者"，将套期保值作为在现代市场经济条件下规避风险的有力工具。

2. 通过套期保值规避风险的经济原理

期货市场通过套期保值实现规避风险的功能，主要基于如下经济原理。

（1）价格平行性原理：同种商品的期货价格和现货价格走势一致。对于同一种商品来说，在现货市场和期货市场同时存在的情况下，在同一时空内会受到相同的经济因素和现货供求等共同因素的影响和制约，因而一般情况下两个市场的价格变动趋势相同。

（2）价格收敛性原理：期货价格和现货价格随着期货合约到期日的来临，两者呈现趋同性。由于交割的存在，随着期货合约临近交割，现货价格与期货价格趋于一致。

3. 投机者、套利者的参与是套期保值实现的先决条件

要正确认识期货投机，首先要弄清投机的内涵。英语中的投机是 speculation，意思是预测市场知识、价格知识的综合作用；投机者为 speculator，意思是预测者、推断者、市场知识与价格知识的综合运用者。"投机"和"投机者"两个词

并无贬义。在中国，人们曾长期把"投机"与"倒把"连在一起，把"投机"与"分子"挂起钩来，使之呈贬义。这实属传统观念，颇为不妥。其实，投机是市场经济的必然产物，从总体上说，投机对市场经济发展是有利的，当然，对其副作用的一面也要加以限制。对期货投机和投机者应该正确认识和对待。期货市场上的投机者明知价格波动风险却依然进行投资，买卖期货合约，目的当然不是为了承担风险、承担损失。如果亏损风险存在的同时没有预期收益就不可能出现投机者。正是基于对市场未来走势的判断，预期收益的存在引领投机者自愿承担价格风险。所以，在投机者为了风险收益而进行风险投资的同时，套期保值者转移出来的价格风险也就有了真正的承担者。

生产经营者通过套期保值规避风险，但套期保值并不能消灭风险，而只能将其转移，转移出去的风险需要有相应的承担者，期货投机者、套利者正是期货市场的风险承担者。在期货市场上，由于期货价格受供求影响而处于频繁波动状态，并且期货交易所特有的对冲机制、保证金制度等交易制度，吸引了大量的投机者加入。从客观看，投机者的加入对生产经营者参与套期保值提供了很大便利。因为，当套期保值者在期货市场进行买卖合约的交易，每笔交易的达成，必须有相应的交易对手（即愿意卖出或买入合约的人），如果没有投机者的参与，而完全依赖其他套期保值者的参与来保证每笔交易的达成，那么成交的可能性是微乎其微的。例如，当商品生产者想在期货市场卖出期货合约进行保值时，客观上必须有一个或多个其他交易者恰巧在同一时间希望在期货市场上买入期货合约进行保值，并且交易数量、交易月份等细节应完全匹配。可以想象，在只有套期保值者参与的期货市场上，流动性是非常差的，也会影响套期保值者参与的积极性。因此，从这个角度看，投机者虽然在主观上是出于获取投机利润的目的而参与期货交易，但在客观上，却为套期保值的实现创造了条件，在为了获取投机利润的同时也承担了相应的价格波动风险，是期货市场风险的承担者。

期货市场的功能以及期货交易程序的特殊性，使得投机者可以通过买空或卖空期货合约进入期货市场，使市场中不仅有商品生产者和消费者，而且有大量的期货投机者。期货投机者参与期货交易的根本目的和直接动机是获得风险收益，并且期货市场的正常运行在很大程度上要依赖于投机者的参与。因为没有投机者参与就缺乏承担风险的足够力量，期货市场转移风险的功能也不可能实现，甚至期货市场的运行将发生阻滞。因此，投机既是期货市场活力的重要来源，又是期货市场的一个重要特性。

(二) 价格发现功能

价格发现是指在市场经济中，买卖双方通过交易活动，使某一特定产品在某一时间和地点的交易价格接近其均衡价格的过程。价格发现并不是期货市场所特有的功能，但期货市场的特有机制使之比其他市场具有更高的价格发现效率。

1. 期货市场的价格发现功能

期货市场的价格发现功能是指通过公开、公正、高效、竞争的期货交易运行机制，形成具有真实性、预期性、连续性和权威性价格的过程。

在市场经济中，价格信号是调节资源配置的重要手段。价格是在市场中通过买卖双方的交易活动形成的，反映了产品的供求关系。与此同时，价格变化又影响供求的变化。在期货市场形成之前，价格信息只能从现货市场中收集。但是现货市场的交易大多是分散零乱的，而且其准确程度也比较低，常常是滞后的。更重要的是，现货价格只反映某个时点的供求状况，不能反映未来供求变化及价格走势，因此可预测能力差，而且现货市场价格还受到信息收集范围、传递条件、手段及市场分割等限制，不可避免地出现价格失真。期货市场是一种高级的市场组织形式，规范性强，其特殊的运行机制从制度上形成了一个近似完全竞争的市场环境，为市场的有效运行提供了制度基础。因此，期货交易所吸引了众多的买方和卖方，他们通过场内的出市代表，把所掌握的影响商品价格的供求因素及其变动趋势的信息集中到交易场内，使之形成的期货价格能够比较准确地反映真实的供求状况及价格变动趋势。

2. 期货市场价格发现的原因

期货交易之所以具有价格发现的功能，主要原因有三点。

首先，期货交易参与者众多。期货交易的参与者中，除了会员以外，还有会员所代表的众多的商品生产者、销售者、加工者、进出口商以及投机者等。成千上万的买家和卖家聚集在一起进行竞争，可以代表供求双方的力量，有助于均衡价格的形成。

其次，交易者熟悉商品行情。期货交易市场中的交易人员了解某种商品的行情，有丰富的交易知识和广泛的信息渠道以及一套科学的分析预测方法。他们把各自的信息、经验和方法带到市场上去，结合自己的生产成本、预期利润，对商品供求和价格走势进行判断、分析和预测，报出自己的目标价格，与众多对手进行博弈。这样形成的期货价格，实际上反映了大多数人的预测，因而能够更近似地代表供求变动趋势。

最后，市场操作透明度高，竞争公开化、公平化，有助于形成公正的价格。

期货市场是集中化的竞价场所，自主报价、公开竞争，避免了现货交易中一对一交易方式容易产生的欺诈和垄断行为，因此，期货交易形成的价格有较高的权威性。

3. 期货市场价格发现的特点

通过期货交易形成的价格具有以下特点。

（1）预期性。期货价格具有预期未来供求关系及其价格变化趋势的功能。在期货市场的充分竞争环境中，众多参与者基于利益最大化和自己对市场的预期进行公开、公平的交易。大量市场信息在场内产生、聚集、反馈、扩散，使得在大量高质量信息流基础上形成的期货价格能够反映供求关系的变化。这样形成的期货价格实际上反映了大多数人的预测，是市场力量均衡竞争的结果，因而能够反映供求变动趋势。

（2）连续性。期货价格是连续不断地反映供求关系及其变化趋势的一种价格。这是因为期货交易是一种买卖期货合约的交易，而不是实物商品交易。实物交易一旦达成一个价格之后，如果买入实物的一方不再卖出该商品或不马上卖出该商品，新的商品交易就不会再产生或不会马上产生，从而就不可能有一个连续不断的价格。而期货交易是买卖期货合约的交易，实物交割的比例非常小，交易者买卖期货合约的本意大多不是为了实物交割，而是利用期货合约做套期保值交易或投机交易，因此，在买进或卖出后，必须再卖出或买进相同数量的期货，同时，由于期货合约是标准化的，转手非常容易、便利，买卖非常频繁，这样，就能不断地产生期货价格。

（3）公开性。期货价格是集中在交易所内通过公开竞争达成的，依据期货市场的信息披露制度，所有在期货交易所达成的交易及其价格都必须及时向会员报告并公之于众。通过传播媒介，交易者能够及时了解期货市场的交易情况和价格变化，并迅速传递到现货市场。交易者都力图以对自己最有利的价格成交，完全根据价格变化来采取行动。由于交易者不知道对手是谁，不存在因某种偏好一定要向某人出售或购买的情况，从而保证了交易的公平。

（4）权威性。正是由于期货价格能够真实地反映供求及价格变动趋势，具有较强的预期性、连续性和公开性，所以在期货交易发达的国家，期货价格被视为一种权威价格，成为现货交易的重要参考依据，也是国际贸易行业研究世界市场行情的依据。

在国际市场上，价格信息是不受国界限制的，人们在收集、分析有关巴西大豆生长状况后所得出的结果，立刻就会在大豆、豆粕和豆油期货价格上有所反应。有关外资铜矿国有化的消息也会立即在纽约、伦敦市场上的铜、白银和其他有关商品期货价格上充分体现出来。政府发表的关于联邦储备松动银根的报告，会立刻被市场所关注并对美国政府长期国库券价格产生影响。由于期货市场对各方面的价格信息反应最为灵敏，因此期货价格成为现货交易中最广泛的参考价格。随着期货交易和期货市场的不断完善，尤其是随着期货市场国际联网的出现，期货市场的价格发现功能越来越完善，期货价格能够在更大范围内综合反映更多的供求影响因素，有助于人们更准确地预测未来价格变化的趋势。

二、期货市场的作用

期货市场的作用是期货市场基本功能的外在表现，其发挥的程度依赖于社会、经济、政治等外部条件的完善程度。期货市场的作用是多元的、综合的，可分为宏观和微观两个层面。

（一）期货市场在宏观经济中的作用

1. 期货市场提供的转移价格风险工具有助于稳定国民经济

期货品种涉及农产品、金属、能源、金融等行业，而这些行业在国民经济中具有举足轻重的作用。期货市场为这些行业提供了转移价格风险的工具，有利于减缓价格波动对行业发展的不利影响，有助于稳定国民经济。例如，以芝加哥期货交易所为代表的农产品期货市场促进了美国农业生产结构的调整，保证了农产品价格的基本稳定；美国芝加哥商业交易所集团和芝加哥期权交易所为国债和股市投资者提供了避险工具，促进了债券和股票市场的平稳运行。

2. 期货市场信息为政府宏观经济政策提供参考依据

制定宏观经济政策是政府的基本经济职能之一，而关系国计民生的重要商品物资供求状况及价格趋势，是政府制定宏观经济政策的重点参考对象。由于现货市场的价格信息具有短期性的特点，仅反映一个时点的供求状况，故以此作参考制定的政策具有滞后性。通过现实的市场价格指导未来的生产或进行产业结构调整，经常会造成下一阶段市场供求失衡，容易产生社会生产盲目扩张或收缩，造成社会资源的极大浪费。而期货交易是大量信息相互作用，进而对远期价格进行预测的一种竞争性经济行为。它所形成的未来价格信号能够反映多种生产要素在未来一定时期的变化趋势，具有超前性。政府可以依据期货市场的价格信号确定和调整宏观经济政策，引导工商业企业调整生产经营规模和方向，使其符合国家宏观经济发展的要求。例如，上海期货交易所的铜、铝期货报价已经为国家所认可，成为国内资源定价的依据，并且已经在国际上产生了影响，充分体现了期货市场的价格发现功能。

3. 期货市场促进本国经济的国际化

长期以来，许多市场经济国家都在努力寻找解决现货市场所带来的地域分割和相关贸易政策限制的方法，促进本国经济的国际化发展。标准化的期货合约交易为期货交易成为全球无差别的交易方式提供了条件；同时，期货交易具有公开、公平、公正的特点，市场透明度高，形成的价格是国际贸易中的基准价格，于是期货市场便成为各个国家合理配置资源的基础。利用期货市场能够把国际、国内两个市场联系起来，促进本国经济的国际化发展。

期货市场能吸引大量的投资，繁荣当地和周边地区的经济，促进建筑、交通、仓储、通信等事业的快速发展，并开展国际交流。期货市场的发展，使贸易量增加，同时引发相关投资，如储运业、通信业、房地产业、旅游业等投资，经纪公司和一些金融机构的业务也相应得以发展，由此促进了市场经济繁荣。一些期货交易所已跨越国界，成为国际期货贸易中心。

4. 有助于增强国际价格形成中的话语权

期货价格在国际和国内贸易中发挥了基准价格的作用，期货市场自然成为市场定价中心。在世界经济联系越来越紧密的今天，一些大国的期货市场甚至已经成为全球定价中心。20世纪80年代后，美国、英国等地的交易所集中了世界上绝大多数的农产品、石油和金属原材料的期货交易，形成的价格已成为国际市场基准价格。这种地位形成后，其他国家的企业在进行贸易时，甚至在确定国内价格时也要参考它们的价格，以致在贸易中处于被动地位。为此，在经济全球化背景下，发展中国家应积极建立自己的期货交易所，增强国际价格形成中的话语权。

5. 有助于市场经济体系的建立与完善

无论是发达国家还是欠发达国家，都存在一定的社会闲置资源和资金。实现对这些资源与资金的最佳利用，必须依靠完善的市场经济体系。现代市场体系是相互关联、有机结合的市场群，不仅包括消费资料和生产资料等产品市场，也包括劳务、技术、信息、土地等生产要素市场，以及证券、期货市场在内的金融市场。其中，期货市场是市场经济发展到一定历史阶段的产物，是市场体系中的高级形式。期货市场的发展和创新是市场体系在现代发展的主要表现之一。从20世纪70年代的金融期货创新，到80年代期权交易的广泛开展，都表现出期货市场发展和创新的强劲势头。从另一个角度讲，现货市场和期货市场是现代市场体系的两个重要组成部分，建立有现货市场和期货市场共同构成的现代市场体系，能够使市场机制的基础调节作用得以全面发挥。同时，期货市场的形成和高效安全运行增强了金融市场与商品市场的关联度，提高了市场体系的运行效率，降低了市场交易成本，提高了市场机制优化经济资源配置的能力。

6. 调节市场供求，减缓价格波动

当期货价格发生变化时，生产者可根据期货市场提供的关于下一生产周期供求情况和价格变化趋势的预测，决定下一生产周期的生产规模和产品结构。通过增加或减少市场供应量，使市场供求趋于平衡，从而抑制市场价格的剧烈波动。同时，期货价格的权威性解决了现货价格失真及对生产经营调节滞后的问题，提供了下一生产周期的合理预期。用期货交易把产销衔接在一起，稳定了产销关系，使未来市场上的供求大致处于平衡状态，从而有效地抑制市场供求和价格的非正常波动。

（二）期货市场在微观经济中的作用

1. 期货交易有助于企业锁定生产成本，实现预期利润

企业在生产经营过程中，利用期货市场进行套期保值，可以帮助企业规避现货市场的价格风险，达到锁定生产成本、实现预期利润的目的，避免企业生产活动受到价格波动的干扰，保证生产活动的平稳进行。在美国，大多数农场主通过直接或间接方式进入期货市场进行套期保值交易。在我国，尽管期货市场建立的时间不长，但随着市场经济体制的逐步建立，企业面临的市场风险增大，许多企业开始利用期货市场进行套期保值交易。许多大型国有企业多年来利用期货市场开展套期保值业务，已经取得了很好的经济效益。

2. 企业利用期货价格信号组织安排现货生产

企业利用期货市场价格发现的功能，对现货商品的未来价格走势形成预期。期货市场的价格信号有助于企业调整相关产品的生产计划，避免生产的盲目性。例如，我国大连商品交易所大豆期货价格对东北大豆生产区的生产以及整个大豆产业都起着重要指导作用，成为全国大豆市场的主导价格。黑龙江等大豆主产区自 1997 年开始参考大连商品交易所大豆期货价格安排生产，确定大豆种植面积。

3. 期货市场拓展了企业的现货销售和采购渠道

企业在现货市场交易中面临的问题之一，就是合同的兑现率不高，信用风险大。原因主要是交易双方个别、分散签约，缺乏履约的约束力，往往是一方违约，不仅会给对方造成损失，而且可能形成债务链。期货交易所采取集中竞价方式，市场的组织化和规范化程度高，进场交易者必须是交易所正式会员，这些会员都经过了严格的信用审查，并需要缴纳一定的履约保证金，加之交易所也负有履约担保责任，因而使合约的履行有了切实的保证。在现货市场发展不尽完善的情况下，持有或需要现货的生产经营者利用期货市场进行实物交割，可以弥补现货市场流通功能的不足。例如，国内某油脂企业把采购部设在大连商品交易所，根据加工进度，每月都从大连商品交易所采购大豆，有力地保障了企业的原料来源。通过期货市场采购或销售现货，具有履约严格、资金安全、质量保证、库存降低、节约采购费用的优势，吸引了大批生产加工企业。

4. 期货市场促使企业关注产品质量问题

在现代经济社会中，提高产品质量、树立企业信誉是企业生存之本。在期货市场中，期货品种的交割等级实行标准化，其质量、规格等都有严格规定，通过确定不同交割品级升水或贴水，体现优质优价的市场法则，为生产企业提高其产品质量发挥促进作用。例如，沈阳冶炼厂的"矿工"牌电解铜一度因质量问题被交易所取消注册交割资格，为此，该厂经过狠抓产品质量，健全质量管理体系，终于使产品重返上海期货交易所。江西铜业公司的"贵冶"牌电解铜在上海期货市场一度被评为贴水级，该公司通过一系列措施改进产品质量，使产品不但在国内期货市场成为升水交割品，而且成为我国第一个在伦敦金属交易所注册的交割品牌。

第二章 期货市场的组织结构

学习目的与要求

全面认识期货市场的组织结构，掌握每个组成部分的性质、功能与作用，了解期货市场投资者的类型及其特点。

期货市场是一个高度组织化的市场，有着严密的组织结构和交易制度，从而可以保障期货市场的有效运转。期货市场的组织结构由期货交易所、期货结算机构、期货公司和期货市场投资者构成。这四个组成部分既相互依赖又相互制约，形成了一个完整的组织结构体系。

第一节 期货交易所

期货交易所起源于现货交易市场。随着交易组织化、规范化程度的提高，现货交易的市场管理职能不断强化。特别是远期现货交易市场，对市场管理职能提出了更高的要求。市场作为组织者和管理者，要制定交易规则、规范交易行为、监督合同履约。从这个意义上讲，有组织的远期现货市场是期货交易所的雏形。1848 年成立的美国芝加哥期货交易所（Chicago Board of Trade，CBOT）被称为世界上第一个规范化的期货交易所，但其开始只是一个现货市场，从事的是远期合同交易，直到 1865 年才推出标准化期货交易。1862 年建立的纽约商品交易所（New York Commodity Exchange，NYMEX），1870 年建立的纽约棉花交易所（New York Futures Exchange，NYFE）无不如此，这些交易所都参照了芝加哥期货交易所的模式。我国 1990 年成立的中国郑州粮食批发市场、1992 年成立的上海金属期货交易所，在成立初期，也是组织管理远期现货交易的市场。

一、期货交易所的性质

期货交易所是为买卖双方提供专门进行标准化期货合约交易的场所，交易所按其章程实行自律管理，以其全部财产承担民事责任。在现代市场经济条件下，期货交易所是一种具有高度系统性和严密性、高度组织化和规范化的交易服务组织，自身并不参与交易活动，不参与期货价格的形成，也不拥有合约标的商品，只为期货交易提供设施和服务。

期货交易所是伴随着现货市场规范化程度的提高而由现货商自发建立的市场组织，往往以商人协会、贸易委员会等形式出现，世界上最早建立的期货交易所大多如此。但是并非每个期货交易所都是现货商自发建立的，特别是 20 世纪后建立的期货交易所，大都是由政府立法，在政府批准和监督管理之下有组织有计划建立的。完整意义上的期货交易所应是组织和管理期货、期权及其他金融衍生产品交易的组织机构。由于规范化的期货交易与远期现货合同交易在市场功能等方面的差别，期货交易所对市场的管理职能尤其是风险控制和履约保障有特殊的要求。

二、期货交易所设立的条件及职能

（一）期货交易所设立的条件

期货交易所的设立需要具备一定的条件。

第一，交易所所在地一般为经济、金融中心城市。这些城市有较好的基础设施，能够满足现代期货交易对信息传送、商品运输以及各项服务的要求，可以提供好的工作生活条件，从而能最大限度地吸引交易者的参与。

第二，需要雄厚的资本实力。期货交易所是一种大规模的集中交易场所，需要大量的资本投入以提供良好的基础设施和交易条件，如高效的计算机系统、先进的通信设备、优质的物业等。

第三，要拥有一批高素质的期货专门人才。期货交易作为一个专业性极强的特殊市场，必须有严格规范高效的管理，才能正常运行并充分发挥其功能作用，而这种管理的实施必须依赖一支高素质的专业人员队伍。

第四，要有完善的章程和规则。期货市场的特殊性决定了完善的章程和严密的规则的重要性，因此，期货交易所必须制定符合规范化要求的规章制度并付诸实施，才能保证期货市场的正常运行。

世界上多数国家的交易所由政府有关部门批准才能正式运行。我国《期货交易管理条例》第六条规定："设立期货交易所，由国务院期货监督管理机构审批。未经国务院批准或者国务院期货监督管理机构批准，任何单位或者个人不得设立期货交易所或者以任何形式组织期货交易及其相关活动。"

（二）期货交易所的职能

《期货交易管理条例》规定了期货交易所的主要职能有以下几点。

1. **为期货合约的正常交易提供交易场所、设施和服务**

期货交易所是期货交易双方进行期货交易的固定场所，必须创造完善的硬件环境，包括必要的设施、先进的通信联络设备、现代化的信息传递和显示设备；同时，还要有完备周到的配套服务，确保期货交易能够顺利进行。

2. **为期货交易设计合约、安排上市**

合约的标准化是期货交易得以进行的前提条件。由交易所制定合约的标准化条款，有效免除了交易者因合约条款发生纠纷而使交易无法进行的可能性，提高了市场的流动性和效率。同时，期货交易所要根据市场需求变化，精心设计并选择合适的时机安排新合约上市，才能保持期货市场的活力，更有效地发挥期货市场的功能与作用。

3. **组织并监督期货交易、结算和交割**

期货交易有一套复杂严密的交易程序，期货交易所的组织监督保证了交易流程有序和稳定，以降低市场交易成本、提高市场运行效率。由于结算是由作为交易所内部机构的结算部门进行的，所以我国期货交易所还兼有结算职能，负责组织和监督结算、交割环节，同时对指定交割仓库进行监管。

4. **为期货交易提供集中履约担保**

期货交易所有一整套严格的规章制度和交易程序，并为参加期货交易的投资者在财务资信等方面提供一定程度的担保。只要符合期货交易所的有关规定，凡是在期货交易所内买卖的期货合约都可以得到履约保证，而违约者则会受到相应处罚。正是由于这一点，期货交易吸引了大量的客户参与，保证了期货市场竞争的充分性和期货价格形成的权威性。

5. **按照章程和交易规则对会员进行监督管理**

期货交易所的会员在期货市场上处于比较有利的地位，比一般交易者了解更多的内幕信息，如果他们利用自己的优势为自己牟利，必然会损害一般交易者的合法利益，甚至会破坏正常的市场秩序。因此，期货交易所必须按照章程和交易规则对会员的期货业务进行监督管理，严厉查处会员的违法、违规行为，以保证期货交易的公开、公平和公正。

此处还包括国务院期货管理机构规定的其他职责。

三、期货交易所的分类及其组织形式

从组织形式上看，各个国家的期货交易所可分为会员制交易所和公司制交易所两大类。

（一）会员制期货交易所

会员制期货交易所是实行自律管理的非营利性的会员制法人，由全体会员共同出资组建；会员缴纳相等份额的资格金，作为交易所的注册资本。缴纳会员资格费是取得会员资格的基本条件之一，不是投资行为，不存在投资回报问题。交易所是会员制法人，以全额注册资本对其债务承担有限责任。会员制期货交易所的权力机构是由全体会员组成的会员大会，会员大会的常设机构是由其选举产生的理事会。

1. 会员的资格

会员是在自愿申请的基础上，经交易所专门管理机构审查后批准接纳的，拥有一定的经济实力和良好信誉的生产、加工、贸易商。有的交易所会员以公司、厂商为主，有的以私人为主。

会员在进场交易或代理客户交易之前，必须取得会员资格。从国际期货市场的交易所会员制运作状况看，期货交易所会员的资格获得方式有多种，主要是：①以交易所创办发起人的身份加入；②接受发起人的转让加入；③依据期货交易所的规则加入；④在市场上按市价购买期货交易所的会员资格加入。

2. 会员的构成

世界各地交易所的会员构成分类不尽相同。有自然人会员与法人会员之分，全权会员与专业会员之分，结算会员与非结算会员之分，等等。欧美国家会员以自然人为主。中国则不允许自然人成为会员，只有境内登记注册的法人才能成为会员。

3. 会员的权利和义务

期货交易所会员必须按期缴纳会费。会员享有会员的权利和承担相应义务如下。

交易所会员的基本权利包括：参加会员大会，行使表决权、申诉权；在期货交易所内进行期货交易，使用期货交易所提供的交易设施，获得有关期货交易的信息和服务；按规定转让会员资格，联名提议召开临时会员大会，等等。

会员应履行的主要义务包括：遵守国家有关法律、法规、规章和政策，遵守期货交易所的章程、业务规则及有关决定，按规定按期缴纳各种费用，执行会员大会、理事会的决议，接受期货交易所的业务监管，等等。

4. 机构设置

会员制期货交易所的具体组织结构各不相同，但一般均设有会员大会、理事会和专业委员会。

（1）会员大会。按照国际惯例，会员大会由交易所的全体会员组成，是期货交易所的最高权力机构，对期货交易所的重大事项做出决定，如制定、修改或废止章程及业务规则，选举和更换高级管理人员，审议和批准财务预算和决算报告，决定交易所的合并和终止等。

（2）理事会。理事会是会员大会的常设机构，对会员大会负责。按照国际惯例，理事会成员由会员大会选举产生；理事会设理事长一人，副理事长若干，由理事选举和任免。政府管理部门一般规定在理事会构成中要有一定比例的非会员理事，代表公众的利益参与决策。考虑到中国期货市场的特殊情况，中国《期货交易管理暂行条例》规定，期货交易所的理事长、副理事长由中国证监会提名，理事会选举产生。理事会一般行使下列职权：召集会员大会，向会员大会报告工作；监督会员大会和理事会决议的实施；监督总经理（总裁）履行职务行为；拟定期货交易所章程、交易规则及修改方案，提交会员大会通过；审议总经理提出的财务预算和决算报告，并提交会员大会通过；审议期货交易所的设置、分立、解散和清算方案，并提交会员大会讨论；决定专门委员会的设置；决定新会员的接收及对严重违规会员的处罚；决定期货交易所的变更事项；违规情况下采取临时处置措施的权力；异常情况下采取紧急措施的权力；审定风险准备金的使用；审定总经理提出的交易所发展规划；审定依据期货交易规则制定的细则和方法，等等。

（3）专业委员会。理事会下设若干专业委员会，一般由理事长提议，经理事会同意设立。各专业委员会由理事会委派的理事主持，若干名会员参加，负责某一方面的工作。期货交易所的专业委员会有多有少，但一般会有如下几个：①会员资格审查委员会。负责审查新会员入会申请和会员资格转让。②交易规划委员会。负责起草交易规则，并按理事会提出的修改意见进行修改。③交易行为管理委员会。负责监督会员交易行为，监督和审核风险控制措施。④合约规范委员会。负责审查现有合约并向理事会提出有关合约修改的意见。⑤新品种委员会。负责对本交易所发展有前途的新品种期货合约及其可行性进行研究，负责准备和起草拟发展的新品种期货合约的论证报告及其他必要文件，以便报上级主管单位批准。⑥业务委员会。负责监督所有与交易活动有关的问题，调查、审查和解决交易期间以及以后发现的错误或价格不符等问题。⑦交割委员会。负责监督会员交割行为，监督交割仓库行为，讨论修改交割管理规定。⑧仲裁委员会。负责通过仲裁程序解决会员之间，非会员与会员之间以及交易所内部纠纷及申诉。

5. 管理架构

根据交易所工作职能需要设置相关业务管理部门。一般来说，交易所都设有总经理、副总经理及其相关的交易、交割、研究发展、市场开发、财务等业务部门。由于中国期货市场的特殊性，《期货交易管理条例》第七条规定，"期货交易所的负责人由国务院期货监督管理机构任免"。总经理为期货交易所的法定代表人。

总经理的职权一般包括：组织实施会员大会、理事会通过的制度和决议；聘任期货交易所工作人员；决定期货交易所的机构设置；主持期货交易所的日常工作；根据章程和交易规则，拟定有关细则和办法；拟定并实施经批准的期货交易所发展规划；拟定期货交易所财务预算和决算报告；决定期货交易所工作人员的工资和奖励方案；拟定期货交易所合并、分立、解散、清算方案等。

（二）公司制期货交易所

公司制交易所是由投资者以入股方式组建并设置场所和设施，经营交易市场的股份有限公司，是以营利为目的的企业法人。其盈利来自交易所收取的交易手续费等各项费用。交易所按照持股比例在股东间对盈利进行分配。

1. 主要特点

公司制期货交易所的主要特点有：对场内交易承担担保责任，即对交易中任何一方的违约行为所产生的损失负责赔偿；公司制交易所重视盈利，成本观念强，注重提升市场竞争力和市场效率。公司制交易所收取的交易费用较多，交易商的负担较重。

2. 机构设置

公司制交易所一般采用公司制管理，下设股东大会、董事会、监事会及经理机构，各负其责，相互制约。入场交易的交易商的股东、高级职员或雇员不能成为交易所的高级职员。

（1）股东大会。股东大会由全体股东共同组成，是公司最高权力机构。股东大会对公司的重大事项做出决议，如：修改公司章程，审议批准公司的年度财务预决算，决定公司的经营方针和投资计划，增加或者减少注册资本，等等。

（2）董事会。董事会是股东大会的常设机构，对股东大会负责。董事会一般行使以下职权：负责召集股东大会，并向股东大会报告工作；执行股东大会决议；决定公司的经营计划和投资方案；聘任或者解雇公司经理，根据经理的提名，聘任或解聘公司副经理、财务负责人，等等。

（3）经理。经理对董事会负责，由董事会聘任或者解聘。经理列席董事会会议。经理行使以下职权：主持公司的经营管理工作，组织实施董事会决议；组织实施公司年度经营计划和投资方案；拟定公司的基本管理制度；制定公司的具体规章；提请聘任或解聘公司副经理、财务负责人；聘任或者解聘除应由董事会聘任或者解聘以外的管理人员，等等。

（4）监事会。股份公司设置监事会，监事会由股东代表和适当比例的公司职工代表组成。监事列席董事会会议。监事会行使以下职责：检查公司的财务；对董事、经理执行公司职务时的行为进行监督；对违反法律、法规、公司章程或董事会决议的董事和高级管理人员提出罢免建议；当董事和经理的行为损害公司的利益时，要求董事和经理予以纠正；提议召开临时股东大会，等等。

与会员制期货交易所一样，公司制期货交易所也设有专业委员会，由于其作用和会员制公司基本相同，这里不再赘述。

（三）会员制和公司制期货交易所的区别

会员制与公司制期货交易所不但在设立时不同，在实际运行过程中也有明显的差别，主要表现在四个方面。

1. 设立目的不同

会员制法人是以公共利益为目的；而公司制法人是以营利为目的，并将所获利益在股东之间进行分配。

2. "三权"分配不同

会员制期货交易所的所有权、经营权、交易权相互联系，交易所的全部财产归全体会员所有、占用、使用和处置，交易所为会员利益而运作，只有交易所会员才能利用交易所的交易系统进行交易。公司制期货交易所全部财产属于全体股东，与会员制交易所不同的是，公司制交易所会员可以是交易所的股东，也可以不是交易所的股东，即交易权与所有权分离。

3. 承担的法律责任不同

在会员制期货交易所内，各会员除依照规定分担经费和出资缴纳的款项外，会员不承担交易中的任何责任。公司制期货交易所的股东除缴纳股金外，还要对期货交易所承担有限责任，并对场内交易承担担保责任，即对交易中任何一方的违约行为所产生的损失负责赔偿。

4. 资金来源不同

会员制期货交易所的资金来源于会员缴纳的会费等，其每年的开支均从当年的盈利和会员每年上缴的年会费中取得，盈余部分不作为红利分给会员；公司制交易所的资金来源于股东本人，只要交易所有盈利，就可将其作为红利在出资人中进行分配。

尽管会员制和公司制期货交易所存在上述差异，但都是以法人组织形式设立，权利和义务处于平等地位，同时要接受证券期货管理组织的管理和监督。

中国四家交易所采取两种不同的组织结构。上海期货交易所、大连商品交易所和郑州商品交易所采取会员制。2006 年 9 月 8 日成立的中国金融期货交易所则是公司制交易所。

四、中国期货交易所简介

（一）上海期货交易所

上海期货交易所的前身上海金属期货交易所成立于 1990 年 11 月 26 日，1995 年期货市场整顿，上海金属期货交易所、上海粮油商品交易所及上海商品交易所为试点期货交易所；1998 年 8 月，根据国务院关于进一步整顿规范期货市场的要求，上海三家交易所实行合并，组建上海期货交易所，于 1999 年 12 月正式营运。上海期货交易所（以下简称上期所）是受中国证券监督管理委员会（以下简称证监会）集中统一监管的期货交易所，宗旨是服务实体经济。根据公开、公正、公平和诚实信用的原则，目前挂牌交易的金属类期货有：铜、铝、锌、铅、锡、镍、黄金、白银、螺纹钢、线材、热轧卷板 11 种；能源化工类期货有原油、燃料油、沥青、天然橡胶、纸浆 5 种。2018 年 9 月 21 日，沪铜期货期权在上期所正式挂牌上市，这是我国的第一个工业品期权。

上期所挂牌交易的各品种中，铜期货已成为世界影响力最大的三大铜期货市场之一，并与铝、锌、铅、镍、锡期货形成了完备的有色金属品种系列，能较好地满足实体行业需求。天然橡胶期货的权威定价地位逐步巩固，"保险+期货"精准扶贫试点喜结硕果。黄金、白银期货，促进了贵金属市场体系的健康发展，丰富了期货市场的品种结构和功能作用。螺纹钢、热轧卷板、线材等黑色金属期货，进一步优化了钢材价格形成机制，助力我国钢铁工业健康有序发展，提高了我国钢铁价格的国际影响力。原油、燃料油、沥青期货加快推进能源类期货产品的探索，提升我国石油类商品的市场影响力。上期所首创的保税交割和连续交易，为期货市场对外开放和国际化打下了基础，促进了相关品种国内外价格的及时联动，为投资者实时进行风险管理提供了便利。建设上期所标准仓单交易平台，更好为实体经济服务。2018 年 3 月 26 日，上期所上海国际能源交易中心正式推出原油期货交易，将为服务国家能源战略，推动中国期货市场的对外开放和国际化做出新的贡献。

（二）大连商品交易所

大连商品交易所（以下简称"大商所"）成立于 1993 年 2 月 28 日，是经国务院批准的四家期货交易所之一，也是中国东北地区唯一一家期货交易所。经中国证监会批准，目前已上市的品种有：玉米、玉米淀粉、黄大豆 1 号、黄大豆 2 号、豆粕、豆油、棕榈油、鸡蛋、纤维板、胶合板 10 个农业产品，聚乙烯、聚氯乙烯、聚丙烯、焦炭、焦煤、铁矿石、乙二醇 7 个工业品，共计 17 个期货品种，并推出了棕榈油、豆粕、豆油、黄大豆 1 号、黄大豆 2 号、焦炭、焦煤和铁矿石 8 个期货品种的夜盘交易。2017 年 3 月 31 日，大商所上市了豆粕期权，同时推出了豆粕期权的夜盘交易。

成立 20 多年来，大商所规范运营、稳步发展，已经成为我国重要的期货交易中心。根据美国期货业协会（FIA）公布的全球主要衍生品交易所成交量排名，2016 年大商所在全球排名第八位。目前，大商所是全球最大的油脂、塑料、煤炭、铁矿石和农产品期货市场。

经过多年发展，大商所期货品种价格已成为国内市场的权威价格，为相关各类生产经营者提供了指南针和避风港，并为国家宏观调控提供了有效的价格参考。近年来，大商所推出"千村万户"市场服务工程、期货学院、产业大会、"千厂万企"市场服务工程、十大期货投研团队评选活动、"保险+期货"服务三农试点即场外期权服务产业试点等市场服务品牌，积极探索期货市场服务产业的新路，进一步强化市场功能发挥，促进了相关产业稳步健康发展，也为大连区域性金融中心建设和东北地区振兴做出了积极贡献。

（三）郑州商品交易所

郑州商品交易所（以下简称郑商所）成立于 1990 年 10 月 12 日，是经国务院批准成立的国内首家期货市场试点单位，在现货交易成功运行两年以后，于 1993 年 5 月 28 日正式推出期货交易。目前是全国四家期货交易所之一，隶属于中国证券监督管理委员会垂直管理。郑商所是为期货合约集中竞价交易提供场所、设施以及相关服务，并履行《期货交易管理暂行条例》和《期货交易所管理办法》规定职能，不以营利为目的，按照《郑州商品交易所章程》实行自律性管理的法人。

郑商所目前上市交易的农产品期货品种有：普麦、强麦、早籼稻、晚籼稻、粳稻、棉花、棉纱、油菜籽、菜籽油、菜籽粕、白糖、苹果 12 种；非农产品有动力煤、甲醇、精对苯二甲酸（PTA）、玻璃、硅铁和锰硅 6 种；2017 年 4 月 19 日，郑商所正式推出白糖期权交易。郑商所基本形成综合性品种体系覆盖农业、能源、化工、建材和冶金等国民经济重要领域。

（四）中国金融期货交易所

中国金融期货交易所（以下简称中金所）是经国务院同意，中国证监会批准设立的，专门从事金融期货、期权等金融衍生品交易与结算的公司制交易所。中金所由上海期货交易所、郑州商品交易所、大连商品交易所、上海证券交易所和深圳证券交易所共同发起，于 2006 年 9 月 8 日在上海正式挂牌成立。成立中金所，发展金融期货，对于深化金融市场改革，完善金融市场体系，发挥金融市场功能，适应经济新常态，具有重要的战略意义。

中金所以服务实体经济需要，服务多层次资本市场体系建设为宗旨，通过向市场提供安全、高效、完善的金融衍生产品及服务，促进金融风险合理转移与配置，提升金融市场效率，促进社会经济繁荣。

中金所的主要职能是：组织安排金融期货等金融衍生品上市交易、结算和交割，制定业务管理规则，实施自律管理，发布市场交易信息，提供技术、场所、设施服务，以及中国证监会许可的其他职能。中金所目前上市交易期货品种有沪深 300 股指期货、上证 50 股指期货、中证 500 股指期货以及两年期国债期货、5 年期国债期货和 10 年期国债期货 6 个品种。

第二节　期货结算机构

一、期货结算机构概述

（一）性质

期货结算所是为了便于期货交易而组建的结算、担保的机构，结算费用主要用于支付结算所业务开支。期货结算所的主要功能是结算期货交易所内达成的每笔期货合约、结算交易账户、核收履约保证金并使其维持在期货交易所需要的最低水平之上，监督实物交割、报告交易数据等。

（二）职能

1. 计算期货交易的盈亏

期货交易盈亏结算包括平仓盈亏结算和持仓盈亏结算。交易结算实行当日无负债结算制度，当天的交易结果当天清算完成，将实际盈亏记入会员账户。

2. 担保交易履约

结算机构对所有期货合约交易者起着第三方的作用，期货交易一旦成交，结算机构就承担起保证每笔交易按期履约的全部责任，即结算机构对每个卖方会员来讲是买方，而对每个买方会员来讲是卖方。结算机构每天的盈亏都是平衡的，这样，交易者只与结算机构发生业务关系，期货交易的买卖双方不为对方负有财务责任，而只对结算机构负责。由于期货买卖双方不必考虑交易对手是否有履约能力而随意买卖合约，而作为交易对手第三方的结算机构承担了保证使每笔交易按期履约的全部责任，所以交易者完全不用了解交易对方的资信状况，甚至不必知道交易对手是谁，从而简化了结算手续，降低了交易成本，并使期货合约独有的以对冲平仓方式免除合约履行义务的机制得以运行。同时降低了市场信用成本，使期货市场吸引了大量交易者。期货结算机构实施的一整套系统和科学的结算制度为期货交易的正常运行提供了规范化的结算方式，促进了期货交易的规范化。

3. 管理会员资金，控制市场风险

结算机构负责收取、管理所有会员的结算保证金，以确保所有期货合约得以履行，保证期货市场的稳定性和财务完整性。结算机构实行严格的结算保证金和当日无负债结算制度。交易所制定了最低保证金标准，会员公司或其客户成交每一手合约必须向结算机构缴纳最低保证金。所谓结算保证金，就是结算机构向结算会员收取的保证金。随着市场价格的不断变动，结算保证金金额因会员交易的盈亏出现增减，每日结算价格计算出来后，结算机构向保证金不足最低限额要求的会员发出追加保证金的通知。一般情况下，结算会员收到通知后必须在次日交易所开市前将保证金交齐，否则不能参与次日的交易。在合约价格剧烈波动时，结算机构也可以随时向会员发出追加保证金的通知，一般来说要求会员在收到通知后一小时内补足保证金。这样，通过对会员保证金的管理、控制，结算机构把市场风险较为有效地控制在可接受的范围内，为期货交易的正常进行奠定了坚实的基础。

二、期货结算机构的组织形式

根据期货结算机构与期货交易所的关系，一般可以将其分为三种形式。

第一种，作为交易所内部机构的结算机构，如美国芝加哥商业交易所的结算机构就是交易所的一个内部机构。它的优点在于结算部作为业务部门直接受控于交易所，便于交易所全面掌握市场参与者的资金情况，进行风险控制时可以根据交易者的资金和头寸情况及时处理。但这种结算形式不利于提高市场整体效率。

第二种，独立的结算机构，如美国的国际结算公司就同时为纽约期货交易所和费城交易所提供结算服务。交易所和结算公司两者都是独立法人，交易所的结

算业务全部由该结算公司负责。这种形式在市场运作不够规范时，可以保持交易和结算的相对独立性，能够有针对性地防止一些运作不规范的交易所在利益驱动下的违规行为。但这种形式的弊端也显而易见——由于两家机构各为独立法人，利益冲突在所难免，有时在协调双方关系时会出现问题。

中国期货交易所采用的是第一种形式。但随着市场的进一步发展，为了加强风险控制，在更大程度上降低系统风险的发生概率，为市场参与者提供更高效的金融服务，提高市场效率并为新的金融衍生品种的推出打好基础，建立全国统一的结算公司是一种必然趋势。

三、期货市场的结算体系

（一）国际结算体系

结算是保障期货交易正常运行的重要环节。期货市场的结算体系采用分级、分层的结算管理体系。结算机构通常采用会员制，只有结算机构的会员才能直接得到结算机构提供的服务。因此，期货交易的结算可以分为两个层次：第一层，结算机构对会员的结算；第二层，由会员根据结算结果对其所代理的客户（即非结算会员）进行的结算。在国外，由于大部分期货结算中心相对或完全独立于期货交易所，期货交易所会员未必同时是结算机构会员，结算机构会员也未必就是交易所会员。

对结算机构会员资格持有人或股东的资本要求因其业务种类及规模的不同而有所不同，但比较一致的要求是能够协助保证结算机构的稳健运行。

（二）国内结算体系

在中国，结算机构是交易所的一个内部机构，但在具体结算制度上有两种类型，一种是不做结算会员和非结算会员的区分，另一种是分级结算。

1. 非分级结算体系

中国郑州商品交易所、大连商品交易所和上海期货交易所采取的是非分级结算体系，即交易所会员不做结算会员和非结算会员之分，交易所的会员既是交易会员也是结算会员。

2. 分级结算体系

中国金融期货交易所实行分级结算制度，即期货交易所会员由结算会员和非结算会员组成，交易所对结算会员进行结算，结算会员对投资者或非结算会员进行结算。结算会员按照业务范围分为交易结算会员、全面结算会员和特别结算会员。交易结算会员只能为其受托客户办理结算、交割业务；全面结算会员既可以为其受托客户，也可以为与其签订结算协议的交易会员办理结算、交割业务；特别结算会员只能为与其签订结算协议的交易会员办理结算、交割业务。结算会员具备直接与中国金融期货交易所进行结算的资格；非结算会员通过结算会员进行结算，普通投资者可以通过非结算会员或结算会员进行结算。这种结算体系与国际上普遍实行的结算机构会员制基本相同。

第三节　期货中介机构

一、期货中介机构概述

在期货市场体系中，期货中介机构作为连接期货投资者和期货交易所的桥梁，为期货交易者服务，在期货市场中发挥着重要的作用。

期货交易者是期货市场的主体。尽管每个交易者都希望直接进入期货市场进行交易，但是由于期货交易的高风险性，决定了期货交易所必须制定严格的交易制度，非会员不得入场交易。于是就发生了严格的会员交易制度与吸引更多投资者、扩大市场规模之间的矛盾，解决这一矛盾的办法是要容许一部分具备条件的会员接受客户的委托，代理客户进行期货交易，这就促成了期货市场中介机构的产生。中介机构是期货市场的重要组成部分，是连接期货交易所与期货投资者的桥梁和纽带。期货中介机构克服了期货交易中实行的会员制度的局限性，吸引了更多交易者参与期货交易，使期货市场的规模得以扩大。经过期货经纪机构的中介作用，期货交易所可以集中精力管理有限的交易所会员，而把管理广大投资者的职能转交给期货中介机构，双方各负其责。期货中介机构的主要职能是：代理客户入市交易，代理客户办理买卖期货的各项手续，向客户介绍和揭示期货合约的内容、交易规则和可能出现的风险，等等，及时向客户报告指令执行情况或交易结果及盈亏情况；进行期货交易知识的培训和普及；向客户提供市场信息、市场分析，提供相关咨询服务，等等。

二、中国期货市场中介机构

(一) 期货公司

1. 期货公司的性质

期货公司是指依法设立的、接受客户委托、按照客户指令，以自己的名义为客户进行期货交易并收取交易手续费的中介组织。其交易结果由客户承担。

期货公司的性质是专门接受非交易所会员的客户委托，代理客户进行期货交易并收取佣金的中介组织，是营利性机构。

2. 期货公司设立条件

期货公司是依照《中华人民共和国公司法》和《期货交易管理条例》规定设立的经营期货业务的金融机构。设立期货公司，应当在公司登记机关登记注册，并经国务院期货监督管理机构批准。未经国务院期货监督管理机构批准，任何单位或者个人不得设立或者变相设立期货公司，经营期货业务。

在中国，申请设立期货公司，应当符合《中华人民共和国公司法》的规定，并具备下列条件。

（1）注册资本最低限额为人民币 3 000 万元；

（2）董事、监事、高级管理人员具备任职资格，从业人员具有期货从业资格；

（3）有符合法律、行政法规规定的公司章程；

（4）主要股东以及实际控制人具有持续盈利能力，信誉良好，最近 3 年无重大违法违规记录；

（5）有合格的经营场所和交易设施；

（6）有健全的风险管理和内部控制制度；

（7）国务院期货监督管理机构规定的其他条件。

3. 期货公司的职能

期货公司属于非银行金融服务行业，国际上的期货公司具有如下职能。

（1）提供交易所与客户之间的联系通道，满足客户的交易需求。为客户下单提供便利条件，提供必要的软件和服务，及时向客户提供各种有价值的信息。

（2）结算服务，为客户的期货交易和履约行为提供财力担保。期货公司必须为其所代理的客户的交易向交易所负责，为其客户的交易行为向交易所提供担保。

（3）代理客户完成商品、货款的交割等手续，保管资金，记载客户账户的盈亏。

（4）配合交易所进行风险控制，执行交易管理规定，协助交易所维护正常交易秩序。

4. 期货公司的组织结构

因期货公司规模大小不同，经营理念和经营方式不同，其内部组织结构亦有所不同。一般可选择设置以下业务部门并赋予相应职责。

（1）交易部。负责办理客户开户手续，接受客户交易指令，将客户指令下达到交易所场内，成交后将成交状况及时传达给客户。

（2）结算部。负责保证金管理，进行盈亏结算，负责与结算所、客户间交易记录的核对，办理客户出金和入金，进行风险控制。

（3）财务部。负责收取保证金，监督、审查客户的保证金账户，密切注视客户一般财务状况的变动。

（4）客户服务部。负责市场开发，直接与客户交往，向客户介绍和解释期货交易的规则和手续，向客户提供及时的市场信息，为客户办理买卖期货的多项手续并报告买卖执行情况和盈亏结果。

（5）交割部。以经纪公司的名义，代理客户办理交割业务，指导和协助客户实物交割。

（6）研发部。负责收集、分析、研究期货市场、现货市场的信息，进行市场分析、预测，研究期货市场及本公司的发展规划。

（7）行政管理部。负责期货公司的日常行政管理工作，组织员工培训以及后勤服务。

（8）营业部。作为期货公司的下属机构，营业部没有独立的法人资格，在公司授权范围内依法开展业务，其民事责任由期货公司承担。

期货公司必须对营业部实行统一管理，即统一结算、统一风险控制、统一资金调拨、统一财务管理和会计核算。

（二）介绍经纪商

目前，我国已经引入介绍经纪商（Introducing Broker，IB）制度，即由券商担任期货公司的介绍经纪商，提供中间介绍业务，这一制度有利于券商与期货公司开展合作。

证券公司受期货公司委托从事介绍业务，应当提供下列服务：①协助办理开户手续；②提供期货行情信息、交易设施；③中国证监会规定的其他服务。

证券公司不得代理客户进行期货交易、结算或者交割，不得代期货公司、客户收付期货保证金，不得利用证券资金账户为客户存取、划转期货保证金。

证券公司从事介绍业务，应当与期货公司签订书面委托协议。委托协议应当载明下列事项：介绍业务的范围，执行期货保证金安全存管制度的措施，介绍业务对接规则，客户投诉的接待处理方式，报酬支付及相关费用的分担方式，违约责任，中国证监会规定的其他事项。

根据 2007 年 4 月颁布实施的《证券公司为期货公司提供中间介绍业务试行办法》的规定，券商申请介绍业务资格应符合"净资本不低于 12 亿元"的条件，同时，申请该业务的券商必须全资拥有或者控股一家期货公司，或者与一家期货公司被同一机构控制。

第四节　期货投资者

期货投资者是指所有在期货市场进行期货合约交易的机构和个人，他们直接参与或由期货中介机构代理期货合约的买卖，承担价格波动风险，是期货市场交易的主体，也是期货市场存在和发展的基础。

期货投资者所享有的权利包括：了解所要委托或准备委托的期货中介机构的资信和业务情况；自由选择期货中介机构；按自己的意志发出交易指令；向所委托的期货中介机构了解自己所下指令的执行情况，并查阅复制原始凭证；按委托合同的约定从期货中介机构提取交易盈利和剩余的交易保证金；对交易中发生的纠纷，向期货交易所或期货协会申请调解、仲裁或向法院起诉；检举、控告期货交易中的违法行为。期货投资者应履行的义务包括：遵守期货交易规则，维护期货交易秩序；按委托合同的约定和期货交易所的规定承担期货交易风险；按规定缴纳有关费用；等等。根据参与交易的目的和操作方式不同，期货投资者主要分为套期保值者、投机者和套利者。

一、套期保值者

（一）套期保值者及其特点

套期保值者，是指把期货市场当作转移价格风险的场所，在现货市场上买进或卖出某种商品的同时，在期货市场上同时进行与现货交易数量相等、方向相反的交易，以一个市场的盈利来抵消另一个市场因价格变化造成的亏损的市场交易者。套期保值者进入期货市场的主要目的不是为了盈利，而是为了回避现货市场价格风险，保证经营活动正常、高效进行。商品期货的套期保值者一般是生产商、加工商、贸易商，也可能是公司；金融期货的套期保值者一般是金融市场的投资者（或债权人）、融资者（或债务人）、进出口商等。套期保值者的原始动机是期望通过期货市场寻求价格保障，尽可能消除自己不愿意承担的现货市场的价格风险，以取得正常的生产经营或投资利润。

套期保值者的性质决定了其具有以下特点：同时涉足期货、现货两个市场，经营规模大，头寸方向比较稳定，持仓时间长。

（二）套期保值者的作用

1. 套期保值者是期货市场正常运行的必要条件

套期保值者的存在是期货市场正常运行的必要条件，是期货市场赖以生存的根本。期货市场的建立是出于保值的需要，由于期货市场在一定程度上是以现货市场为基础的，套期保值者一方面是现货市场的经营者；一方面又是期货市场的交易者，这种双重身份决定了如果没有足够的套期保值者参与期货市场交易，期货市场就没有存在的价值。只有规模相当的套期保值者参与期货市场的交易，才能集中大量供求，才能够促进公平竞争，并有助于形成具有相应物质基础的权威价格，发挥期货市场的价格发现功能。

2. 套期保值者可以减弱价格风险

套期保值者可以减弱价格风险，从而促进现货商品交易，为市场经济稳定发展服务。在套期保值交易中，当市场看涨时，现货卖方可通过买入期货合约以确保在涨价后可能获得的利润不致损失。相反，现货买方也可以通过卖出期货合约同样使自己在价格下跌后用期货盈利加以对冲，以弥补买入现货的损失。因此，买卖双方都可以利用期货市场的套期保值方法来推动现货商品交易的进行。

基于套期保值者的重要地位，各交易所对套期保值交易给予不同程度的优惠，但需要对套期保值的申请按主体资格是否符合，套期保值品种、交易部位、买卖数量、套期保值时间与其生产经营规模、历史经营状况、资金等情况是否相当进行审核，以确定其套期保值额度。套期保值额度不超过其所提供的套期保值证明材料中所申报的数量。交易所对套期保值交易的持仓量及实物交割量单独计算，在正常情况下不受持仓量的限制。

二、期货投机者

(一) 期货投机者及其特点

期货投机者是在期货市场上试图通过预测商品价格未来走势，利用价格波动进行低买高卖或高卖低买的投机行为赚取价格差额，获取风险收益的投资者。投机者为追求风险收益，甘愿利用自己的资金去冒险。由于期货合约价格变动频繁，且期货交易有以小博大的保证金制度，使期货交易参与者众多，市场流动性强，因而有大量的投机获利机会。

对于期货投机者来说，实物商品本身并不重要，重要的是商品价格走势与自己的预测是否一致，投机者一般通过经纪人在交易所内选择各种期货在适宜时机进行投机：当他们预期商品价格上涨时，就择机买进期货合约，即"买空"或"多头"；当他们预期价格可能下跌时，就在交易所先抛出商品期货合约，待机补进，即"卖空"或"空头"。无论是"买空"还是"卖空"，都存在着很大的风险，投机者的胆识和预测能力十分重要。

（二）期货投机者的分类

按照交易部位划分，期货投机者可分为多头投机者与空头投机者；按照交易量的大小划分，期货投机者可分为大投机者与小投机者；按价格预测方法划分，期货投机者可分为基本分析派和技术分析派；按照持仓时间长短划分，期货投机者可分为短线投机者和中长线投机者。

（三）期货投机者的作用

期货投机者在期货市场中发挥着重要的作用，主要表现在三个方面。

（1）投机者承担了期货市场中的价格风险。投机者的存在使套期保值者欲意回避和分散的风险有了承担者，从而投机行为与套期保值行为成为期货市场上密切关联的交易行为。

（2）投机者为期货市场提供了流动性。大量的投机者参与到期货交易中来，使期货交易量上升，成交机会增加，套期保值者可以很方便地实现交易愿望。

（3）投机者使期货市场的信息更充分，价格形成更合理。投机者为期货市场带来了各种各样的市场信息，并随时调整对供求及价格的预期，使得期货市场所产生的价格更有权威性和代表性，有利于抑制价格的非理性变化。

由此可见，期货市场的投机者对于市场发展来说十分重要，投机者数量的多寡、投机行为的规模和限度，对期货市场的运转是否活跃起到不可估量的作用。但是，也不容否认，过度投机确实会造成市场混乱。因此，需要认可投机行为的积极作用，进而维护其合法性，保证其有充分的生存空间，维持适度投机，这样才能保证期货市场的正常运转。

三、期货套利者

期货套利者是指利用同一商品的不同交割月份之间的价差（跨期套利、期现套利），同一商品、同一交割月份但在不同交易所之间的价差（跨市场套利）或相关联的不同商品的期货合约间的价差（跨品种套利）进行投机活动的交易者。期货套利者是另一种投机交易者，与单纯的投机不同，他们是利用市场本身出现的机会寻求价差收益的一种投机者。期货套利者同时买进和卖出数量相等、方向相反、期限或场所不同的期货合约。他们一般不关心期货合约的绝对价格水平，只关注两种合约之间的价格差。因此，套利交易能否成功，主要在于对基差变化的把握。

一般情况下，同一品种不同期限，或相同期限不同场所，或相同期限相近品种的合约有一个合理差价，但在交易过程中，两者之间的价差会不断发生变化，某些时候会偏离合理程度，这便是进行套利交易的好时机，一旦价差回归到合理程度时，期货套利者便可获利。进行套利交易，往往会使一方面亏损，另一方面盈利，但只要盈利大于亏损，就达到了预期的目的。

期货市场的套利交易者可分为跨期套利者、跨市套利者和跨品种套利者。

第三章 期货合约与期货品种

学习目的与要求

通过本章的学习，明确期货合约的概念及其基本内容，了解国内外主要期货品种及市场分布，重点掌握国内各期货交易所的期货品种及期货合约。

第一节 期货合约

一、期货合约的概念及特点

（一）期货合约的概念

期货合约是期货交易的买卖对象或标的物，是由期货交易所统一制定的，规定在某一特定的时间和地点交割一定数量和质量标的物的标准化合约。根据合约标的物的不同，期货合约分为商品期货合约和金融期货合约两大类。商品期货合约的标的物包括农产品、工业品、能源等，金融期货合约的标的物包括外汇、利率、有价证券、股票指数等。

（二）期货合约的特点

（1）期货合约唯一的变量是价格，合约中有关商品品种、数量、质量、等级、交货时间、交货地点等条款都是标准化的，且具有法律效力。期货合约的标准化，可以避免交易双方因对合约内容的不同理解而可能产生的争议，防止合约期满交易双方因商品质量、数量、等级等方面的问题而引起的纠纷，确保期货交易顺利进行。因此期货合约的标准化是其区别于其他合约的一个十分重要的特征。

（2）期货合约是在期货交易所组织下成交的，具有法律效力，而价格又是在交易所通过公开竞价方式产生的，不允许私下交易。

（3）期货合约的履行由交易所担保，交易所是买方的卖方，卖方的买方。

（4）期货合约的标准化极大地简化了交易过程，提高了市场流动性，并使得期货合约可通过对冲平仓的方式非常便利地了结履约责任。

二、期货合约的主要内容

在期货市场的发展过程中，合约标准化起到了关键作用。期货合约标准化是指，期货交易所对期货合约中除价格外的其他内容规定统一的标准化条款。

(一) 合约名称

合约名称需注明该期货合约的品种名称及其上市期货交易所的名称。如上海期货交易所的铜合约名称为"上海期货交易所阴极铜期货合约"。

(二) 交易单位与合约价值

交易单位即指在期货交易所交易的每手期货合约所代表的标的物数量。合约价值是指每手期货合约代表的标的物价值。在进行期货交易时，只能以交易单位的整倍数进行交易。这样，每手在该期货交易所内买卖的某种期货合约，其所包含的交易单位都是相同的。例如，美国芝加哥交易所（CBOT）规定一手玉米期货合约包含的玉米数量为 5 000 蒲式耳（Bushel），芝加哥商业交易所（CME）的一手英镑合约代表的交易单位为 6.25 万英镑等，而股指期货合约的交易单位是以一定的货币乘数与标的指数的乘积表示。在期货交易所内从事交易时，只能以交易单位的整倍数进行，只需报出买进或卖出期货合约的数目，无需特别指明商品数量，从而简化了交易。

当然，合约中交易单位的标准化，也会在某些情况下带来不便。比如在做套期保值时，要求期货合约中商品的数量与现货市场上买卖的商品数量相等，但是，现货市场上商品的数量是各种各样的，而期货合约中的交易单位却是固定的，这就给套期保值交易带来不便，甚至影响套期保值的效果。

(三) 报价单位

报价单位是指在公开竞价过程中对期货合约报价所使用的单位，即每计量单位的货币价格。例如，国内大豆、小麦、玉米、棉花、白砂糖等商品期货合约的报价单位以元（人民币）/吨表示；而在股指期货交易中，由于合约的交易单位是以一定的货币乘数与标的指数的乘积来表示，其中货币乘数是固定的，因此，股指期货交易中的报价单位为合约标的指数的点数。如沪深 300 股指期货合约的报价单位为沪深 300 指数的指数点。

(四) 最小变动价位

期货合约的最小变动价位是指在期货交易所的公开竞价过程中，商品和金融工具期货合约每计量单位报价的最小变动数值。用最小变动价位乘以合约交易单位，等于某种商品或金融工具期货合约的最小变动值。

在期货交易过程中，商品或金融工具的每次报价，必须是其期货合约规定的最小变动价位的整数倍，并以此为基础进行加价或者减价。例如，郑州商品交易所棉花期货合约的最小变动价位为 5 元/吨，即每手（5 吨）合约的最小变动值为 25 元。

某种期货合约的最小变动价位大小的确定，取决于该期货商品的种类、性质、市场价格波动情况和商业传统及惯例等。显然，如果最小变动价位较小，虽有利于提高市场流动性，但交易成本会随最小变动价位的减小而增加；而如果最小变动价位较大，会导致交易量和流动性降低，对套利交易和套期保值的正常操作带来不利影响。

（五）每日价格最大波动幅度限制

每日价格最大波动幅度限制是指由期货交易所规定的，某种商品或者金融工具期货价格在每个交易日的交易价格最大允许涨跌幅度，也称每日"涨跌停板"限制，超过该涨跌幅度的报价将被视为无效，不能成交。一般用百分比或固定数量两种形式来表明。

期货交易所设置每日停板额限制的目的是保障期货交易者在期货市场出现价格狂涨或暴跌时，免受重大损失。

每日停板额是在某一期货合约上一交易日结算价格的基础上，增加或者减少每日价格最大波动幅度计算出来的。最大波动幅度大小的确定，主要取决于该种商品或金融工具市场价格波动的频繁程度和波幅的大小。一般的，某种期货商品的价格波动越频繁、剧烈，该期货商品的每日停板额限制就应设置得大一些，反之则小一些。

（六）合约交割月份

合约交割月份是指某种期货合约到期交割的月份。

交易双方在期货合约到期时应按合约规定的商品数量和质量交付或接收货物，以履行期货合约。交货期一般按月份计。

交割月份的确定一般来说与该期货商品的生产、使用、消费、流通等特点有一定联系。如农产品的生产具有很强的季节性，因此其交割月份必然与此相联系。

（七）交易时间

期货合约规定的进行合约交易的固定时间。各交易所对交易时间都有严格规定，一般每周交易 5 天，国家法定节假日休息。每个交易日各交易品种的具体交易时间安排由交易所公告。

（八）最后交易日

最后交易日是指期货交易所允许某种期货合约进行交易的最后一个交易日，过了这个期限的未平仓期货合约，必须按规定进行实物交割或现金交割。期货合约最后交易日，是根据不同期货合约标的物的现货交易特点等因素确定的。

（九）交割日期

交割日期是指期货合约规定的合约标的物所有权进行转移，以实物交割或现金交割方式了结未平仓合约的时间。

（十）交割等级

交割等级是指货交易所对所有在交易所内上市的期货合约标的物统一规定的质量等级。

一般而言，期货交易所在制定质量等级标准时，多采用国际贸易中通用的而且交易量非常大的标准品的质量等级为标准交割等级。

由于期货合约的质量等级是标准化的，所以在期货交易中，交易双方勿需再就商品的质量问题进行协商，发生实物交割时只须按交易所规定的标准质量等级进行交割即可。当然，期货交易所专门设有交收检查部，负责对准备交割的实物货品进行质量检验。

但是，期货合约质量等级的标准化并不是绝对的，世界上大部分期货交易所都允许交割商品的质量等级与合约规定的标准质量等级有所差别。现实中，同种商品在生产以及流通过程中因产地、品种、纯度等不同会产生质量等级的差别，这时如果仍坚持按标准的质量等级进行实物交割，就可能使期货交易规模受到极大限制，甚至在标准等级商品的数量极小而无法满足正常交易时，还会产生卖方垄断，形成垄断价格。为此，期货交易所在规定各期货商品标准等级的同时，也规定了其期货商品的其他等级替代品。交货人用交易所认可的替代品进行实物交割时，收货人无权拒绝接受。用替代商品进行实物交割时，价格需要升贴水。而升贴水标准即可供交割的替代商品之间的等级差价，也由交易所统一规定，并根据市场行情的变动情况及时调整。

（十一）交割地点

交割地点是指由期货交易所统一规定的进行实物商品交割的标准仓库，或者进行金融工具交割结算的指定银行。

由于商品期货交易都涉及大宗实物商品的买卖，因此期货交易所要指定标准化的、统一的实物商品交割仓库，以防止商品在储存过程中出现损坏或遗失等现象，保证卖方交付的商品符合期货合约规定的数量与等级规定，保证买方收到符合期货合约规定的商品，以顺利实现交易所内合同货物的交割。期货交易所选择交割仓库的条件主要是交割仓库的储存、运输和质检条件，还要考虑交割仓库所在地区的生产或消费集中程度等因素。进行金融工具交割结算的指定银行，必须具有良好的金融资信、较强的大额资金结算业务能力，以及先进高效的结算手段和设备等。

（十二）最低交易保证金

最低交易保证金是指交易所规定的交易者买卖某种期货合约或维持合约持仓必须缴纳的资金，一般是以合约价值的一定比例作为最低交易保证金标准。为控制风险，交易所有权调整最低交易保证金标准，但应予公告，并报中国证监会备案。

（十三）交易手续费

交易手续费是期货交易所按成交合约金额的一定比例或按成交合约手数收取的费用。交易手续费的收取标准，不同的期货交易所均有不同的规定。交易手续费的高低对市场流动性有一定影响：交易手续费过高，会增加期货市场的交易成本，扩大无套利区间，降低市场的交易量，不利于市场的活跃，但可起到抑制过度投机的作用。

（十四）交割方式

期货交易的交割方式分为实物交割和现金交割两种。商品期货、股票期货、外汇期货、中长期利率期货通常采取实物交割方式，股指期货和短期利率期货则采用现金交割方式。

（十五）交易代码

为了便于交易，每个期货合约都规定有相应的交易代码。例如，中国大连商品交易所黄大豆 1 号期货合约的代码为 A，黄大豆 2 号期货合约的代码为 B，豆粕期货合约的代码为 M。

中国期货品种及交易代码如表 3-1 所示。

表 3-1 中国期货品种及交易代码（截至 2018 年 12 月）

郑州商品交易所			
交易品种	代码	交易品种	代码
强麦	WH	晚籼稻	LR
普麦	PM	棉纱	CY
棉花	CF	苹果	AP
白糖	SR	PTA	TA
菜籽油	OI	甲醇	MA
早籼稻	RI	玻璃	FG
油菜籽	RS	动力煤	ZC
菜籽粕	RM	硅铁	SF
粳稻	JR	锰硅	SM
白糖期权	看涨期权：SR-合约月份 C-行权价格 看跌期权：SR-合约月份 P-行权价格	—	—
大连商品交易所			
交易品种	代码	交易品种	代码
玉米	C	胶合板	BB
玉米淀粉	CS	鸡蛋	JD
黄大豆1号	A	聚乙烯	L
黄大豆2号	B	聚氯乙烯	V
豆粕	M	聚丙烯	PP
豆油	Y	焦炭	J
棕榈油	P	焦煤	JM
纤维板	FB	铁矿石	I
豆粕期权	看涨期权：M-合约月份 C-行权价格 看跌期权：M-合约月份 P-行权价格	乙二醇	EG

上海期货交易所			
交易品种	代码	交易品种	代码
铜	CU	螺纹钢	RB
铝	AL	线材	WR
锌	ZN	热轧卷板	HC
铅	PB	原油	SC
镍	NI	燃料油	FU
锡	SN	沥青	BU
黄金	AU	天然橡胶	RU
白银	AG	纸浆	SP
铜期权	看涨期权：CU-合约月份 C-行权价格 看跌期权：CU-合约月份 P-行权价格	—	—
中国金融期货交易所			
交易品种	代码	交易品种	代码
沪深 300 股指期货	IF	2 年期国债期货	TS
中证 500 股指期货	IC	5 年期国债期货	TF
上证 50 股指期货	IH	10 年期国债期货	T

第二节　国内期货主要品种及合约

经过多年的发展，中国国内期货市场交易品种日益丰富，品种向多元化发展。到 2018 年年底，中国期货市场上商品期货品种已达到 51 个，金融期货品种6 个，还有 3 个期权品种。商品期货涉及有色金属、农产品、化工、能源等多个类别，其中苹果期货 2017 年 12 月首次在郑州期货交易所挂牌上市，标志着全球首个鲜果期货品种在我国上市。2010 年 4 月 16 日，作为中国期货市场首个金融期货品种，沪深 300 股票指数期货合约在中国金融期货交易所正式交易。股指期货的成功上市，开启了我国期货市场的新篇章，标志着我国期货市场品种发展迈出了一大步。目前，中国金融期货交易所上市交易的期货品种包括了沪深 300 股指期货、上证 50 股指期货、中证 500 股指期货、2 年期国债期货、5 年期国债期货和 10 年期国债期货共 6 个品种。

一、商品期货

据美国期货行业协会（FIA）发布的信息，中国大宗商品期货市场规模不断扩大，已初步具备大类资产配置所需的市场容量。中国大宗商品期货成交量已连续 7 年位居世界第一。2016 年，上海、大连和郑州三家商品期货交易所共成交商品期货合约 41.19 亿张，同比增长 27.26%，约占全球商品期货与期权成交总量的近六成份额。

（一）农产品期货

中国农产品期货主要包括郑州商品交易所的小麦、棉花、白糖、菜籽油、早籼稻、油菜籽等期货；大连商品交易所的玉米、大豆、豆油、豆粕、棕榈油等期货；上海期货交易所的天然橡胶期货。

1. 小麦期货合约

中国是小麦的生产与消费大国，也是世界小麦贸易大国。1993 年，郑州商品交易所推出小麦期货交易。小麦作为期市大品种，其经济功能逐步发挥。从 2012 年 12 月开始，郑州商品交易所将硬白小麦期货合约修订为普通小麦期货合约。

在我国郑州商品交易所上市交易的优质强筋小麦合约如表 3-2 所示。

表 3-2　郑州商品交易所强筋小麦期货合约

交易品种	优质强筋小麦（简称"强麦"）
交易单位	20 吨/手
报价单位	元（人民币）/吨
最小变动价位	1 元/吨
每日价格 最大波动限制	上一个交易日结算价±4%及《郑州商品交易所期货交易风险控制管理办法》相关规定
合约交割月份	1 月、3 月、5 月、7 月、9 月、11 月
交易时间	周一至周五（北京时间，法定节假日除外）上午 9:00～11:30；下午 13:30～15:00
最后交易日	合约交割月份的第 10 个交易日

续表

最后交割日	合约交割月份的第 12 个交易日
交割品级	符合《中华人民共和国国家标准小麦》（GB 1351—2008）的三等及以上小麦，且稳定时间、湿面筋等指标符合《郑州商品交易所期货交割细则》规定要求
交割地点	交易所指定交割仓库
最低交易保证金	合约面值的 5%
交割方式	实物交割
交易代码	WH
上市交易所	郑州商品交易所

2. 棉花期货合约

中国是世界上最大的棉花生产消费国。全国大部分省区都有种植棉花的历史，目前棉花主产省（区）为新疆、河南、山东、河北、江苏、湖北，其产量占全国棉花总产量的 80% 左右。

中国棉花期货已于 2004 年 6 月 1 日在郑州商品交易所上市交易。棉花期货合约规格见表 3-3。

表 3-3　郑州商品交易所 1 号棉花期货合约

交易品种	棉花
交易单位	5 吨/手（公定重量）
报价单位	元（人民币）/吨
最小变动价位	5 元/吨
每日价格最大波动限制	上一个交易日结算价 ±4% 及《郑州商品交易所期货交易风险控制管理办法》相关规定
合约交割月份	1 月、3 月、5 月、7 月、9 月、11 月
交易时间	周一至周五（北京时间，法定节假日除外）上午 9：00～11：30；下午 13：30～15：00 及交易所规定的其他交易时间
最后交易日	合约交割月份的第 10 个交易日
最后交割日	合约交割月份的第 12 个交易日
交割品级	基准交割品符合 GB 1103.1—2012《棉花　第 1 部分：锯齿加工细绒棉》规定的 3128B 级，且长度、整齐度为 U3 档，断裂比强度为 S3 档，轧工质量为 P2 档的国产棉花。替代品详见交易所交割细则。替代品升贴水由交易所另行制定并公告

续表

交割地点	交易所指定棉花交割仓库
最低交易保证金	合约价值的 5%
交割方式	实物交割
交易代码	CF
上市交易所	郑州商品交易所

3. 白糖期货合约

在国际期货市场上，食糖是成熟的期货品种，交易十分活跃。世界主要的食糖期货市场是纽约期货交易所（NYBOT）和伦敦国际金融期货期权交易所（LIFFE），分别交易原糖和白砂糖。其价格已成为国际贸易定价和结算的依据。中国是重要的食糖生产国和消费国。郑州商品交易所白糖期货合约见表 3-4。

表 3-4　郑州商品交易所白糖期货合约

交易品种	白砂糖（简称"白糖"）
交易单位	10 吨/手
报价单位	元（人民币）/吨
最小变动价位	1 元/吨
每日价格最大波动限制	上一交易日结算价±4% 及《郑州商品交易所期货交易风险控制管理办法》相关规定
合约交割月份	1 月、3 月、5 月、7 月、9 月、11 月
交易时间	周一至周五（北京时间，法定节假日除外）上午 9:00~11:30；下午 13:30~15:00 及交易所规定的其他交易时间
最后交易日	合约交割月份的第 10 个交易日
最后交割日	合约交割月份的第 12 个交易日
交割品级	见《郑州商品交易所期货交割细则》
交割地点	交易所指定交割仓库
最低交易保证金	合约价值的 5%
交割方式	实物交割
交易代码	SR
上市交易所	郑州商品交易所

4. 大豆期货合约

大豆是一种国际性商品，受多方面因素的影响，其价格波动十分剧烈。美国芝加哥期货交易所（CBOT）的大豆期货合约是该所农产品交易历史上最成功的期货品种之一，交易规模始终保持在世界农产品期货交易品种前列。其价格已经成为美国国内和全球大豆贸易的基准价格。中国大豆期货经过近10年的发展，经济功能逐步发挥，已成为我国大豆生产流通中最具影响力的指导性价格和国内大豆市场的晴雨表。而且，大连大豆期货市场在国际大豆价格形成过程中发挥着越来越重要的作用。

在中国，大连商品交易所的大豆期货合约分为黄大豆1号合约和黄大豆2号合约，二者对应的标的分别是食用大豆和榨油用大豆，在指标体系、可交割品范围、合约定价和交割包装方式等方面有很多区别。具体内容见表3-5、表3-6。

表 3-5 大连商品交易所黄大豆 1 号期货合约

交易品种	黄大豆 1 号
交易单位	10 吨/手
报价单位	元（人民币）/吨
最小变动价位	1 元/吨
每日价格最大波动限制	上一交易日结算价±4%
合约交割月份	1 月、3 月、5 月、7 月、9 月、11 月
交易时间	周一至周五（北京时间，法定节假日除外）上午 9：00～11：30；下午 13：30～15：00 以及交易所规定的其他时间
最后交易日	交割月份第 10 个交易日
最后交割日	最后交易日后第 3 个交易日
交割等级	大连商品交易所黄大豆 1 号交割质量标准（FA/DCE D001-2012）
交割地点	大连商品交易所指定交割仓库
最低交易保证金	合约价值的 5%
交割方式	实物交割
交易代码	A
上市交易所	大连商品交易所

大连商品交易所在成功运作黄大豆 1 号的基础上，于 2004 年 12 月推出了黄大豆 2 号期货合约。黄大豆 2 号期货合约的特点是，定位为榨油用大豆，以含油率为核心定等指标，适应中国油用大豆市场的发展趋势；合约包容性强，涵盖了

美国、南美和中国全球三大主产区生产的大豆，解决了进口大豆的交割问题；合约及规则设计最大限度地与现货市场贴近，国产大豆和进口大豆不需要进行额外的筛选成本即可参加期货市场的交割，有效降低了交割成本；在交割制度中采用了国际通行的散装和袋装并行交割、期货转现货交割和滚动交割，实现了与国际市场的接轨，满足了榨油相关企业保值避险的需求。

表 3-6　大连商品交易所黄大豆 2 号期货合约

交易品种	黄大豆 2 号
交易单位	10 吨/手
报价单位	元（人民币）/吨
最小变动价位	1 元/吨
涨跌停板幅度	上一交易日结算价的±4%
合约交割月份	1 月、2 月、3 月、4 月、5 月、6 月、7 月、8 月、9 月、10 月、11 月、12 月
交易时间	每周一至周五上午 9:00~11:30；下午 13:30~15:00，以及交易所规定的其他时间
最后交易日	合约月份第 10 个交易日
最后交割日	最后交易日后第 3 个交易日
交割等级	大连商品交易所黄大豆 2 号交割质量标准（F/DCE B003—2017）
交割地点	大连商品交易所指定交割仓库
最低交易保证金	合约价值的 5%
交割方式	实物交割
交易代码	B
上市交易所	大连商品交易所

注：根据大商所发〔2017〕163 号，新修订黄大豆 2 号合约自 B1805 合约开始施行。

5. 天然橡胶期货合约

天然橡胶作为一种重要的工业原料，具有极其广泛的用途。天然橡胶的种植地域主要集中在东南亚地区，约占世界天然橡胶种植面积的 90%。泰国、印度尼西亚、马来西亚是世界主要的天然橡胶出口国。天然橡胶的主要进口国是美国、日本、中国和西欧各国。天然橡胶的价格波动频繁剧烈。影响天然橡胶价格的主要因素有：自然因素，如季节变化、气候、雨量与气温等；政治因素（天然橡胶是重要的战略物资）；经济因素，如库存、进出口、经济景气度、外汇等。

天然橡胶在国际期货市场已经成为一个成熟品种，主要集中在亚洲地区的交易所进行交易。如日本的 TOCOM 和 OME、中国的上海期货交易所、新加坡的 SICOM、马来西亚的 KLCE 以及泰国的 AFET 等期货交易所。中国上海期货交易所的天然橡胶期货合约如表 3-7 所示。

表 3-7　上海期货交易所天然橡胶期货合约

交易品种	天然橡胶
交易单位	10 吨/手
报价单位	元（人民币）/吨
最小变动价位	5 元/吨
涨跌停板幅度	上一交易日结算价的±3%
合约交割月份	1 月、3 月、4 月、5 月、6 月、7 月、8 月、9 月、10 月、11 月
交易时间	周一至周五上午 9:00～11:30；下午 13:30～15:00 和交易所规定的其他交易时间
最后交易日	合约交割月份的 15 日（遇法定假日顺延）
交割日期	最后交易日后连续五个工作日
交割品级	标准品：①国产天然橡胶（SCR WF），质量符合国标 GB/T 8081—2008　②进口 3 号烟胶片（RSS3），质量符合《天然橡胶等级的品质与包装国际标准（绿皮书）》（1979 年版）
交割地点	交易所指定交割仓库
最低交易保证金	合约价值的 5%
交割方式	实物交割
交割单位	10 吨
交易代码	RU
上市交易所	上海期货交易所

6. 鲜苹果期货合约

苹果树属于蔷薇科，落叶乔木，叶椭圆形，有锯齿。其果实球形，味甜，口感爽脆，而且富含营养，是世界四大水果之冠。具备种植历史悠久、营养价值高、品种种类多等特点。中国是全球最大的苹果生产国，产量占全球苹果产量的 50% 以上。2016 年，我国苹果产量为 4 388 万吨，是产量最大的水果品种（不含瓜类），在水果产业中具有重要地位。苹果期货的推出，有利于提高期货市场服务"三农"的能力，有利于发挥期货市场的专业优势，开创了我国乃至全球首个鲜果类期货合约交易，有利于增强我国苹果的国际话语权，进而形成全球范围的苹果定价中心。我国苹果期货于 2017 年 12 月 22 日在郑州商品交易所正式挂牌上市（合约见表3-8）。

表 3-8   郑州商品交易所苹果期货合约

交易品种	鲜苹果（简称"苹果"）
交易单位	10 吨/手
报价单位	元（人民币）/吨
最小变动价位	1 元/吨
每日价格最大波动限制	上一个交易日结算价±5%及《郑州商品交易所期货交易风险控制管理办法》相关规定
合约交割月份	1 月、3 月、5 月、7 月、10 月、11 月、12 月
交易时间	周一至周五（北京时间，法定节假日除外）上午 9:00~11:30；下午 13:30~15:00 及交易所规定的其他交易时间 最后交易日上午 9:00-11:30
最后交易日	合约交割月份的第 10 个交易日
最后交割日	仓单交割：合约交割月份的第 12 个交易日 车（船）板交割：合约交割月份的次月 20 日
交割品级	见《郑州商品交易所期货交割细则》
交割地点	交易所指定交割仓库
最低交易保证金	合约价值的 7%
交割方式	实物交割
交易代码	AP
上市交易所	郑州商品交易所

（二）工业品期货

1. 铜期货合约

铜是与人类关系非常密切的有色金属，被广泛应用于电气、轻工、机械制造、建筑工业、国防工业等领域，在我国有色金属材料的消费中仅次于铝。近年来，我国铜的产量和消费量都迅速增长。

自从 1877 年伦敦金属交易所（LME）的雏形形成至今，铜就是伦敦金属交易所最早进行交易的品种之一。目前国外从事铜期货交易的主要有伦敦金属交易所和纽约商品交易所（NYMEX-COMEX）。伦敦金属交易所的铜报价是行业内最具权威性的报价，其价格倾向于对贸易方面进行客观的反映，而纽约商品交易所的价格则更具投机性。国内铜的期货交易自 1991 年推出以来，已有 20 多年的历史。铜的期货价格已经成为国内行业的权威报价，日益受到企业和投资者的重视。中国上海期货交易所铜期货合约如表 3-9 所示。

表 3-9　上海期货交易所阴极铜期货合约（修订案）

交易品种	阴极铜
交易单位	5 吨/手
报价单位	元（人民币）/吨
最小变动价位	10 元/吨
每日价格最大波动限制	上一交易日结算价±3%
合约交割月份	1~12 月
交易时间	周一至周五上午 9:00~11:30；下午 13:30~15:00 和交易所规定的其他交易时间
最后交易日	合约交割月份的 15 日（遇法定假日顺延）
交割日期	最后交易日后连续 5 个工作日
交割品级	标准品：阴极铜，符合国标 GB/T 467—2010 中 1 号标准铜（Cu-CATH-2）规定，其中主成份铜加银含量不小于 99.95% 替代品：阴极铜，符合国标 GB/T 467—2010 中 A 级铜（Cu-CATH-1）规定；或符合 BS EN 1978：1998 中 A 级铜（Cu-CATH-1）规定
交割地点	交易所指定交割仓库
最低交易保证金	合约价值的 5%
交割方式	实物交割
交易代码	CU
上市交易所	上海期货交易所

2. 黄金期货合约

黄金兼具商品、货币和金融属性，又是资产的象征，因此黄金价格不仅受商品供求关系的影响，对经济、政治的变动也非常敏感，同时，黄金市场是一个全球性市场，国内外价格联动非常密切。黄金的主要资源国是南非、美国、俄罗斯、乌兹别克斯坦、澳大利亚、加拿大和巴西等。

纽约商品交易所是全球黄金期货交易最活跃的市场，所形成的价格最有影响力。2008 年 1 月 9 日，黄金期货合约在上海期货交易所挂牌交易，上海期货交易所黄金期货合约见表 3-10。

表 3-10 上海期货交易所黄金期货合约 (修订案)

交易品种	黄金
交易单位	1 000 克/手
报价单位	元 (人民币) /克
最小变动价位	0.05 元/克
每日价格最大波动限制	上一交易日结算价±3%
合约交割月份	最近三个连续月份的合约以及最近 13 个月以内的双月合约
交易时间	周一至周五上午 9:00~11:30;下午 13:30~15:00 和交易所规定的其他交易时间
最后交易日	合约交割月份的 15 日 (遇法定假日顺延)
交割日期	最后交易日后连续 5 个工作日
交割品级	金含量不小于 99.95% 的国产金锭及经交易所认可的伦敦金银市场协会 (LBMA) 认定的合格供货商或精炼厂生产的标准金锭 (具体质量规定见附件)
交割地点	交易所指定交割仓库
最低交易保证金	合约价值的 4%
交割方式	实物交割
交割单位	3 000 克
交易代码	AU
上市交易所	上海期货交易所

(三) 能源化工期货

1. 燃料油期货合约

燃料油是原油炼制出的成品油中的一种,也叫重油、渣油,为黑褐色粘稠状可燃液体,具有黏度适中,燃料性能好,发热量大,雾化性良好,燃烧完全,积炭及灰少,腐蚀性小,存储及使用较安全等特点。燃料油广泛用于船舶锅炉燃料、加热炉燃料、冶金炉和其他工业炉燃料。

2001 年,中国正式放开燃料油价格,完全由市场调节其流通和价格,燃料油因此成为目前中国石油及石油产品中市场化程度较高的一个品种,国内价格基本与国际市场接轨。这一特点使得燃料油在石油产品中脱颖而出,成为中国开发石油期货的突破口。

燃料油期货合约自2004年8月25日起在上海期货交易所成功上市交易。燃料油合约如表3-11所示。

表3-11　上海期货交易所燃料油合约（修订案）

交易品种	燃料油
交易单位	10吨/手
报价单位	元（人民币）/吨（交易报价为不含税价格）
最小变动价位	1元/吨
每日价格最大波动限制	上一交易日结算价±5%
合约交割月份	1～12月
交易时间	周一至周五上午9:00～11:30；下午13:30～15:00和交易所规定的其他交易时间
最后交易日	合约交割月份前一月份的最后一个交易日；交易所可以根据国家法定节假日调整最后交易日
交割日期	最后交易日后连续五个工作日
交割品级	RMG 380船用燃料油（硫含量为Ⅰ级、Ⅱ级）或者质量优于该标准的船用燃料油（具体质量规定见附件）
交割地点	交易所指定交割地点
交易保证金	合约价值的8%
交割方式	实物交割
交割单位	10吨
交易代码	FU
上市交易所	上海期货交易所

2. 线型低密度聚乙烯期货合约

线型低密度聚乙烯（LLDPE）是重要的石油化工产品，消费量中的绝大部分用于生产薄膜，所以又是支持农业生产的重要原料。我国线型低密度聚乙烯产量和进口量均居世界前列，进口依存度近50%，国内价格受国际影响波动较大。上市线型低密度聚乙烯期货，能够为石油化工、农业生产资料等上下游相关企业提供有效的风险管理工具，提升相关企业在国际贸易中的主动性和竞争力。2007年7月，线型低密度聚乙烯期货在大连商品交易所挂牌交易（合约见表3-12）。

表 3-12　大连商品交易所线型低密度聚乙烯期货合约

交易品种	线型低密度聚乙烯
交易单位	5 吨/手
报价单位	元（人民币）/吨
最小变动价位	5 元/吨
涨跌停板幅度	上一交易日结算价 4%
合约交割月份	1 月、2 月、3 月、4 月、5 月、6 月、7 月、8 月、9 月、10 月、11 月、12 月
交易时间	周一至周五上午 9:00~11:30；下午 13:30~15:00，以及交易所规定的其他时间
最后交易日	合约交割月份第 10 个交易日
最后交割日	最后交易日后第 3 个交易日
交割等级	大连商品交易所线型低密度聚乙烯交割质量标准
交割地点	大连商品交易所线型低密度聚乙烯指定交割仓库
交易保证金	合约价值的 5%
交割方式	实物交割
交易代码	L
上市交易所	大连商品交易所

3. 聚氯乙烯期货合约

聚氯乙烯（Polyvinyl Chloride，PVC），是中国重要的有机合成材料。其产品具有良好的物理性能和化学性能，广泛用于工业、建筑、农业、日用生活、包装、电力、公用事业等领域。

随着中国经济的快速发展，聚氯乙烯产业发展迅速，目前已经成为世界上最大的聚氯乙烯生产国和消费国，聚氯乙烯的生产、消费、贸易企业众多。上市聚氯乙烯期货，有助于优化聚氯乙烯的价格形成机制，指导聚氯乙烯上下游企业合理安排生产和经营，为相关企业提供低成本、高效率的风险控制手段，以达到提高企业管理水平、增强市场竞争力的目的。同时，聚氯乙烯期货的上市，还标志着我国合成树脂期货品种体系进一步健全，期货市场为国民经济服务的作用将进一步拓展。2009 年 5 月 25 日，聚氯乙烯期货合约在大连商品交易所正式挂牌交易（合约见表 3-13）。

表 3-13　大连商品交易所聚氯乙烯期货合约

交易品种	聚氯乙烯
交易单位	5 吨/手
报价单位	元（人民币）/吨
最小变动价位	5 元/吨
涨跌停板幅度	上一交易日结算价的 4%
合约交割月份	1 月、2 月、3 月、4 月、5 月、6 月、7 月、8 月、9 月、10 月、11 月、12 月
交易时间	周一至周五上午 9:00~11:30；下午 13:30~15:00 以及交易所规定的其他时间
最后交易日	合约月份第 10 个交易日
最后交割日	最后交易日后第 3 个交易日
交割等级	质量标准符合《悬浮法通用型聚氯乙烯树脂（GB/T 5761—2006）》规定的 SG5 型一等品和优等品
交割地点	大连商品交易所指定交割仓库
交易保证金	合约价值的 5%
交割方式	实物交割
交易代码	V
上市交易所	大连商品交易所

4. 精对苯二甲酸期货合约

精对苯二甲酸（Pure Terephthalic Acid，PTA）是重要的大宗有机原料之一，其主要用途是生产聚酯纤维（涤纶）、聚酯瓶片和聚酯薄膜，广泛用于化学纤维、轻工、电子、建筑等领域。PTA 是石油的末端产品，其原料是对二甲苯，而对二甲苯的原料是石油。PTA 是化纤的前端产品，其下游产品主要为涤纶长丝、短纤、切片（包括纤维切片、瓶用切片、薄膜切片）。我国是全球纺织品生产和出口大国，纺织原料中化纤与棉花合计占 90% 以上。PTA 作为化纤的原料，处于产业链的核心位置。PTA 期货上市后，与已上市的棉花期货相结合，为中国纺织行业提供了完善的原料价格形成机制和避险工具，有利于增加我国化纤行业、纺织行业国际贸易中的话语权，并为 PTA 相关企业提供规避风险的渠道，促进我国纺织业的健康发展。2007 年 12 月，精对苯二甲酸期货合约在郑州商品交易所上市交易。中国成为全球首个上市 PTA 期货的国家（合约见表 3-14）。

表 3-14　郑州商品交易所精对苯二甲酸期货合约

交易品种	精对苯二甲酸（PTA）
交易单位	5 吨/手
报价单位	元（人民币）/吨
最小变动价位	2 元/吨
每日价格波动限制	上一个交易日结算价±4%及《郑州商品交易所期货交易风险控制管理办法》相关规定
最低交易保证金	合约价值的 5%
合约交割月份	1 月、2 月、3 月、4 月、5 月、6 月、7 月、8 月、9 月、10 月、11 月、12 月
交易时间	周一至周五（北京时间法定节假日除外）上午 9:00~11:30；下午 13:30~15:00，以及交易所规定的其他交易时间
最后交易日	交割月第 10 个交易日
最后交割日	交割月第 12 个交易日
交割品级	见《郑州商品交易所期货交割细则》
交割地点	郑州商品交易所指定仓库
交割方式	实物交割
交易代码	TA
上市交易所	郑州商品交易所

5. 原油期货合约

原油期货（Oil Futures，OilFut）是最重要的石油期货，目前，世界上重要的原油期货合约有 4 个：纽约商业交易所的轻质低硫原油即"西德克萨斯中质油"期货合约和高硫原油期货合约；伦敦国际石油交易所的布伦特原油期货合约；新加坡交易所的迪拜酸性原油期货合约。

2018 年 3 月 26 日，中国原油期货在上海期货交易所子公司上海国际能源交易中心正式挂牌交易。这意味着中国首个国际化期货品种原油期货隆重登场，同时也表明中国正式加入亚太原油定价权竞争。

21 世纪以来，随着经济的快速发展，原油消费东移的趋势逐渐形成。从 2004 年开始，亚太地区的原油消费量超过了北美和欧洲，成为全球最大的原油消费市场。中国作为世界第二大经济体，2017 年的原油消费量排全球第二，进口量排世界第一，原油价格对经济平稳运行有着显而易见的影响。虽然中国、亚太地区的原油消费量和进口量很大，但区域内目前还没有一个具有广泛影响力和权威性的原油期货合约，没有形成能够充分反映亚太地区原油实际供需状况的定价基准。

中国原油期货的推出，对于中国期货市场、涉油企业，乃至宏观经济都具有深远影响和里程碑意义：第一，原油期货是我国第一个国际化的期货品种，境外投资者的参与，优化了中国原油市场的价格传导机制，国内国际配置交易有助于流动性增强，有助于形成反映中国乃至亚太地区市场供需关系的原油定价基准，补充完善国际原油定价体系；第二，为国内原油产业链上的众多实体企业提供了有效的风险管理工具，更好地管控价格波动带来的经营风险。第三，原油期货以人民币计价，提高了人民币的国际认可度和支付能力，有利于探索期货市场国际化的市场运作和监管经验。随着市场的逐步成熟，伴随着更多期货品种的对外开放，将促进人民币的国际化进程（合约见表3-15）。

表 3-15 上海国际能源交易中心原油期货标准合约

交易品种	中质含硫原油
交易单位	1 000 桶/手
报价单位	元（人民币）/桶（交易报价为不含税价格）
最小变动价位	0.1 元（人民币）/桶
涨跌停板幅度	不超过上一交易日结算价±4%
合约交割月份	最近 1~12 个月为连续月份以及随后 8 个季月
交易时间	周一至周五上午 9:00~11:30；下午 13:30~15:00 以及上海国际能源交易中心规定的其他交易时间
最后交易日	交割月份前第一月的最后一个交易日；上海国际能源交易中心有权根据国家法定节假日调整最后交易日
交割日期	最后交易日后连续五个交易日
交割品质	中质含硫原油，基准品质为 API 度 32.0，硫含量 1.5%，具体可交割油种及升贴水由上海国际能源交易中心另行规定
交割地点	上海国际能源交易中心指定交割仓库
最低交易保证金	合约价值的 5%
交割方式	实物交割
交易代码	SC
上市机构	上海国际能源交易中心

二、金融期货

1. 沪深300股指期货

股票指数期货是指以股票价格指数为标的物的标准化期货合约，是20世纪80年代发展起来的新型衍生金融工具，具有价格发现、风险对冲、套期保值和套利等作用，被称为"20世纪最伟大的金融创新"。经过几十年的发展，已成为成熟的风险管理工具。目前全球已经有32个国家和地区的43家交易所上市了近400个股指货合约。根据有关方面的统计，2015年全球股指期货共成交83.62亿手，占全球期货市场总成交量33.76%，是全球交易量最大的期货品种。

经过几十年的探索实践，中国资本市场规模不断扩大，结构逐步优化，运行秩序明显改善。但由于市场内在约束不健全，缺乏对冲风险的机制，我国资本市场长期处于单边运行的状态，制约了市场资源配置功能的充分发挥。为适应我国经济和资本市场发展的需要，建立金融期货等衍生产品市场，适时推出股指期货，便成为提升我国资本市场服务国民经济全局能力的内在要求。发展股指期货，有利于改善股票市场的运行机制，完善市场化的资产价格形成机制，培育成熟的机构投资者队伍。作为中国内地资本市场首个金融期货品种，沪深300股指期货在经过多年的研究、酝酿和扎实筹备，于2010年4月16日在中国金融期货交易所正式上市。这标志着我国资本市场改革发展又向前迈出了一大步，对于发育和完善我国资本市场体系具有深远意义。

沪深300股指期货以沪深300指数为标的。沪深300指数是沪、深两家证券交易所联合发布的反映A股市场整体走势的指数，是根据流动性和市值规模从沪深两市中选取300只A股股票作为成份股，指数样本覆盖了沪深市场六成左右的市值，具有良好的市场代表性。中国金融期货交易所沪深300指数期货合约见表3-16。

表3-16 中国金融期货交易所沪深300股指期货合约

合约标的	沪深300指数
合约乘数	每点300元
报价单位	指数点
最小变动价位	0.2点
合约月份	当月、下月及随后两个季月
交易时间	周一至周五上午9:30~11:30；下午13:00~15:00
每日价格最大波动限制	上一个交易日结算价的±10%

续表

最低交易保证金	合约价值的 8%
最后交易日	合约到期月份的第三个周五，遇国家法定假日顺延
交割日期	同最后交易日
交割方式	现金交割
交易代码	IF
上市交易所	中国金融期货交易所

2. 中证 500 股指期货

中证 500 指数是根据科学、客观的方法，挑选沪深证券市场内具有代表性的中小市值公司组成样本股，以便综合反映沪深证券市场内中小市值公司的整体状况。其样本空间内股票扣除沪深 300 指数样本股及最近一年日均总市值排名前 300 名的股票，剩余股票按照最近一年（新股为上市以来）的日均成交金额由高到低排名，剔除排名后 20% 的股票，然后将剩余股票按照日均总市值由高到低进行排名，选取排名在前 500 名的股票作为中证 500 指数样本股。中国金融期货交易所中证 500 指数期货合约见表 3-17。

表 3-17　中国金融期货交易所中证 500 股指期货合约

合约标的	中证 500 指数
合约乘数	每点 200 元
报价单位	指数点
最小变动价位	0.2 点
合约月份	当月、下月及随后两个季月
交易时间	周一至周五上午 9：30～11：30；下午 13：00～15：00
每日价格最大波动限制	上一个交易日结算价的±10%
最低交易保证金	合约价值的 8%
最后交易日	合约到期月份的第三个周五，遇国家法定假日顺延
交割日期	同最后交易日
交割方式	现金交割
交易代码	IC
上市交易所	中国金融期货交易所

3. 上证 50 股指期货

上证 50 指数是根据科学客观的方法，挑选上海证券市场规模大、流动性好的最具代表性的 50 只股票组成样本股，以便综合反映上海证券市场最具市场影响力的一批龙头企业的整体状况。上证 50 指数自 2004 年 1 月 2 日起正式发布，其目标是建立一个成交活跃、规模较大、主要作为衍生金融工具基础的投资指数。中国金融期货交易所上证 50 指数期货合约见表 3-18。

表 3-18 中国金融期货交易所上证 50 股指期货合约

合约标的	上证 50 指数
合约乘数	每点 300 元
报价单位	指数点
最小变动价位	0.2 点
合约月份	当月、下月及随后两个季月
交易时间	周一至周五上午 9：30~11：30；下午 13：00~15：00
每日价格最大波动限制	上一个交易日结算价的±10%
最低交易保证金	合约价值的 8%
最后交易日	合约到期月份的第三个周五，遇国家法定假日顺延
交割日期	同最后交易日
交割方式	现金交割
交易代码	IH
上市交易所	中国金融期货交易所

4. 国债期货

国债期货是金融期货中的另一个类别，是由国债衍生出的金融工具。国债期货有固定的交易场所，交易双方依据先确定的数量和买卖价格，并在未来某一约定时间内进行实物交割。国债期货作为操作简单且运作成熟的基础金融衍生产品和利率风险管理工具，属于利率期货的一种，不仅能够有效转移利率风险，并且有套期保值的职能，为金融机构等投资者提供以承担风险而取得高收益的市场。

20 世纪 70 年代，美国国内经济面临严重的通货膨胀与经济衰退，加上布雷顿森林体系的崩溃，使得美国市场利率波动与幅度不断扩大，国债持有者面临着较大的市场风险，急需国债避险工具，国债期货在这种背景下应运而生。中国于 1992 年 12 月首次推出国债期货合约，但由于当时现券的流动性不足以及结算制度、风险控制制度不健全，超额持仓、恶意透支等现象屡有发生，此次合约试点以失败告终。近年来，中国国债现券市场不断发展，投资者结构不断完善，借鉴试点时期的经验，2012 年 2 月 13 日，中国金融期货交易所启动国债期货仿真交易，随后于 2013 年推出 5 年期国债期货合约，2015 年 3 月 20 日 10 年期国债期货合约也成功上市。

5 年期国债期货和 10 年期国债期货分别是以我国中期债券和长期债券为标的的期货。中国金融期货交易所 5 年期国债期货合约和 10 年期国债期货合约分别见表 3-19 和表 3-20。

表 3-19　中国金融期货交易所 5 年期国债期货合约

合约标的	面值为 100 万元人民币、票面利率为 3%的名义中期国债
可交割国债	发行期限不高于 7 年，合约到期月份首日剩余期限为 4~5.25 年的记账式附息国债
报价方式	百元净价报价
最小变动价位	0.005 元
合约月份	最近的三个季月（3 月、6 月、9 月、12 月中的最近三个月循环）
交易时间	周一至周五上午 9:15~11:30；下午 13:00~15:15
最后交易日交易时间	9:15~11:30
每日价格最大波动限制	上一个交易日结算价的±1.2%
最低交易保证金	合约价值的 1%
最后交易日	合约到期月份的第二个星期五
最后交割日	最后交易日后的第三个交易日
交割方式	实物交割
交易代码	TF
上市交易所	中国金融期货交易所

表 3-20　中国金融期货交易所 10 年期国债期货合约

合约标的	面值为 100 万元人民币、票面利率为 3%的名义长期国债
可交割国债	发行期限不高于 10 年，合约到期月份首日剩余期限不低于 6.5 年的记账式付息国债
报价方式	百元净价报价
最小变动价位	0.005 元
合约月份	最近的三个季月（3 月、6 月、9 月、12 月中的最近三个月循环）

交易时间	周一至周五上午 9:15~11:30；下午 13:00~15:15
最后交易日交易时间	9:15~11:30
每日价格最大波动限制	上一个交易日结算价的±2%
最低交易保证金	合约价值的 2%
最后交易日	合约到期月份的第二个星期五
最后交割日	最后交易日后的第三个交易日
交割方式	实物交割
交易代码	T
上市交易所	中国金融期货交易所

第四章　期货交易规则制度与交易流程

学习目的与要求

通过本章学习，全面了解期货交易的规则制度和期货交易流程，理解期货交易的各项规则制度和期货交易流程中的有关概念，掌握期货交易的指令类型、竞价方式、结算方式、实物交割流程和期转现交易的原理。

期货市场的交易程序和运作须遵循严格的规则和制度，已成为期货市场规范化发展的重要标志之一。经过长期的演进和完善，期货市场以其特有的规则制度和流程，既与其他市场交易形式相区别，又保证了自身的规范化运作。

第一节　期货交易的规则制度

一、期货市场的特性及其运行规则的重要性

期货市场的功能和期货交易程序的特殊性，使得期货投机者可以通过买空或卖空期货合约而进入期货市场，这使得期货市场的参与者并非都是商品生产者和消费者，还有大量的期货投机者。投机交易既是市场活力的重要来源，又是期货市场的一个重要特性。期货市场与现货市场在交易方式、组织形式等方面有很大区别。现货交易一般是通过分散的一对一谈判进行的，而期货交易则是集中在期货交易所交易大厅内进行，且期货合约交易双方互不见面，整个交易过程全部由期货中介机构代理完成。所以，期货交易的集中性和间接性也是期货市场的重要特性。正是期货市场的投机性、间接性、集中性等特点，决定了期货市场同现货市场相比需要有更为严格的规则。

首先，期货市场的投机性使得在市场经济条件下，交易者之间所固有的矛盾变得更为尖锐、更为直接。在商品交换中，交易者之间围绕着使用价值让渡和价值实现，本身就存在着利益的矛盾和冲突，而当期货交易者把投机盈利作为交易的根本目的时，期货交易者就不再可能达成"互惠互利"的交易，而只能是"你死我活"，即一个人的成功必须以他人的失败为前提，而一个人的失败也必

定构成他人成功的条件。从某种微观层面讲，期货交易可以定义为一种"零和博弈"。因此，期货交易者之间的竞争会变得更加剧烈，也可能会变得更加不择手段。这就从客观上决定了期货市场对规则有着更加迫切的需要。

其次，期货市场的间接性特性强化了规则在交易中的重要作用。期货市场中，期货经纪人作为交易的代理者活动于市场系统内部，如果没有严密的规则约束期货经纪人的行为，就很容易发生虚假交易、欺诈客户、操纵市场、影响价格等事件，这必将阻碍期货市场的正常运行。

最后，期货交易的集中特性使得大量的交易活动、复杂的经济关系、剧烈的利益冲突高度浓缩在期货市场中。这使得期货市场隐含了巨大的风险，即一旦期货市场运行出现问题，其破坏性可能是惊人的，不仅可能使大量社会公众的利益受到损害，而且可能对一个国家的经济乃至世界经济产生消极影响。因此，必须对期货市场运行的规范化提出较高的要求。

总之，期货市场的特殊性决定了严密的规则在期货市场运行中具有非常重要的地位。实际上，期货市场就是在一系列严密规则作用下的一种特定经济关系，离开这些规则，期货交易将无法正常进行。

二、期货交易的规则制度概述

期货交易的规则制度是由交易所制定，参加期货交易的诸方面必须共同遵守的制度规定。

(一) 保证金制度

保证金制度是指在期货交易中，任何期货交易者都必须按照其所要买卖合约价值的一定比例（通常为 5% ~ 10%）缴纳保证金，并在持仓期间使其维持在交易所规定的最低水平，作为履行期货合约的财力担保和结算资金。保证金可分为结算准备金和交易保证金两类。

1. 结算准备金

结算准备金是指期货结算会员为了交易结算在期货交易所专用账户中预先准备的资金，是未被合约占用的保证金。结算准备金的最低余额由期货交易所决定。如果会员的结算准备金余额低于最低金额，会员必须在下一个交易日开盘前补足至结算准备金最低余额。

2. 交易保证金

交易保证金是指会员在交易所专用结算账户中确保合约履行的资金，是已被持仓合约占用的保证金。交易保证金的数额由期货交易所规定。

期货交易保证金的收取是分级进行的，即：期货交易所（结算机构）向其会员收取保证金，称为会员保证金；作为会员的期货公司向其客户收取保证金，称为客户保证金。

会员保证金的收取标准由期货交易所规定。期货交易所根据期货合约单边持仓量的不同收取不同比例的保证金，并且从进入交割月份甚至交割前一个月的第一个交易日起，逐步提高收取的保证金比例，从而控制市场风险和结算风险。期货结算机构向会员收取的保证金属于会员所有，除用于会员的交易结算外，严禁挪作他用。当会员保证金余额低于期货交易所规定的最低余额时，期货结算机构应当按照规定的方式和时间通知会员追加保证金。如果会员不能按时补足保证金，期货结算机构可以采取强行平仓的措施，直至保证金余额达到规定的最低标准。

客户保证金的收取比例一般由期货公司规定，但要高于期货交易所对会员收取保证金的水平。客户保证金属于客户所有，期货公司除了按照规定为客户缴存保证金并进行交易结算外，不得挪作他用。每日结算后，如果客户保证金数额低于规定水平，期货公司应按照约定的方式和时间通知客户追加保证金。如果客户不能按时追加保证金，期货公司可以采取强行平仓措施，直至保证金余额达到期货公司规定的水平。

《期货交易所管理办法》规定，经交易所批准，会员可用经交易所认定的标准仓单、可流通国债或中国证监会认定的其他有价证券充当交易保证金，但有价证券充抵保证金的金额不得高于以下标准中的较低值：有价证券基准计算价值的80%；会员在期货交易所专用结算账户中的实有货币资金的4倍。同时规定期货交易的相关亏损、费用、货款和税金等款项，不得以有价证券冲抵的金额支付，必须以货币资金支付。

交易所调整交易保证金标准应予以公告并报经中国证监会备案，交易所调整交易保证金的主要目的在于控制风险。在出现以下几种情况时，交易所可以调整交易保证金比率，以提高会员或客户的履约能力。

（1）针对期货合约上市运行的不同阶段规定不同的交易保证金比率。一般来说，距交割月份越近，交易者面临到期交割的可能性就越大，为了防止实物交割中可能出现的违约风险，促使不愿进行实物交割的交易者尽快平仓，交易保证金比率会随着交割临近而提高（见表4-1）。

表 4-1　郑州商品交易所部分品种交割月份、交割前一个月保证金比例

品种	交割月前一个月			交割月份
	上旬	中旬	下旬	
强麦、硬麦、棉花、菜籽油、白糖、PTA	8%	15%	25%	30%

注：以上品种一般月份的期货合约交易保证金标准均为 5%。

（2）随着合约持仓量的增大，交易所将逐步提高该合约的保证金比例。一般来说，随着合约持仓量的增多，尤其是当持仓合约所代表的期货商品数量远超相关现货商品数量时，往往表明期货市场投机交易比较多，蕴含较大的风险，因此，随着合约持仓量的增大，交易所将逐步提高该合约的交易保证金比率，以控制市场风险。例如，大连商品交易所对黄大豆 1 号、黄大豆 2 号、豆粕、豆油合约持仓量变化时，交易保证金收取标准的相关规定见表 4-2。交易过程中，当某一合约持仓量达到某一级持仓总量时，新开仓合约按该级交易保证金标准收取。交易结束后，交易所对全部持仓收取与持仓总量相对应的交易保证金。对玉米合约持仓量变化时交易保证金收取标准的相关规定见表 4-3。

表 4-2　大连商品交易所大豆等合约持仓变化时交易保证金收取标准

合约月份双边持仓总量（N）	交易保证金比率
$N \leqslant 50$ 万手	合约价值的 5%
50 万手 $< N \leqslant 60$ 万手	合约价值的 8%
60 万手 $< N \leqslant 70$ 万手	合约价值的 9%
70 万手 $< N$	合约价值的 10%

表 4-3　玉米合约持仓变化时交易保证金收取标准

合约月份双边持仓总量（N）	交易保证金比率
$N \leqslant 100$ 万手	合约价值的 5%
100 万手 $< N \leqslant 150$ 万手	合约价值的 8%
150 万手 $< N \leqslant 200$ 万手	合约价值的 9%
200 万手 $< N$	合约价值的 10%

（3）当某期货合约出现涨跌停板情况时，交易保证金比率相应提高，具体规定参见本节（三）涨（跌）停板制度相关内容。

（4）当某品种某月份合约按结算价计算的价格变化，连续若干交易日的累计涨跌幅达到一定程度时，交易所有权根据市场情况采取一种或多种措施，以控制风险，如：对部分会员或全部会员的单边或双边、同比例或不同比例提高交易保证金，限制部分会员或全部会员出金，暂停部分会员或全部会员开新仓，调整涨跌停板幅度，限期平仓，强行平仓，等等。

（5）当某期货合约的交易出现异常情况时，交易所可按规定的程序调整交易保证金的比例。

（6）对同时满足本办法有关调整交易保证金规定的合约，其交易保证金按照规定交易保证金数值中的较大数值收取。

（二）当日无负债结算制度

期货交易的结算，是由期货交易所统一组织进行的。期货交易所实行当日无负债结算制度，又称"逐日盯市"。这是指每日交易结束后，交易所按当日结算价结算所有合约的盈亏、交易保证金及手续费、税金等费用，对应收应付的款项同时划转，相应增加或减少会员结算准备金的制度。

期货交易的结算是分级进行的，即期货交易所对其会员进行结算，会员或期货公司对其客户进行结算。期货交易所应在当日交易结算后，及时将结算结果通知会员；当日结算时，会员的交易保证金超过上一交易日结算时的交易保证金部分从会员结算准备金中扣划；当日结算时，会员的交易保证金低于上一交易日结算时的交易保证金划入会员的结算准备金。当会员的保证金不足时，应当及时追加保证金或者自行平仓。会员未在期货交易所规定的时间内追加保证金或者自行平仓的，期货交易所应当将该会员的合约强行平仓，强行平仓的有关费用和造成的损失由该会员承担。

会员或期货公司应及时根据期货结算机构的结算结果对客户的期货交易进行结算，并应及时将结算结果通知客户。当日结算时，如果客户的保证金低于规定的保证金水平或发生亏损，则期货公司应立即向客户发出追加保证金的通知，要求客户在规定的时间内缴纳追加保证金或自行平仓，客户未在期货公司规定的时间内追加保证金或者自行平仓的，期货公司应当将该客户的合约强行平仓，强行平仓的有关费用和造成的损失由该客户承担，以确保期货交易无负债。

（三）涨（跌）停板制度

涨（跌）停板制度又称每日价格最大波动限制制度，即期货合约在一个交易日中的交易价格波动不得高于或者低于规定的涨（跌）幅度，超过该涨（跌）幅度的报价将被视为无效报价，不能成交。涨（跌）停板一般是以合约上一交易日的结算价为基准确定的。也就是说，合约上一交易日的结算价加上允许的最大涨幅构成当日价格上涨的上限，称为"涨停板"；该合约上一交易日的结算价减去允许的最大跌幅构成当日价格下跌的下限，称为"跌停板"，一般有固定数额和百分比两种计算方法。具体计算公式如下：

$$涨停价格=上一交易日的结算价\times(1+涨跌停板幅度)$$
$$跌停价格=上一交易日的结算价\times(1-涨跌停板幅度)$$

涨（跌）停板制度的实施，可以有效减缓和抑制一些特发性事件和过度投机行为对期货价格造成的暴涨暴跌，减缓每一交易日的价格波动幅度，从而有效控制风险。同时，由于向会员和客户收取的保证金数额只要大于在涨（跌）幅度内可能出现的最大亏损，就能够保证当日期货价格波动达到涨（跌）停板时，会员和客户也不会有透支情况出现，从而为保证金制度的实施创造了有利条件。

（四）持仓限额制度

持仓限额制度是指交易所规定会员或客户可以持有的，按单边计算的某一合约投机头寸的最大数额。实行持仓限额制度的目的在于防范操纵市场价格的行为和防止期货市场风险过度集中于少数投资者。

持仓限额制度有以下规定：

（1）交易所根据不同期货合约的具体情况或同一期货合约的不同的交易阶段分别确定限仓数额，并采取限制会员持仓和限制客户持仓相结合的办法，从而减少市场风险产生的可能性。交易所可以按照"一般月份""交割月前一个月份""交割月份"三个阶段依次对持仓数额进行限制。距离交割月越近，会员或客户的限仓量应该越小，对于进入交割月份的合约限仓数额更应从严控制。

（2）同一客户在不同期货公司会员处开有多个交易编码，各交易编码上所有持仓头寸的合计数，不得超出一个客户的限仓数额。

（3）会员或客户持仓达到或超过持仓限额的，不得同方向开仓交易。

（4）套期保值交易头寸实行审批制，其持仓不受限制。

（五）大户报告制度

大户报告制度是指当会员或客户某品种持仓合约达到交易所规定的持仓报告标准时，会员或客户应向交易所报告其资金情况、头寸情况等，客户需通过经纪会员报告。大户报告制度是与持仓限额紧密相关的另一个防范大户操纵市场价格、控制市场风险的制度。通过实施大户报告制度，可以使交易所对持仓量较大的会员或客户进行重点监控，了解其持仓动向、意图，对于有效防范市场风险有积极作用。

中国三家商品期货交易所大户报告制度有以下规定：

（1）到交易所大户报告界限的会员和客户应主动在规定时间内向交易所提供相关资料，主要包括持仓情况、持仓保证金、可动用保证金、持仓意向、资金来源、预报和申请的交割数量等。达到交易所大户标准的客户所提供的资料需由其经纪会员进行初审，然后转交期货交易所。经纪会员应保证客户所提供资料的真实性。

（2）当会员或客户某品种持仓合约的投机头寸达到交易所对其规定的投机头寸持仓限量80%以上（含本数）时，会员或客户应向交易所报告其资金情况、头寸情况等，客户须通过经纪会员报告。

（3）进行套期保值交易的会员或客户也应执行大户报告制度。

（4）交易所可以根据市场风险状况改变要求报告的持仓水平。

（5）交易所将不定期地对会员或客户提供的材料进行核查。

（6）会员和客户的持仓达到交易所报告界限的，会员和客户应主动于下一交易日15:00前向交易所报告。如需再次报告或补充报告，交易所将通知有关会员。

（六）强行平仓制度

强行平仓制度是指当会员或客户的交易保证金不足并且未能在规定时间内补足时，或者当会员或客户的持仓数量超过规定的持仓限额时，或者当会员或客户违反期货交易的有关规则时，期货交易所为了防止风险进一步扩大，按照有关规定对违规者的有关持仓进行平仓处理的一种强制措施。我国期货交易所强行平仓制度的主要规定如下：

1. 期货交易所强行平仓的情况

当会员、客户出现下列情形之一时，交易所有权对其持仓进行强行平仓。

（1）会员交易保证金不足并未能在规定时限内补足；

（2）客户、从事自营业务的交易会员持仓量超出其限仓规定标准；

（3）因违规受到交易所强行平仓处理的；

（4）根据交易所的紧急措施应予强行平仓的；

（5）其他应予强行平仓的。

2. 强行平仓的执行原则

强行平仓先由会员自己执行，时限除交易所特别规定外，一律在开市后第一节交易时间内。若时限内会员未执行完毕，则由交易所强制执行。因结算准备金小于零而被要求强行平仓的，在保证金补足前，禁止相关会员的开仓交易。

3. 由会员单位执行的强行平仓头寸的确定

属上述第（1）（2）项的强行平仓，需强行平仓头寸由会员单位自行确定，只要强行平仓结果符合交易所规则即可；属上述第（3）（4）（5）项的强行平仓，需强行平仓头寸由交易所确定。

4. 由交易所执行的强行平仓头寸的确定

属上述第（1）项的强行平仓：需强行平仓的头寸由交易所按先投机、后套期保值的原则予以确定，并按上一交易日闭市后合约总持仓量由大到小排序，先选择持仓量大的合约强行平仓；若多个会员需要强行平仓，按追加保证金由大到小的顺序予以平仓。

属上述第（2）项的强行平仓：若系一个会员超仓，需强行平仓头寸由交易所按会员超仓数量与会员投机持仓数量的比例确定；若系多个会员超仓，则需强行平仓头寸按会员超仓数量由大到小排序，先选择超仓数量大的会员作为强行平仓的对象；若系客户超仓，则对该客户的超仓头寸进行强行平仓；若系会员和客户同时超仓，则先对超仓客户进行平仓，余下者再按会员超仓的方法平仓。

属上述第（3）（4）（5）项的强行平仓，强行平仓头寸由交易所根据涉及的会员和客户的具体情况确定。若会员同时满足上述第（1）（2）项情况，交易所先按第（2）项情况确定强行平仓头寸，再按第一项情况确定强行平仓头寸。

5. 强行平仓的执行程序

第一步，通知。交易所以"强行平仓通知书"的形式向有关会员下达强行平仓的要求。通知书除交易所特别送达以外，随当日结算数据发送，有关会员可以通过会员服务系统获得。

第二步，执行及确认。开市后，有关会员必须首先自行平仓，直至达到平仓要求。强行平仓执行完毕的会员将其执行结果以书面形式报告交易所。超过会员自行强行平仓时限而未执行完毕的，剩余部分由交易所直接执行强行平仓；强行平仓执行完毕后，由交易所记录执行结果并存档；强行平仓结果随当日成交记录发送，有关会员可以通过会员服务系统获得。

6. 强行平仓的价格通过市场交易形成

如因价格涨（跌）停板或其他原因而无法在当日完成全部强行平仓的，交易所可根据结算结果，对该会员做出相应的处理。由于价格涨（跌）停板限制或其他市场原因，致使有关持仓的强行平仓只能延时完成的，由此引发的亏损，仍由直接负责人承担；未能完成平仓的，该持仓持有者须继续对此承担持仓责任或交割义务。

7. 强行平仓产生盈利的处理

由会员单位执行的强行平仓产生的盈利仍归直接责任人；由交易所执行的强制平仓产生的盈亏相抵后的盈利部分予以罚没。因强行平仓发生的亏损由直接责任人承担。直接责任人是客户的，强行平仓后发生的亏损，由客户的经纪会员先行承担，而后自行向该客户追索。

(七) 强制减仓制度

强制减仓是指交易所将当日以涨（跌）停板价申报的未成交平仓报单，以当日涨（跌）停板价与该合约净持仓盈利投资者按持仓比例自动撮合成交。同一投资者双向持仓的，则其净持仓部分的平仓报单参与强制减仓计算，其余平仓报单与其反向持仓自动对冲。

强制减仓一般在某合约连续出现同方向单边市时采用，单边市即涨（跌）停板单边无连续报价，一般是指某一期货合约在某一交易日收盘前 5 分钟内出现只有停板价位的买入（卖出）申报、没有停板价位的卖出（买入）申报，或者一有买入（卖出）申报就成交但未打开停板价位的情况。

例如，沪深 300 股指期货，强制减仓制度是指在收市后，将已在交易系统中以涨（跌）停板价申报无法成交的，且投资者合约的单位净持仓亏损大于或等于当日结算价的 10% 的所有持仓，与该合约净持仓盈利大于零的投资者按持仓比例自动撮合成交。投资者不愿按上述方法平仓的，可在收市前撤单。强制减仓的价格为该合约当日的涨（跌）停板价。由上述减仓造成的经济损失由会员及其投资者承担。强制减仓当日结算时交易保证金恢复到正常水平，下一交易日该合约的涨（跌）停板幅度按合约规定执行。

显然，强制减仓的目的是为了迅速有效地化解市场风险，防止会员大量违约。

(八) 套期保值额度审批制度

中国期货交易所实行套期保值额度审批制度。交易所对套期保值申请者的经营范围和以前年度经营业绩资料、现货购销合同等，能够表明其现货经营情况的资料进行审核，确定其套期保值额度的制度。大连商品交易所、郑州商品交易所和上海期货交易所规定，申请套期保值交易的客户和非期货公司会员必须具备与套期保值交易品种相关的生产经营资格；交易所对套期保值的申请按主体资格是否符合，套期保值品种、交易部位、买卖数量、套期保值时间与其生产经营规模、历史经营状况、资金等情况是否相当进行审核，确定其套期保值额度；对于有大规模保值需求的投资者进行审批，对经批准的保值者给予较大的持仓限额，不再受原有持仓限额的限制。《中国金融期货交易所套期保值管理办法》规定，客户申请套期保值额度的，应当向其开户的会员申报，会员对申报材料进行审核后向交易所办理申报手续。会员申请套期保值额度的，直接向交易所办理申报手续。申请套期保值额度的会员或者客户，应当填写《套期保值额度申请（审批）表》，并向交易所提交下列申请材料：

（1）自然人客户应当提交本人身份证复印件，会员或者法人客户应当提交营业执照副本复印件、组织机构代码证复印件，以及近两年经审计的资产负债表、损益表、现金流量表；

（2）近 6 个月的现货交易情况；

（3）申请人的套期保值交易方案；

（4）申请人历史套期保值交易情况说明；

（5）会员对申请人材料真实性的核实声明；

（6）交易所规定的其他材料。

套期保值额度分合约进行审批。获批套期保值交易的会员或者客户在套期保值额度内频繁进行开平仓交易的，交易所有权对其采取谈话提醒、书面警示、调整或者取消已批准的套期保值额度、限制开仓、限期平仓、强行平仓等措施。

（九）交割制度

交割是指期货合约到期时，按照期货交易所的规则和程序，交易双方通过该合约所载标的物的所有权进行转移，或者按照规定结算价格进行现金差价结算，了结到期未平仓合约的制度。其中，前者为实物交割，后者为现金交割。实物交割在期货合约中所占的比例非常低。

期货合约规定在将来特定时间，以特定价格交割一定数量和质量等级的实物产品，是期货交易的最后一个环节。因此，实物交割是联系期货与现货的纽带，尽管期货市场的实物交割率仅占总成交量的很小比例，但对整体期货市场的正常运行起着十分重要的作用。《期货交易管理条例》规定，期货交易的交割，由期货交易所统一组织进行。交割仓库由期货交易所指定。期货交易所不得限制实物交割总量，并应当与交割仓库签订协议，明确双方的权利和义务。

（十）结算担保金制度

《期货交易管理条例》规定，实行会员分级结算制度的期货交易所应当建立结算担保金制度。中国金融期货交易所作为我国唯一一家实行会员分级结算制度的期货交易所，已经建立结算担保金制度。

结算担保金是指由结算会员依交易所的规定缴存的，用于应对结算会员违约风险的共同担保资金，分为基础担保金和变动担保金。基础担保金是指结算会员参与交易所结算交割业务必须缴纳的最低担保金数额；变动结算担保金是指结算会员结算担保金中高出基础结算担保金的部分，是随着结算会员业务量的变化而调整的结算担保金。结算担保金以会员自有资金向期货交易所缴纳，用于应对结算会员违约风险。结算担保金属于会员所有，期货交易所应当按照有关规定管理和使用，不得挪作他用。

结算担保金联保机制的流程为：当一家期货公司发生穿仓行为时，就先动用该违约会员的结算担保金；如果该会员结算担保金不够，按照顺序，再动用其他结算会员缴纳的结算担保金；如果其他会员的结算担保金不够时，最后动用交易所风险准备金。期货交易所以结算担保金、期货交易所风险准备金代为承担责任后，由此取得对违约会员的相应追偿权。

结算担保金制度是国际上开展股指期货交易普遍采用的风险防范制度，用于增加应对市场风险的财务资源，建立化解风险的缓冲区，进一步强化市场整体抗风险能力。

（十一）风险准备金制度

风险准备金制度是指期货交易所从自己收取的会员交易手续费中提取一定比例的资金，作为维护期货市场正常运行而提供财力担保，及弥补因期货交易所不可预见风险带来的亏损所需要的备付资金的制度。

期货交易是一种高风险的交易活动，期货交易的规则并不能直接减少由于期货价格波动而产生的风险。为了建立和完善风险体系，保证市场正常运行，《期货交易管理条例》规定，期货交易所、期货公司、非期货公司结算会员应当按照国务院期货监督管理机构、财政部门的规定提取、管理和使用风险准备金，不得挪用。

风险准备金制度包括以下具体内容：

（1）交易所应当按照手续费收入20%的比例提取风险准备金。

（2）风险准备金必须单独核算，专户存储，除用于弥补风险损失外，不得挪作他用。风险准备金的动用必须经交易所理事会批准，报中国证监会备案后按规定的用途和程序进行。

（3）中国证监会可以根据期货交易所业务规模、发展计划以及潜在的风险，决定风险准备金的规模。

（4）会员在期货交易中违约的，期货交易所先以该会员的保证金承担违约责任；保证金不足的，期货交易所应当以风险准备金和自有资金代为承担违约责任，并由此取得对该会员的追偿权。客户在期货交易中违约的，期货公司先以该客户的保证金承担违约责任；保证金不足的，期货公司应当以风险准备金和自有资金代为承担违约责任，并由此取得对该客户的追偿权。

（十二）风险警示制度

《期货交易所管理办法》规定，期货交易所实行风险警示制度。风险警示制度是指，交易所认为必要的，可以分别或同时采取要求会员和客户报告情况、谈话提醒、书面警示、公开谴责、发布风险警示公告等措施中的一种或多种，以警示和化解风险的制度。

（1）出现下列情形之一的，期货交易所有权约见指定的会员高管人员或客户谈话提醒风险，或要求会员或客户报告情况：①期货价格出现异常；②会员或客户交易异常；③会员或客户持仓异常；④会员资金异常；⑤会员或客户涉嫌违规、违约；⑥交易所接到投诉涉及会员或客户；⑦会员涉及司法调查；⑧交易所认定的其他情况。

（2）发生下列情形之一的，期货交易所有权在指定的有关媒体上对有关会员和客户进行公开谴责：①不按交易所要求报告情况和谈话的；②故意隐瞒事实，瞒报、错报、漏报重要信息的；③故意销毁违规违约证明材料，不配合交易所调查的；④经查实存在欺诈客户行为的；⑤经查实参与分仓和操纵市场的；⑥交易所认定的其他违规行为。交易所对相关会员或客户进行公开谴责的同时，对其违规行为，按交易所违规处理办法处理。

（3）发生下列情形之一的，期货交易所有权发出风险警示公告，向全体会员和客户警示风险：①期货价格出现异常；②期货价格和现货价格出现较大差距；③会员或客户涉嫌违规、违约；④会员或客户交易存在较大风险；⑤交易所认定的其他情况。

（十三）信息披露制度

信息披露制度是指期货交易所按有关规定定期公布期货交易有关信息的制度。期货交易遵循公平、公开、公正的原则，信息的公开与透明是"三公"原则的体现。信息披露制度要求期货交易所及时公布上市品种期货合约的有关信息及其他应公布的信息，并保证信息的真实性和准确性。只有这样，期货交易的所有交易者才能在公平、公开、公正的基础上接受真实、准确的信息，并根据所获信息做出正确决策，从而防止不法交易者利用内幕信息获取不正当利益，损害其他交易者。

《期货交易所管理办法》规定，期货交易所应当以适当方式发布下列信息：

（1）即时行情；

（2）持仓量、成交量排名情况；

（3）期货交易所交易规则及其实施细则规定的其他信息；

（4）期货交易涉及商品实物交割的，期货交易所应当发布标准仓单数量和可用库容情况。

（5）期货交易所应当编制交易情况周报表、月报表和年报表，并及时公布。

第二节　期货交易的流程

期货交易流程主要包括开户与下单、竞价、期货交易结算、实物交割四个环节，但在期货实际交易中，大多数期货交易多采取对冲平仓的方式了结履约的责任，所以进入交割环节的比例很低。因此，实物交割环节并不是期货交易的必经环节。

一、期货交易的开户与下单

（一）开设交易账户

期货交易所实行会员制管理，能够直接进入期货交易所进行交易的只有期货交易所的会员，包括期货公司会员和非期货公司会员。所以，普通投资者在进入期货市场交易之前，应首先选择一家具备合法代理资格、信誉良好，能保障资金的安全性、运作规范、收费合理的期货公司并提出委托申请，开立账户，成为期货公司的客户。客户分为单位客户和个人客户两种。

一般来说，各期货公司会员为客户开设账户的程序基本相同，包括风险揭示、签署合同及缴纳保证金。

1. 风险揭示

客户委托期货公司从事期货交易的，必须事先在期货公司办理开户登记。期货公司在接受客户开户申请时，须向客户提供《期货交易风险说明书》。个人客户应在仔细阅读并理解后，在该《期货交易风险说明书》上签字；单位客户应在仔细阅读并充分理解之后，由单位法定代表人或授权他人在该《期货交易风险说明书》上签字并加盖单位公章。

《期货交易风险说明书》的格式和内容由中国证监会统一制定。期货公司不得为未签订书面期货经纪合同的客户开立账户。期货公司与客户签订期货经纪合同前，应当向客户说明合同条款的含义。在客户明确理解期货经纪合同约定的双方权利义务后，由客户签字确认。

2. 签署合同

期货公司在接受客户开户申请时，客户与期货公司应签署《期货经纪合同》。具体包括：与期货公司签订"期货买卖委托协议书"，与期货经纪人签订"代理买卖委托书"。单位客户应由法人代表或授权他人在《期货经纪合同》上签字并盖章，个人客户应在该合同上签字。

期货交易所实行客户交易编码登记备案制，客户开户时应由期货公司按交易所统一的编码规则进行编号，一户一码，专码专用，不得混码交易。交易编码是客户和从事自营业务的交易会员进行期货交易的专用代码。交易编码由 12 位数字构成，前 4 位为会员号，后 8 位为客户号。客户在不同的会员处开户的，其交易编码中客户号相同。

3. 客户缴纳保证金

客户在与期货公司签署期货经纪合同之后，应按规定缴纳开户保证金。期货公司向其客户收取的保证金金额，都要高于期货交易所规定的最低收取标准。期货公司应将客户所缴纳的保证金存入《期货经纪合同》指定的客户账户中，供客户进行期货交易；期货公司除了按规定为客户向期货交易所缴存保证金并进行交易结算外，严禁挪作他用。

（二）下单

客户在按规定足额缴纳开户保证金后，即可开始交易，进行委托下单。下单是指客户在每笔交易前向期货公司业务人员下达交易指令，交易指令的内容应包括：交易的品种、交易方向、数量、合约月份、价格、日期及时间、期货交易所名称、客户名称、客户编码和账户，以及期货公司和客户签名等。期货交易指令的种类很多，且各类交易指令的作用也不相同。因此，客户应先熟悉和掌握有关的交易指令，然后选择不同的期货合约进行具体交易。

1. 常用交易指令

期货交易指令中价格要求至关重要，它直接关系到期货交易的盈亏。故通常按照价格指示的方式不同，将期货交易指令分为不同类型，常用的交易指令有10 种。

（1）市价指令。市价指令（market，order）是指按当时市场价格即可成交的指令，是最常用的一种指令。当客户认为目前的市场行情对自己有利时，可以下这种指令。期货公司场内交易员接到订单后，应立即以最有利的价格成交。这种指令成交速度快，一旦下达后不可变更或撤销。市价指令的特点是：交易者能够迅速进入市场，建立交易头寸；或者能够迅速对冲，退出市场，了结交易头寸；由于期货价格的波动频率较快，而发出市价指令的交易者是以迅速成交为主要目标，因此成交价格与交易者的期望价格可能有差异。

（2）限价指令。限价指令是指执行时必须按限定价格或更好的价格成交的指令。下达限价指令时，客户必须指明具体的价位。若交易期间碰不到这个价格，则不能成交。它的优点是可避免因市场价格波动过大而导致的风险，按照客户的预期价格成交。缺点是成交速度相对较慢，有时甚至无法成交。限价指令又可分为买入限价指令和卖出限价指令。买入限价指令是指当市场价格达到或低于某一价位时才执行买入期货合约的指令。例如，"买入限价为3 800元/吨的2010年5月大豆合约10手"，该指令要求只有当2010年5月大豆期货价格为每吨3 800元或低于3 800元时才执行指令；卖出限价指令是指当市场价格达到或高于某一价位时才执行卖出期货合约的指令。

（3）止损指令。止损指令是指当市场价格达到客户预先设定的触发价格时，即变为市价指令予以执行的一种指令。客户利用止损指令，既可以有效地锁定利润，又可以将可能的损失降至最低限度，还可以以相对较小的风险建立新的头寸。止损指令是交易者为了避免在交易中发生更大的损失或保护已经得到的盈利而经常使用的一个指令。它的特点是买高卖低，逆市触价转为市价指令执行，即下达止损指令的买入价位高于目前正在交易的期货合约价格；卖出价位则低于目前正在交易的期货合约价格。这种买高卖低的操作反映了交易者对期货市场价格走势的分析和交易策略。止损指令的重要作用是保护盈利，限制损失。一般情况下，多头交易者利用空头止损指令保护盈利，限制损失。例如，某交易者认为大豆期货价格可能上升，于是以价格2 050元/吨买进10手5月份的大豆期货合约，做多头交易。果然，一个星期以后，大豆期货价格上升到2 155元/吨。交易者认为大豆价格还有上升的趋势，不想立即平仓，但是又担心大豆价格突然下跌，可能会丧失既得收益。此时，交易者可发出止损指令："卖出10手5月大豆2 140元/吨止损"，即以止损指令在价位为2 140元/吨，卖出5月大豆合约。因为止损指令具有逆市触价执行的特点，所以，当价格趋势转向下跌时，只要价格触及指令价位2 140元/吨，止损指令立即转为市价指令执行，这样就可以保护交易者已有而未实现的收益，避免遭受或有损失。与发出止损指令时的期货市场价格相比，空头止损指令的价位比市价低，即所谓的卖低。同理，空头交易者可以利用多头止损指令来限制损失。

（4）止损限价指令。止损限价指令是指当市场价格达到客户预先设定的触发价格时，即变为限价指令予以执行的一种指令。止损限价指令要求场内交易员在市场触及指令价位后，以等于或低于指令价位买进，等于或高于指令价位卖出。所以止损限价指令是止损指令和限价指令的结合，在市场价位变化急剧时，止损指令的成交价差距可能很大。因此，在止损指令上添加限价指令，使其成交价控制在一定范围内，既有止损指令买高卖低、逆市触价执行的特点，又有触价即转为限价指令而非市价指令的好处。但这一指令在急剧变化的市场中有时不能保证被执行。

（5）触价指令。触价指令是指在市场价格达到指定价位时，以市价指令予以执行的一种指令。触价指令与止损指令的区别在于：其预先设定的价位不同。卖出止损指令的止损价低于当前的市场价格，而卖出触价指令的触发价格高于当前市场价格；买进指令则与此相反。此外，止损指令通常用于平仓，而触价指令一般用于开新仓。

（6）限时指令。限时指令是指要求在某一时间段内执行的指令。如果在该时间段内指令未被执行，则自动取消。限时指令又可分为两种：当日有效指令和开放性指令。当日有效指令必须在某一交易日内按照既定价格执行，在许多期货交易所，如果不另行说明，所有的指令都被视做当日有效指令。开放性或撤销前一直有效指令则与此不同，它可以在合约到期前或客户取消这一指令前任何一个交易日内执行。目前，中国期货交易所的指令均为当日有效。

（7）阶梯价格指令。阶梯价格指令是指按指定的价格间隔，逐步购买或出售指定数量期货合约的指令。买入时采取阶梯式递减价位的方式，而卖出时采取阶梯式递增价位的方式。此种指令可以起到平均买价或卖价的作用，适合稳健型投资者采用。

（8）长效指令。长效指令是指要求在某一时间段内执行的指令。如果在该时间段内指令未被执行，则自动取消。

（9）套利指令。套利指令是组合指令的一种，是期货投机套利交易中经常使用的一种指令，是指同时买入和卖出两种期货合约的指令。根据套利交易的需要，套利指令可分为三种：跨月套利指令、跨市套利指令和跨商品套利指令。跨月套利指令用于同时买进和卖出某一交易所的相同种类但交割月份不同的期货合约，该指令一般附有对价差的限制条件；跨市套利指令是同时买进和卖出不同交易所的相同商品期货，以谋取商品的地区差价；跨商品套利指令是指交易员同时买进和卖出彼此相关的不同商品期货，以便在价格趋势发生变化时，可以用一种商品期货交易的盈亏弥补或冲销另一种商品期货交易的亏盈。由于这类指令风险较小,因此,佣金费用较低。

(10) 取消指令。取消指令是指客户要求将某一指令取消的指令。通过执行该指令,将客户以前下达的指令完全取消,并且没有新的指令取代原指令。当原指令已经成交时,取消指令无法执行。中国期货交易所规定交易指令当日有效,在指令成交前,客户可提出变更和撤销指令。

期货公司对其代理客户的所有期货交易指令,必须通过交易所集中撮合交易,不得私下对冲,不得向客户做获利保证或者与客户分享收益。

2. 下单方式

下单是指客户在每笔交易前向期货公司交易员下达交易指令,说明拟买卖合约的种类、数量、价格等的行为。《期货交易管理条例》第二十六条规定,客户可以通过书面、电话、互联网或者国务院期货监督管理机构规定的其他方式,向期货公司下达交易指令。客户的交易指令应当明确、全面。

(1) 书面下单。客户亲自填写交易单,填好后签字交由期货公司交易部,再由期货公司将指令发至交易所参与交易。2002 年以前中国的期货交易绝大多数采用书面下单形式。随着信息技术的发展,此种下单方式已经很少采用,但这种方式仍有助于初学者熟悉期货交易程序。交易指令单应填好下列内容:客户编码、交易指令日期及时间、买卖的商品名称、月份、数量、价格、平仓或是新开仓等信息。最后,经纪人和交易指令下达人签字。

(2) 电话下单。客户通过电话直接将指令下达到期货公司交易部,期货公司交易部在接受客户指令后,将客户的指令输入交易席位上的计算机终端进行竞价交易,或者由该期货公司交易部的工作人员通过与交易所主机远程联网的交易终端,输入客户的交易指令进入交易所主机撮合成交。使用此种方式下单,期货公司需将客户的指令予以录音,以备查证。事后,客户应按规定在交易单上签名确认。

(3) 网上下单。客户通过因特网或局域网,使用期货公司配置的网上下单系统进行网上下单。进入系统后,客户需输入自己的客户编号与密码,经确认后即可输入交易指令。下单指令通过因特网或局域网传输到期货公司后,再通过专线传输到交易所主机进行撮合成交。客户可以在期货公司的下单系统获得成交回报。

随着计算机技术的发展,网上交易得到了广泛应用并逐渐成为发展趋势,网上下单使交易更加方便和快捷,从而提高了交易效率。

二、期货交易的竞价

期货合约的价格都是以公开竞价的方式形成的，具体竞价方式主要有公开喊价方式和计算机撮合成交两种方式。其中，公开喊价属于传统的竞价方式。21世纪以来，随着信息技术的发展，越来越多的交易所采用了计算机撮合成交方式，而原来采用公开喊价方式的交易所也逐步引入了电子交易系统。

（一）公开喊价方式

通过公开喊价决定期货合约成交价格主要有两种形式。

1. 连续竞价制（动盘）

场内经纪人和自营交易者围聚在期货交易所交易大厅各自相关的商品期货合约交易圈内，面对面以公开叫价的方式表达各自买入和卖出期货合约的要求，寻找可能的交易对手，并进行公开的讨价还价。由于交易大厅内讨价还价的喊声震天，常使报价声难以听清，所以场内交易者一般要辅之以手势来表达买入或卖出期货合约的数量和价格；为减少误听所引起的差错，表达买卖数量和价格的喊声还要在买卖双方之间进行反馈；由于价格变化一般是连续的和递进的，所以通常场内交易者的喊价只需包括价格的一部分即可。一旦买卖双方的数量和价格相等时，即可达成交易。交易达成后，期货交易所场内记录员和买卖双方便把成交情况填写在交易记录卡上，以备结算和通知客户所用。这种公开喊价对活跃场内气氛，维护公开、公平、公正的定价原则十分有利。这种方式属于传统的竞价方式，在欧美期货市场比较流行。

2. 一节一价制（静盘）

一节一价制是指把每个交易日分为若干节，每节只有一个价格的制度。每节交易先由期货交易所工作人员喊出一个临时价格，场内交易者用手势表示在这个价格水平上愿意买入或卖出的期货合约数量，如果买入和卖出的期货合约数量不一致，则由工作人员进一步提高或降低临时价格，如果场内交易者认为，调整后的临时价格不适合客户或自己的要求时，即可调整原来的买卖意愿。直到最后买卖期货合约的数量达到一致时，才拍板确定买卖期货合约成交价格。由于一节一价制是在每一节交易中每张合约形成一个价格，所以没有连续不断的竞价。这种竞价方式在日本的期货交易所中较为普遍。

（二）计算机撮合成交方式

计算机撮合成交是根据公开喊价的原理设计而成的一种计算机自动化交易方式，是指期货交易所的计算机交易系统对交易双方的交易指令进行配对的过程。这种交易方式相对公开喊价方式，具有准确、连续等特点，但有时会出现交易系统故障等造成的风险。目前，中国期货交易所均采用这种竞价方式。

计算机交易系统的运行，一般是将买卖申报单以价格优先、时间优先的原则进行排序。当买入价大于、等于卖出价时则自动撮合成交，撮合成交价等于买入价（bp）、卖出价（sp）和前一成交价（cp）三者中居中的一个价格。即：

当 $bp \geq sp \geq cp$，则：最新成交价 $= sp$；

当 $bp \geq cp \geq sp$，则：最新成交价 $= cp$；

当 $cp \geq bp \geq sp$，则：最新成交价 $= bp$；

开盘价由集合竞价产生。

开盘价集合竞价在某品种某月份合约每一交易日开始前 5 分钟内进行，其中前 4 分钟为期货合约买卖价格指令申报时间，后一分钟为集合竞价撮合时间，开市时产生开盘价。

交易系统自动控制集合竞价申报的开始和结束，并在计算机终端上显示。

集合竞价采用最大成交量原则，即以此价格成交能够得到最大成交量。高于集合竞价产生的价格买入申报全部成交；低于集合竞价产生的价格的卖出申报全部成交；等于集合竞价产生的价格的买入或卖出申报，根据买入申报量和卖出申报量的多少，按少的一方的申报量成交。

集合竞价产生价格的方法有两点。

第一，交易系统分别对所有有效的买入申报按申报价由高到低的顺序排序，申报价相同的按照进入系统的时间先后排列；所有有效的卖出申报按申报价由低到高的顺序排序，申报价相同的按照进入系统的时间先后排列。

第二，交易系统依次逐步将排在前面的买入申报和卖出申报配对成交，直至不能成交为止。如最后一笔成交是全部成交的，取最后一笔成交的买入申报价和卖出申报价的算术平均价为集合竞价产生的价格，该价格按各期货合约的最小变动价位取整；如最后一笔成交是部分成交的，则以部分成交的申报价为集合竞价产生的价格。

开盘集合竞价中的未成交申报单自动参与开市后竞价交易。

（三）成交回报与确认

当计算机显示指令成交后，客户可以立即在期货公司的下单系统获得成交回报。对于书面下单和电话下单的客户，期货公司应当按约定方式及时予以回报。

客户对交易结算单记载事项有异议的，应当在下一交易日开市前向期货公司提出书面异议；客户对交易结算单记载事项无异议的，应当在交易结算单上签字确认或者按照期货约定的方式确认。客户既未对交易结算单记载事项确认，又未提出异议的，视为对交易结算单的确认。对于客户有异议的，期货公司应当根据原始指令记录和交易记录予以核实。

三、期货交易的结算

(一) 期货交易结算的概念及结算方式

结算是指根据交易结果与交易所公布的结算价格，按照有关规定对会员交易保证金、盈亏、手续费、交割货款和其他有关款项进行清算、划转。结算包括交易所对会员的结算和期货公司对其客户的结算，其计算结果将被计入客户的保证金账户。

期货交易的结算由期货交易所统一组织进行。期货交易所应当在当日及时将结算结果通知会员；期货公司根据期货交易所的结算结果对客户进行结算，并应当将结算结果按照与客户约定的方式及时通知客户。

在中国，郑州商品交易所、大连商品交易所和上海期货交易所只对会员进行结算，期货公司会员对客户进行结算；中国金融期货交易所实行会员分级结算制度，交易所只对结算会员结算，结算会员再对其受托的客户、交易会员结算，交易会员对其受托的客户结算。

下面以我国三家商品期货交易所为例，介绍期货交易的分层结算方式。

1. 交易所对会员的结算

每个交易日交易结束后，交易所会对每个会员的盈亏、交易手续费、交易保证金等款项进行结算。结算完成后，交易所采用发放结算单据或电子传输方式向会员提供当日结算数据，包括"会员当日平仓盈亏表""会员当日成交合约表""会员当日持仓表""会员资金结算表"。其结果是期货经纪会员核对当日有关交易并对客户进行结算的依据。

期货交易所会员每天应及时获取期货交易所提供的结算结果，做好核对工作，并将之妥善保存。该数据应至少保存两年，如果会员对期货结算所的结算结果有异议，应在第二天开盘前30分钟以书面形式通知期货交易所；否则，期货结算所则认为会员已认可结算数据的准确性。

交易所在交易结算完成后，将会员资金的划转数据传递给有关的结算银行。会员资金按当日盈亏进行划转，当日盈利划入会员结算准备金账户，当日亏损从会员结算准备金中扣划。当日结算时的交易保证金超过昨日结算时的交易保证金部分从会员结算准备金中扣划，当日结算时的交易保证金低于昨日结算时的交易保证金部分划入会员结算准备金。手续费、税金等各项费用从会员的结算准备金中直接划扣。如果会员的结算保证金低于期货交易所规定的最低保证金水平时，该结算结果即视为交易所向会员发出的追加保证金通知。会员必须在下一交易日开市前补足至交易所规定的结算准备金最低余额。

2. 期货公司对客户的结算

期货公司对客户的结算，与期货交易所对会员的结算方式一样，即每个交易日结束后，对每个客户的交易盈亏、交易手续费、交易保证金等款项进行结算。

通常，期货公司对客户的交易手续费和交易保证金的要求会高于期货交易所对会员的要求水平。期货公司在每日结算后应向客户发出交易结算单。每日结算后，如果客户的保证金水平低于规定水平，期货公司将按照合同约定的方式和时间通知客户追加保证金。

（二）期货交易的结算公式与应用

1. 结算公式

（1）结算准备金余额的计算公式。

当日结算准备金余额=上日结算准备金余额+上日交易保证金-当日交易保证金+当日盈亏+入金-出金-手续费（等）

（2）当日盈亏的计算公式。在结算准备金余额的计算公式中，当日盈亏是核心内容，包括两部分：一是对所持有合约在当日平仓所产生的盈亏，称为平仓盈亏；二是一直持有合约到当日交易结束所产生的盈亏，称为持仓盈亏。对平仓盈亏来说，又可以分为对以前交易日开仓的合约进行平仓所产生的盈亏（称为平历史仓盈亏）和当天开仓当天平仓所产生的盈亏（平当日仓盈亏）。对持仓盈亏来说，也分为两种情况，一是以前交易日开仓的合约一直持有到当天交易结束所产生的历史持仓盈亏；二是当天开仓一直持有到当天交易结束产生的当日开仓持仓盈亏。商品期货盈亏与股指期货盈亏计算公式如下：

以商品期货为例，其交易的当日盈亏计算公式为：

$$当日盈亏=平仓盈亏+持仓盈亏$$

其中：

①平仓盈亏=平历史仓盈亏+平当日仓盈亏。

平历史仓盈亏=$\sum$[（卖出平仓价-上日结算价）×卖出平仓量]+
$\sum$[（上日结算价-买入平仓价）×买入平仓量]

平当日仓盈亏=$\sum$[（当日卖出平仓价-当日买入开仓价）×卖出平仓量]+
$\sum$[（当日卖出开仓价-当日买入平仓价）×买入平仓量]

②持仓盈亏＝历史持仓盈亏+当日开仓持仓盈亏。

历史持仓盈亏＝∑[（当日结算价-上日结算价）×买入历史持仓量]+

∑[（上日结算价-当日结算价）×卖出历史持仓量]

当日开仓持仓盈亏＝∑[（当日结算价-买入开仓价）×买入开仓量]+

∑[（卖出开仓价-当日结算价）×卖出开仓量]

将上述公式综合起来，可构成当日盈亏的总公式：

当日盈亏＝∑[（卖出成交价-当日结算价）×卖出量]+

∑[（当日结算价-买入成交价）×买入量]+（上日结算价-

当日结算价）×（上日卖出持仓量-上日买入持仓量）

同理，股指期货交易当日盈亏的计算公式为：

当日盈亏＝∑[（卖出成交价-当日结算价）×卖出手数×合约乘数]+

∑[（当日结算价-买入成交价）×买入手数×合约乘数]+

（上日结算价-当日结算价）×（上日卖出持仓手数-

上日买入持仓手数）×合约乘数

（3）当日交易保证金计算公式。商品期货当日交易保证金计算公式：

当日交易保证金＝当日结算价×当日交易结束后的持仓量×交易保证金比例

股指期货交易当日交易保证金计算公式：

当日交易保证金＝当日结算价×合约乘数×

当日交易结束后的持仓量×交易保证金比例

公式说明：股指期货交易的计算公式中，"成交价"和"结算价"均以"点数"表示。

2. 有关概念

（1）平仓。平仓是指期货交易者买入与卖出与其所持期货合约的品种、数量及交割月份相同，但交易方向相反的期货合约，了结期货交易的行为。

（2）当日结算价。当日结算价是指某一期货合约当日成交价格按照成交量的加权平均价。当日无成交价格的，以上一交易日的结算价作为当日结算价。每个期货合约均以当日结算价作为计算当日盈亏的依据。我国郑州商品交易所、大连商品交易所和上海期货交易所采用上述计算方法。中国金融期货交易所当日结算价的计算则采用某一期货合约最后一小时成交量的加权平均价。最后一小时无成交且价格在涨（跌）停板上的，取停板价格作为当日结算价。最后一小时无成交且价格不在涨（跌）停板上的，取前一小时成交量加权平均价。该时段仍无成交的，则再往前推一小时。以此类推。交易时间不足一小时的，则取全时段成交量加权平均价。

（3）持仓量。持仓量是指期货交易者所持有的未平仓合约的数量。

当日盈亏在每日结算时进行划转，当日盈利划入会员结算准备金，当日亏损从会员结算准备金中扣划。当日结算时的交易保证金超过昨日结算时的交易保证金部分从会员结算准备金中扣划。当日结算时的交易保证金低于昨日结算时的交易保证金部分划入会员结算准备金。

手续费、税金等各项费用从会员的结算准备金中直接扣划。

3. 结算公式应用

【例4-1】某新客户存入保证金200 000元，在2010年2月1日买入上海期货交易所3月铝合约10手（每手5吨），成交价为16 000元/吨，同一天该客户平仓卖出5手铝合约，成交价为16 200元/吨，当日结算价为15 900元/吨，交易保证金比例为5%，则客户的当日盈亏（不含手续费、税金等费用）情况为：

（1）按分项公式计算。

$$平仓盈亏 = (16\ 200 - 16\ 000) \times 5 \times 5 = 5\ 000(元)$$
$$持仓盈亏 = (15\ 900 - 16\ 000) \times 5 \times 5 = -2\ 500(元)$$
$$当日盈亏 = 5\ 000 - 2\ 500 = 2\ 500(元)$$

（2）按总公式计算。

$$当日盈亏 = (16\ 200 - 15\ 900) \times 5 \times 5 + (15\ 900 - 16\ 000) \times 10 \times 5 = 2\ 500(元)$$

（3）当日结算准备金余额 = 200 000 - 15 900 × 5 × 5 × 5% + 2 500 = 182 625(元)

【例4-2】2月2日该客户再买入5手铝合约，成交价为16 200元/吨，当日结算价为16 300元/吨，其账户情况为：

（1）按分项公式计算。

$$当日开仓持仓盈亏 = (16\ 300 - 16\ 200) \times 5 \times 5 = 2\ 500(元)$$
$$历史持仓盈亏 = (16\ 300 - 15\ 900) \times 5 \times 5 = 10\ 000(元)$$
$$当日盈亏 = 2\ 500 + 10\ 000 = 12\ 500(元)$$

（2）按总公式计算。

$$当日盈亏 = (16\ 300 - 16\ 200) \times 5 \times 5 + (15\ 900 - 16\ 300)$$
$$\times (0 - 5) \times 5 = 12\ 500(元)$$

（3）当日结算准备金余额 = 182 625 + 15 900 × 5 × 5 × 5% - 16 300 × 10 × 5 × 5% + 12 500 = 174 250(元)。

【例4-3】2月3日，该客户又将10手铝合约平仓，成交价为16 400元/吨，当日结算价为 16 250 元/吨，则账户情况为：

（1）按分项公式计算。

$$平仓盈利 = (16\ 400 - 16\ 300) \times 10 \times 5 = 5\ 000 (元)$$

（2）按总公式计算。

当日盈亏 $= (16\ 400 - 16\ 250) \times 10 \times 5 + (16\ 300 - 16\ 250) \times (0 - 10) \times 5 = 5\ 000 (元)$

（3）当日结算准备金余额 $= 174\ 250 + 16\ 300 \times 10 \times 5 \times 5\% + 5\ 000 = 220\ 000 (元)$。

4. 交易结算单示例

以下是某交易日某客户的一张交易结算单（逐日盯市），其中列示的"持仓盯市盈亏"即持仓盈亏，"总盈亏"即当日盈亏。

某期货公司交易结算单（逐日盯市）

交易结算单（逐日盯市）											
客户号：				客户名称：王某							
日期：20170117											

资金状况								币种：人民币			
上日结存：	1 934 127.35		当日结存：	2 078 311.20		可用资金：		273 501.60			
出入金：	0.00		客户权益：	2 078 311.20		风险度：		86.84%			
手续费：	3 596.15		保证金占用：	1 804 809.60		追加保证金：		0.00			
平仓盈亏：	159 600.00					交割保证金：		0.00			
持仓盯市盈亏：	−11 820.00										
可提资金：	273 501.60										
总盈亏：	147 780.00										

成交记录											
成交日期	交易所	品种	交割期	买卖	成交价	手数	开平	成交额	手续费 0.0002	投保	平仓盈亏	交易所成交号
20170117	中金所	沪深300	1101	买	3 676.60	1	开	1 102 980.00	220.60	投	0.00	
20170117	中金所	沪深300	1101	买	3 707.40	3	开	3 336 660.00	667.33	投	0.00	
20170117	中金所	沪深300	1101	买	3 732.60	5	开	5 598 900.00	1 119.78	投	0.00	
20170117	中金所	沪深300	1101	买	3 782.00	7	平	7 942 200.00	1 588.44	投	159 600.00	
共 4 条								17 980 740.00	3 596.15		159 600.00	

续表

								持仓汇总				
交易所	品种	交割期	买持	买均价	卖持	卖均价	昨结算	今结算	浮动盈亏	持仓盯市盈亏	保证金占用	投保
中金所	沪深300	1101	9	3 717.978	0	0.00	3 858.00	3 713.60	-11 820.0	-11 820.00	1 804 809.60	—
共1条	—	—	9	—	0	—	—	-11 820.00	-11 820.00	1 804 809.60	—	—

　　本公司提供数据以客户交易结算单为准，您若有异议，请在下一交易日开市前30分钟提出，否则视为对本账单所载事项的确认。

公司盖章：　　　　　　　　　　　　　　　　　　客户签名（章）：

制表：结算001　　　　　　　　　　　　　　　　　制表日期：

客户号：　　　　　　　　　　　　　　　　　　　客户地址：

　　逐日盯市交易结算单解读。

　　（1）平仓盈亏（逐日盯市）＝平当日仓盈亏＋平历史仓盈亏。在本结算单中，仅有平历史仓盈亏。当日买入平历史仓7手，买入平仓价为3 782点，上一交易日结算价为3 858点，则有：

$$平仓盈亏＝（上日结算价-买入成交价）×平仓手数×合约乘数$$
$$＝（3 858-3 782）×7×300＝159 600（元）$$

　　（2）持仓盯市盈亏（逐日盯市）＝当日持仓盈亏＋历史持仓盈亏。在本结算单中，仅有当日持仓盈亏。当日分3次买入开仓9手，买入开仓价分别为3 676.60点、3 707.40点、3 732.60点，当日结算价为3 713.60点，则有：

$$持仓盯市盈亏＝\sum[（当日结算价-买入成交价）×买入手数×合约乘数]$$
$$＝（3 713.60-3 676.60）×1×300+（3 713.60-3 707.40）×3×$$
$$300+（3 713.60-3 732.60）×5×300＝11 100+5 580-28 500$$
$$＝-11 820（元）$$

　　（3）总盈亏＝平仓盈亏＋持仓盯市盈亏＝159 600-11 820＝147 780（元）。

　　（4）保证金占用＝$\sum$（当日结算价×合约乘数×持仓手数×公司要求的保证金比例）。在本结算单中，公司对该客户要求的保证金比例为18%，则有：

$$保证金占用＝当日结算价×合约乘数×持仓手数×公司要求的保证金比例$$
$$＝3 713.60×300×9×18\%＝1 804 809.60（元）$$

（5）上日结存：上交易日结算后客户权益；当日结存：当日结算后客户权益。

（6）客户权益＝当日结存（逐日盯市）

　　　　　　＝上日结存（逐日盯市）＋出入金＋平仓盈亏＋

　　　　　　　持仓盯市盈亏－当日手续费

　　　　　　＝1 934 127.35＋159 600.00－11 820.00－3 596.15

　　　　　　＝2 078 311.20（元）。

（7）可提资金＝客户权益－保证金占用

　　　　　　＝2 078 311.20－1 804 809.60＝273 501（元）。

（8）可用资金＝客户权益－保证金占用

　　　　　　＝2 078 311.20－1 804 809.60＝273 501（元）。

（9）出入金＝当日入金－当日出金。

（10）手续费。当日交易产生的全部费用（包括交割费）。目前，我国期货交易所手续费的收取方式有两种：商品期货一般按每手若干元收取，金融期货一般按成交金额的一定比例收取。若无交割，则商品期货有：

当日手续费＝∑（持仓手数×每手手续费）

在本结算单中，仅有金融期货。期货公司与该客户商定的当日交易手续费率为成交金额的0.02%，则有

手续费＝∑［（成交价×合约乘数×持仓手数）×交易手续费率］

　　　＝（3 676.60×1＋3 707.40×3＋3 732.60×5＋

　　　　3 782×7）×300×0.02%

　　　＝3 596.15（元）

（11）追加保证金。当保证金不足时，客户须追加的金额，追加至可用资金大于等于0。在本结算单中，可用资金大于0，不需追加保证金。

（12）风险度＝保证金占用/客户权益×100%＝1 804 809.60/2 078 311.20×100%＝86.84%。显然，风险度越接近100%，风险越大；等于100%，表明客户的可用资金为0。由于客户的可用资金不能为负，因此，风险度不能大于100%。当风险度大于100%时，则会收到《追加保证金通知书》。

下面列示的是一张逐笔对冲的交易结算单。

某期货公司交易结算单（逐笔对冲）

交易结算单（逐笔对冲）					
客户号：　　　　　客户名称：王某					
日期：20170117					

资金状况				币种：人民币	
上日结存：	1 962 267.35	当日结存：	2 090 131.20	可用资金：	273 501.6
出入金：	0.00	浮动盈亏：	-11 820.00	风险度：	86.84%
手续费：	3 596.15	客户权益：	2 078 311.20	追加保证金：	0.00
平仓盈亏：	131 460.00	保证金占用：	1 804 809.60	交割保证金：	0.00
可提资金：	273 501.60				

成交记录

成交日期	交易所	品种	交割期	买卖	成交价	手数	开平	成交额	手续费	投保	平仓盈亏	交易所成交号
20170117	中金所	沪深300	1101	买	3 676.60	1	开	1 102 980.00	220.60	投	0.00	
20170117	中金所	沪深300	1101	买	3 707.40	3	开	3 336 660.00	667.33	投	0.00	
20170117	中金所	沪深300	1101	买	3 732.60	5	开	5 598 900.00	1 119.78	投	0.00	
20170117	中金所	沪深300	1101	买	3 782.00	7	平	7 942 200.00	1 588.44	投	161 700.00	
共4条						16		17 980 740.00	3 596.15		161 700.00	

持仓汇总

交易所	品种	交割期	买持	买均价	卖持	卖均价	昨结算	今结算	浮动盈亏	持仓盯市盈亏	保证金占用	投保
中金所	沪深300	1101	9	3 727.978	0	0.00	3 858.00	3 713.60	-11 820.00	-11 820.00	1 804 809.60	
共1条	—	—	9	—	0	—	—	—	-11 820.00	0.00	1 804 809.60	

　　本公司提供数据以客户交易结算单为准，您若有异议，请在下一交易日开市前30分钟提出，否则视为对本账单所载事项的确认。

公司盖章：　　　　　　　　　　　　　　　　　　客户签名（章）：

制表：结算001　　　　　　　　　　　　　　　　　制表日期：

客户号：　　　　　　　　　　　　　　　　　　　　客户地址：

逐笔对冲结算单解读。

（1）平仓盈亏的计算。对于商品期货：

平仓盈亏(逐笔对冲)＝∑[(卖出成交价-买入成交价)×交易单位×平仓手数]

对于股指期货：

平仓盈亏(逐笔对冲)＝∑[(卖出成交价-买入成交价)×合约乘数×平仓手数]

在本结算单中，客户买入平仓7手，成交价为3 782.0点，其历史卖出开仓价为3 844.6点，则有

平仓盈亏(逐笔对冲)=(3 844.6-3 782.0)×300×7=131 460(元)。

（2）浮动盈亏的计算。

浮动盈亏=$\sum$[(卖出成交价-当日结算价)×合约乘数×卖出手数]+
$\sum$[(当日结算价-买入成交价)×合约乘数×买入手数]

=(3 713.60-3 676.60)×1×300+(3 713.60-3 707.40)×3×

300+(3 713.60-3 732.60)×5×300

=-11 820.00(元)。

（3）当日结存(逐笔对冲)=上日结存(逐笔对冲)+平仓盈亏(逐笔对冲)+入金-出金-手续费(等)=1 962 267.35+131 460-3 596.15=2 090 131.2(元)。

（4）客户权益(逐笔对冲)=当日结存(逐笔对冲)+浮动盈亏=2 090 131.2-11 820.00=2 078 311.2(元)。

（5）可用资金=可提资金=客户权益-保证金占用=2 078 311.2-1 804 809.60=273 501.6(元)。

5. 两种结算方式的异同

两种结算方式的共同点在于：在两种结算方式下，保证金占用、当日出入金、当日手续费、客户权益、可用资金、追加保证金和风险度等参数值是完全相同的，对于当日开仓当日平仓的合约，盈亏的计算也相同。

两种结算方式的区别有两点：第一，逐日盯市是依据当日无负债结算制度，每日计算当日盈亏；而逐笔对冲则是每日计算自开仓之日起至当日的累计盈亏，得出的结果是最终盈亏。第二，逐日盯市对当日盈亏计算时，未平仓合约的盈亏作为持仓盯市盈亏，累计入当日结存；逐笔对冲在计算盈亏时，未平仓合约的盈亏作为浮动盈亏，不计入当日结存，一旦该合约平仓，结算时浮动盈亏归零。第三，两者对历史持仓结算时，采用的价格不同。逐日盯市平仓盈亏计算采用上日结算价和平仓价，持仓盈亏计算采用当日结算价和上日结算价；逐笔对冲的平仓盈亏计算采用开仓价和平仓价，浮动盈亏计算采用开仓价和当日结算价。

四、期货交易的实物交割

在期货交易中，所交易的期货合约是在未来某个时间交割一定数量和质量等级实物商品的标准化合约。对于所有的期货合约交易来说，只能以两种方式进行平仓。一种是在交割期到来前做相反的交易来履行期货合约的责任，称为"对冲

平仓"；另一种是在期货合约到期后进行实物商品的买卖，称为交割平仓。如果期货合约到期时，交易者并未通过"对冲"对自己拥有的期货合约进行平仓，就必须做好实物交割的准备。

（一）实物交割的概念与作用

实物交割是指期货合约到期时，交易双方根据交易所的规则和程序，通过该期货合约所载商品所有权的转移，了结到期未平仓合约的过程。商品期货交易一般采用实物交割制度。虽然最终用于实物交割的期货合约的比例非常小，但正是极少量的实物交割将期货市场与现货市场联系起来，使期货价格最终与现货价格趋于一致，为期货市场功能的发挥提供了重要的前提条件。

（二）实物交割方式与交割结算价

1. 交割方式

（1）集中交割。集中交割是指所有到期合约在交割月份最后交易日后一次性集中交割的交割方式。

（2）滚动交割。滚动交割是指在合约进入交割月以后，在交割月第一个交易日至交割月最后交易日前一交易日进行交割的交割方式。滚动交割使交易者在交割时间上更加灵活，可以减少储存时间，降低交割成本。

目前，我国期货交易所的到期合约实物交割的两种方式都有采纳，上海期货交易所采用集中交割方式进行实物交割；郑州商品交易所采用滚动交割方式进行实物交割；而大连商品交易所对大豆系列和玉米合约主要采用滚动交割方式进行实物交割，对棕榈油、聚乙烯合约则采用集中交割方式进行实物交割。

2. 实物交割结算价

实物交割结算价是指在实物交割时商品交收所依据的基准价格。不同的交易所以及不同的交割方式所采用的交割结算价也不尽相同。我国期货合约的交割结算价通常为该合约交割配对日的结算价，或为该期货合约最后交易日的结算价。上海期货交易所采用集中交割方式，其交割结算价为期货合约最后交易日结算价，但黄金期货的交割结算价为该合约最后5个有成交交易日的成交价格按照交易量的加权平均价。大连商品交易所滚动交割的交割结算价为配对日结算价；交割商品计价以交割结算价为基础，再加上不同等级商品质量升贴水，以及异地交割仓库与基准交割仓库的升贴水。

交易所会员进行实物交割，还应按规定向交易所缴纳交割手续费。

（三）标准仓单的生成、流通和注销

在实物交割的具体实施中，买卖双方并不是直接进行实物商品的交收，而是交收代表商品所有权的标准仓单，因此，标准仓单在实物交割中扮演十分重要的角色。

1. 标准仓单的概念

标准仓单是指由交易所统一制定的，交易所指定交割仓库在完成入库验收、确认合格后签发给货主的实物提货凭证。标准仓单经交易所注册后生效。标准仓单的持有形式为"标准仓单持有凭证"。

"标准仓单持有凭证"是交易所开具的代表标准仓单所有权的有效凭证，是在交易所办理标准仓单交割、交易、转让、质押、注销的凭证，受法律保护。标准仓单数量因交割、交易转让、质押、注销等业务发生变化时，交易所收回原"标准仓单持有凭证"，签发新的"标准仓单持有凭证"。会员持有的"标准仓单持有凭证"必须由专人保管，不得涂改、伪造。如有遗失，会员须及时到交易所办理挂失手续。标准仓单可用于交割、转让、提货、质押等。

2. 标准仓单的生成

标准仓单生成包括交割预报、商品入库、验收、指定交割仓库签发及交易所注册等环节。

会员或客户向指定交割仓库发货前，必须由会员到交易所办理交割预报，由交易所同意安排指定的交割仓库。未办理交割预报入库的商品不能生成标准仓单。

指定的交割仓库凭"交割预报表"安排货位、接收商品，并按交易所有关规定对入库商品的种类、质量、包装等进行检验。入库商品检验合格后，指定交割仓库填写"储存商品检验证明"（附指定交割仓库商品检验报告）报交易所。

"标准仓单注册申请表"上需注明会员号、客户码、交割品种、交割月份、申请数量、须加盖指定交割仓库公章和法定代表人章、仓库经办人签章、客户签章，同时注明开具日期及指定交割仓库仓储费用付止日。交易所对检验合格的货物进行检查，确认无误后予以登记注册。

货物卖方所在会员单位凭指定交割仓库开出的证明到交易所领取"标准仓单注册申请表"和"标准仓单持有凭证"。标准仓单自交易所注册之日起生效。

3. 标准仓单的流通过程

标准仓单的流通是指标准仓单用于在交易所履行到期合约的实物交割、标准仓单交易及标准仓单在交易所外转让。

标准仓单进行实物交割的，其流转程序如下：

（1）卖方投资者将标准仓单授权给卖方经纪会员以办理实物交割；

（2）卖方经纪会员背书后交至交易所；

（3）交易所盖章后交买方经纪会员；

（4）买方经纪会员背书后交给买方投资者；

（5）买方非经纪会员、买方客户背书后至仓库办理有关手续；

（6）仓库或其代理人盖章后，买方非经纪会员、买方客户方可提货或转让。

标准仓单转让是指会员自行协商买卖标准仓单的行为。标准仓单转让必须通过会员在交易所办理过户手续，同时结清有关费用。交易所向买方签发新的"标准仓单持有凭证"，原"标准仓单持有凭证"同时作废。未通过交易所办理过户手续而转让的标准仓单，发生的一切后果由标准仓单持有人负责。

4. 标准仓单的注销

标准仓单的注销是指标准仓单合法持有人提货或者申请将其标准仓单转化为一般现货提单，由指定交割仓库办理标准仓单退出流通的过程。标准仓单持有人注销标准仓单，需通过会员提交标准仓单注销申请及相应的"标准仓单持有凭证"。交易所根据会员申请及指定交割仓库的具体情况安排提货仓库，开具"提货通知单"，并注销相应的标准仓单，结算有关费用。

（四）实物交割的流程

各期货合约最后交易日的未平仓合约必须进行交割。实物交割要求以会员名义进行。客户的实物交割必须由会员代理，并以会员名义在交易所进行。实物交割环节包括：

第一，交易所对交割月份持仓合约进行交割配对。在交割配对前，上海期货交易所还要求买方向交易所申报交割意向，郑州商品交易所则是买方、卖方都可提出交割申请。交割配对按照交易所有关规定中设定的原则进行。

第二，买卖双方通过交易所进行标准仓单与货款的交换。买方通过其会员期货公司、交易所将货款交给卖方，而卖方则通过其会员期货公司、交易所将标准仓单交付给买方。

第三，增值税发票流转。交割卖方给对应的买方开具增值税发票，客户开具的增值税发票由双方会员转交、领取并协助核实，交易所负责监督。

第五章 期货价格分析

学习目的与要求

通过本章的学习，掌握基本分析法和技术分析法的理论和方法，并能运用两种方法分析和判断期货行情，规避期货市场风险。

期货交易成功的关键，在于对风险的发觉与控制。从系统的观点划分，期货市场风险可分为系统性风险和非系统性风险。系统性风险又称市场风险、不可分散风险，是与整个市场的变化相关联的风险，是由于某种宏观因素的变化而对期货市场上所有上市品种都带来损失的可能性。系统性风险是由共同因素引起的，对市场上的所有参与者都具有影响，并且无法通过分散投资的方式加以消除。非系统性风险则与系统性风险不同，非系统性风险又称非市场风险、可分散风险。它是与整个期货市场波动无关的风险，是指由于某种因素的变化而对期货市场某一品种带来损失的可能性，通过分散投资的方式可以加以消除。

风险通过市场价格变动表现出来，因此，对于市场价格走势的正确预测就成为规避风险、确保期货交易成功的关键所在。对于期货市场的分析预测，人们通过大量的长期的实践，经过无数次对成功的经验与失败教训的分析、总结、比较和探索，运用逻辑思维和数学方法及社会心理学等自然科学和社会科学的成果，对影响期货市场价格变化的因素进行归纳、综合、分解等分析，摸索出了许多有益的手段和方法，使其升华到理论的高度，形成了一整套行之有效的期货市场价格分析技术方法。

我们可以把众多复杂的技术方法和手段归纳成两大类，即基本分析法和技术性分析法。尽管一些人只喜欢运用其中的一种方法进行预测，然而更多的交易者则是倾向于把两种分析法结合运用。实践证明，这两种分析方法各有千秋而且相辅相成。我们在实际期货交易中既要注意基本性分析，又要考虑技术性分析，同时还必须视不同的时间和情况对两种分析方法加以灵活运用。一般情况下，预测较长期的价格趋势时，应着重采用基本分析法；预测短期趋势或在选择入市时机时，应着重考虑技术性分析法。

第一节　期货行情解读

一、期货行情表术语解读

期货行情表提供了期货交易的相关信息。表 5-1 是 2017 年 7 月 17 日大连商品交易所的豆 1 合约日行情表，下面结合表 5-1 对相关术语进行解读。

表 5-1　大连商品交易所豆 1 合约日行情表（2017 年 7 月 17 日）

商品名称	交割月份	开盘价	最高价	最低价	收盘价	前结算价	结算价	涨跌	涨跌 1	成交量	持仓量	持仓量变化	成交额
豆 1	1709	3 830	3 844	3 789	3 811	3 834	3 820	-23	-14	184 864	163 202	-3 030	706 343.21
豆 1	1711	0	0	0	3 865	3 865	3 865	0	0	0	4	0	0
豆 1	1801	3 850	3 869	3 837	3 844	3 852	3 850	-8	-2	34 900	72 634	-1 688	134 397.47
豆 1	1803	0	0	0	3 881	3 883	3 881	-2	-2	0	12	0	0
豆 1	1805	3 868	3 899	3 852	3 878	3 887	3 884	-9	-3	332	1 644	66	1 289.54
豆 1	1807	3 951	3 951	3 853	3 853	3 867	3 902	-14	35	56	4	4	218.51
豆 1	1809	3 911	3 919	3 908	3 908	3 919	3 913	-11	-6	20	96	8	78.27
豆 1	1811	0	0	0	3 873	3 873	3 873	0	0	0	4	0	0
豆 1	1901	0	0	0	3 880	3 873	3 880	7	7	0	0	0	0
豆 1 小计		—	—	—	—	—	—	—	—	220 172	237 600	-4 640	842 326.99

说明：①价格：元/吨

②成交量、持仓量：手（按双边计算）

③成交额：万元（按双边计算）

④涨跌=收盘价-前结算价

⑤涨跌 1=今结算价-前结算价

（一）合约

期货交易当中经常涉及的有豆 1、豆 2、豆粕、豆油、玉米、棕榈油、聚乙烯、聚氯乙烯等，表示期货交易所中进行交易的期货品种。

期货交易中的每个合约品种都有与之相对应的合约代码，合约代码由期货品种代码和合约到期月份组合在一起标识。以表 5-1 的黄大豆 1 号（简称"豆1"）品种为例，表中第 1 行列示的是 2017 年 9 月到期的豆 1 期货合约，对应的合约代码是 a1709。其中，"a" 是豆 1 品种的交易代码；"1709" 是合约到期月份，即 2017 年 9 月合约到期。在表 5-1 中，期货品种"豆 1"有 9 种不同的合约正在进行交易，分别是 a1709，a1711，a1801，a1803，a1805，a1807，a1809，a1811，a1901；期货合约到期月份依次为 2017 年 9 月、11 月，2018 年 1 月、3 月、5 月、7 月、9 月、11 月，2019 年 1 月。

（二）开盘价

开盘价是当日某一期货合约的交易开始前 5 分钟集合竞价产生的成交价格。集合竞价未产生成交价格的，以集合竞价后的第一笔成交价格为开盘价。表 5-1 中的第 3 列是不同期货合约的开盘价，其中 a1709 合约的开盘价为 3 830 元/吨。

（三）最高价

最高价是指一定时间内某一期货合约成交价中的最高成交价格。表 5-1 中的第 4 列是不同期货合约的最高价，其中 a1709 合约的最高价为 3 844 元/吨。

（四）最低价

最低价是指一定时间内某一期货合约成交价中的最低成交价格。表 5-1 中的第 5 列是不同期货合约的最低价，其中 a1709 合约的最低价为 3 789 元/吨。

（五）收盘价

收盘价是指某一期货合约当日交易的最后一笔成交价格。表 5-1 中的第 6 列是不同期货合约的收盘价，其中 a1709 合约的收盘价为 3 811 元/吨。

（六）结算价和前结算价

结算价是指某一期货合约当日交易期间成交价格按成交量的加权平均价。当日无成交的，以上一交易日的结算价格作为当日结算价。结算价是进行当日未平仓合约盈亏结算和确定下一交易日涨（跌）停板幅度的依据。

前结算价是"前一日结算价"的简写，指某期货合约在上一交易日的结算价。

表 5-1 中的第 7 列是不同期货合约的前结算价，第 8 列是不同期货合约的结算价。其中 a1709 合约的前结算价为 3 834 元/吨，结算价为 3 820 元/吨，当日结算价格较前一日结算价格有所下跌。

（七）涨跌

涨跌是指某一期货合约的收盘价与上一交易日结算价格之差。表 5-1 中的第 9 列是不同期货合约的涨跌，其中 a1709 合约的涨跌为 -23 元/吨。其含义是当日收盘价（3 811 元/吨）与上一交易日结算价（3 834 元/吨）的差是 -23 元/吨。

在此需要特别注意的是，表5-1中第10列所示的"涨跌1"是期货合约当日结算价和前一日结算价之差，以a1709合约为例当日该合约的"涨跌1"为-14元/吨。反映的是当日结算价（3 820元/吨）和前结算价（3 834元/吨）的差是-14元/吨。

（八）成交量

成交量是某一期货合约在当日成交合约的双边累计数量，单位为"手"。表5-1中第11列为不同期货合约的成交量，其中a1709合约的成交量为184 864手。

（九）持仓量

持仓量，也称空盘量或未平仓合约量，是指期货交易者所持有的未平仓合约的双边累计数量。表5-1中第12列是不同期货合约的持仓量，其中a1709合约的持仓量为163 202手[①]。

（十）持仓量变化

持仓量变化是当日持仓量和前一日持仓量之差。表5-1中第13列是不同期货合约持仓量的变动，其中a1709合约当日持仓量较前一日持仓量减少了3 030手。

（十一）成交额

成交额是指当天成交期货合约的金额总数，按照双边计算，单位万元。表5-1中第14列是不同期货合约的成交额，其中a1709合约当日的成交额为706 343.21万元。

二、常见期货行情图

常见的期货行情图有分时图、K线图、棒状图、点数图等。

（一）分时图

分时图是指在某一交易日内，按照时间顺序将对应的期货成交价格进行连线所构成的行情图。图5-1为大连商品交易所豆1合约分时行情图。

（二）K线图

K线图（Candle Stick Charts），也称蜡烛图、烛线图、阴阳线图等，起源于日本18世纪德川幕府时代的米市交易，用来计算每天米价的涨跌。因其标画方

---

① 目前，国内三家商品期货交易所期货行情的成交量和持仓量数据按双边计算，中国金融期货交易所期货行情的成交量和持仓量数据按单边计算。

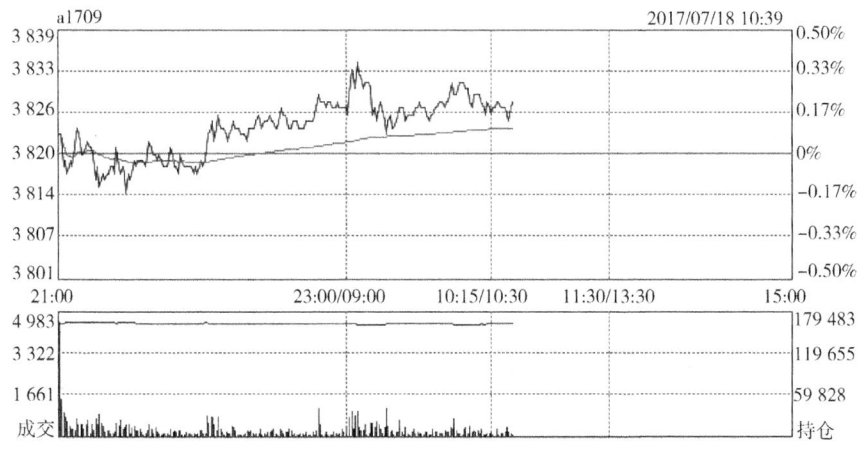

图 5-1   大连商品交易所豆 1 合约分时图

法具有独到之处，人们把它引入股票市场价格走势的分析之中，经过 300 多年的发展，已经广泛应用于股票、期货、外汇、期权等市场。

图 5-2 为 a1709 合约的日 K 线图，横轴代表时间、纵轴代表价格。

图 5-2   大连商品交易所豆 1 合约日 K 线图

K 线图中的每一根 K 线表示了某一交易时间段中的开盘价、收盘价、最高价、最低价。此外根据时间段的不同，K 线还可以划分为 5 分钟 K 线、15 分钟 K 线、30 分钟 K 线、60 分钟 K 线、日 K 线、月 K 线、周 K 线等不同的 K 线。

（三）棒状图

棒状图，又称竹线图、条形图、棍图，最早源自欧美。图5-3为大连商品交易所a1709合约的日棒状图，横轴代表时间、纵轴代表价格。与K线图类似，棒状图也可以按时段划分为日线、周线、月线等。

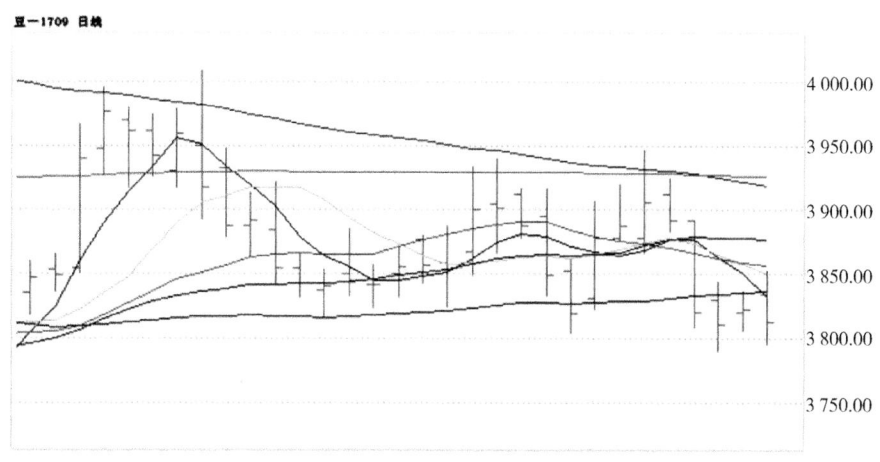

图5-3　大连商品交易所a1709合约棒状图

（四）点数图

点数图（Point and Figure Charts），也称点形图、OX图、圈叉图，是迄今为止出现最早的趋势分析工具，于1882年由查尔斯·亨利·道发明和使用。

点数图以"×"和"○"记录价格的变化，每画一个"×"或"○"代表一个标准数量的价格变化，价格上涨一个单位量画一个"×"或"○"。随着价格的变动，把相同走势的价格（上涨或下跌）用同一种符号记录在同一列当中；当价格走势发生改变后（上涨变为下跌，或下跌变为上涨），用不同符号记录在另一列。

图5-4为英镑/美元汇率波动点数图，图中Y轴代表价格，每个小方格代表10个点，X轴没有任何意义。从图中第一列可看到英镑兑美元的价格从1.605 0下跌到1.600 0，第二列表示英镑兑美元的价格上涨到1.605 0，后面的波动可依此类推。

GBP/USD

	1	2	3	4	5	6	7	8	9	10
1.609 0										
1.608 0										×
1.607 0						×		×		×
1.606 0				×		×	○	×	○	×
1.605 0	○	×		×	○	×	○	×	○	×
1.604 0	○	×	○	×			○		○	×
1.603 0	○	×	○	×			○	×	○	
1.602 0	○	×					○			
1.601 0	○	×								
1.600 0	○									

图 5-4　英镑/美元汇率波动点数图

第二节　期货价格的基本分析法

一、基本分析法概述

　　基本分析法是利用期货市场的供求关系，以及影响期货市场供求关系变化的各种因素，及其他一般性因素的变化进行分析、判断、预测，从而准确地分析预测期货价格未来走势的一种方法。基本分析法是对期货价格进行分析和预测的主要和直接的方法之一。它的理论基础是经济学的供求理论。运用基本分析法的交易者是从商品的实际供给和需求对商品价格的影响角度进行分析和预测的，他们关注的是那些影响供求变化的各种政治、经济以及其他因素，以图预测价格趋势和制订可获利的交易计划和战略。

　　基本分析法的主要依据是：商品价格的波动主要是受市场供求等基本因素的影响引起的，即：任何减少供应或增加消费的经济因素，将导致价格上涨的变化；反之，任何增加供应或减少消费的因素将导致库存增加，价格下跌。在众多影响期货价格的因素中，供求因素是基本的、重要的因素，其他因素对期货价格的影响最终都是通过影响市场的供求因素实现的。

二、影响期货价格波动的主要因素

(一) 商品供求变化因素

从经济学的角度看，期货价格是期货交易过程中供求决定的市场均衡价格。因此，期货市场上的供求关系是基本分析法预测未来价格趋势最重要的依据。商品供求关系的变化同商品价格的变化是相互影响、互为因果的。一般来说，价格的高低与商品的供给成反比关系，同商品的需求成正比关系。供大于求时，价格就会下降；供不应求时，价格就会上涨。由此可以看出，不但供求关系影响价格变动，而且价格变动也会影响供求关系的变化。通过对价格变动的分析，也可以窥知该商品可能的供给量与需求量的相对变动情况。一般来说，每当价格下跌时，大抵表示供给量超过需求量；反之，若价格上涨，则可能显示出供给量不足。交易者对市场预测的心理变化会直接影响到商品的供求关系，从而对期货市场价格产生相当程度的影响，因此，期货市场价格上升或下降会呈现出十分复杂的趋势。

1. 供给

供给是指在一定时间、一定地点和某一价格水平下，生产者愿意并能够向市场提供的某种商品或劳务的总数量。供给量主要由期初库存量、当期产量和当期进口量三部分组成。在不同的价格水平上，生产者愿意提供的商品数量是不同的。一般而言，价格上涨，供应量增加；价格下降，供应量减少，供给与价格同向变动。而"供给的价格弹性"是反映价格变化引起供给量变化的敏感程度的指标。对于不同商品，其供给的价格弹性不尽相同。大多数商品在短期内表现出供给的价格弹性较低，因为生产者对价格的反映具有时间上的滞后性，生产者不可能仓促地依据价格在短期内的变化而频繁地改变生产计划。

从长期看，影响期货商品供给的一般因素有：生产成本、生产者总数、生产技术水平及设备设施的能力、同类可替代产品的相对生产成本及其价格、生产者的预期以及社会风俗习惯、当地法律以及国家或政府政策影响，等等。

2. 需求

需求是指在一定的时间、地点及在某个价格水平下，消费者愿意并且能够购买某种商品的总数量。期货市场的需求量一般由国内消费量、出口量及期末商品结存量三部分组成，在不同的价格水平上，消费者愿意购买的数量是有差异的。一般而言，价格上涨，需求量就降低；价格下降时，需求量就增加，需求与价格反向变动。"需求的价格弹性"反映需求量对价格变动的反应程度。不同的商品需求的价格弹性存在差异。有的商品，当价格上涨时，需求量就会明显下降，比如一些非必需品或存在替代产品的商品；有的商品，无论价格怎样变动，其需求总保持在一个较为稳定的范围内，如生活必需品粮食、食盐等。

商品的需求量主要取决于商品价格、消费者的购买力、人口的增长、消费者偏好、新用途的发现、代用品的价格、政府的库存增减以及消费者预期等。

3. 供求因素对价格的影响

在了解了供给与需求的特性和影响因素后，就要把有关因素组织起来，进行综合分析，以判断它们对价格的合力作用。

研究商品供求关系变化最基本的方法是绘制供给和需求结存表，这是分析预测商品价格趋势的基本方法之一。期末商品结存量是基本分析法在研究某种商品价格走势时重要的指标之一。期末商品结存量是在某一销售年度岁末所剩余的货物数量，它的大小影响某一商品近期或远期价格的强弱，显示供应量的紧张程度。如当年年底商品库存量增加，即意味着当年供应量大于需求量，商品价格可能会处于下跌趋势，这时可考虑抛空期货；如当年年底的库存减少，则表示当年需求量大于供应量，商品价格将会上升，此时可考虑及早买入期货平仓或买空期货。此外，在利用期末商品结存量预测价格时，还应考虑其他一些因素，如即将收获的农作物产量大小可能比当期结转库存量更为重要。

在历史上，关于价格是如何受供求因素影响的例子很多。例如，1983 年，美国的玉米价格变动就很有代表性。1983 年玉米价格大幅度波动。由于 1982 年的玉米大丰收，使得美国玉米库存充裕，许多人预测 1983 年农场主将继续大面积播种玉米。这种对玉米供应将会再现过剩的预测使价格跌至创纪录的最低点。为防止出现更多的过剩，里根总统于 1983 年 1 月宣布实行削减播种面积计划。当年晚些时候，玉米收成因干热气候受损，减少了潜在的供应量，这些因素使农场主和交易者认为玉米将出现价格飞涨，但从另一方面看，潜在的玉米买主，由于预测价格将上涨，则通过削减牲畜数量，使用其他谷物作为替代品饲料，或削减用于食品加工和饮料所使用的玉米增甜剂等措施以减少玉米消费。玉米受需求下降的影响，价格也随之跌落。总之，基本分析法在研究价格动向时选用的供求因素构成根据所交易的商品不同而各有侧重。

（二）金融货币因素

在世界经济发展过程中，各国的通货膨胀、货币汇价的升降以及利率的上下波动，已成为各国经济生活中的普遍现象，这对期货市场带来了日益明显的影响。一般来说，各国货币的汇价和利率波动对期货市场价格有着极为明显的制约作用。因而期货交易者对金融货币因素的变动十分敏感，特别是美元、日元、欧元、英镑等国际流通货币的汇率和利率变化，更成为人们预测国际期货市场价格时所关注的重要内容。这里主要分别考察利率、汇率以及黄金价格的变动对商品期货价格的影响和作用。

1. 利率

目前，货币政策是世界各国普遍使用的宏观经济政策之一，其核心是对货币供给量的管理。货币供给量一般由中央银行控制，因此，中央银行所制定的政策和采取的措施对利率水平影响极大。在经济发展缓慢时，中央银行调低利率以刺激经济增长；在通货膨胀时，中央银行提高利率，收紧银根，然而提高利率和紧缩银根的幅度很难把握。过度紧缩银根会引起市场萧条，经济衰退，而要再次启动经济，政府又不得不放松银根，降低利率，增加货币投放量以刺激经济的回升。这样经过"紧缩与放松""提高与降低"的交替反复，必然会造成金融货币市场的激烈动荡，并给期货市场带来压力和不稳定因素，直接影响期货的成交价格并左右交易者交易的信心。当各国的货币汇率和利率经常频繁调整，此伏彼起，会造成交易者心理上的压力。当利率升至较高水平时，期货市场受到高利率的压力，投机活动会减少，交易量也减少；同时有些投机者由于利息负担加重，从而导致风险加大，可能退出期货市场或尽早平仓，另外一些投机者也会趁机将期货合约大量抛售，从而导致期货价格暴跌。反之，当利率降低时，大量投机者由于利息负担减轻认为有利可图，纷纷涌进期货市场，从而投机活动又趋活跃，期货合约的大量买卖导致期货交易量迅速增大，期货价格节节上升。

2. 汇率

在国际贸易中，绝大部分农产品、能源、金属、工业原材料价格都是根据相应的期货交易所的权威价格而定。因此，考虑所选用的计价货币，并考虑计价货币同其他世界货币的汇率对于期货价格的影响相当重要。虽然目前日元、欧元等货币的地位日益上升，但现在国际贸易中还多以美元计价，因此，美元汇率的变化对世界性的商品期货价格有极大的影响力。

3. 黄金价格

通常情况，商品期货价格与黄金价格呈反向变化。黄金价格上升时，说明社会上游资过多、市场过热。这在一般情况下也标志着通货膨胀加剧，因而利率可能要被拔高，投机者便争先恐后地从期货市场中抽出资金去进行黄金投机交易，以谋取巨额利润；期货合约被大量抛售，导致期货价格急剧下跌；反之，黄金价格下降，投机者又纷纷转入期货市场交易，期货合约的需求量剧增，期货价格随之上涨。

例如，1980 年，西方国家金融货币市场剧烈动荡，特别是美国为了制止通货膨胀，两次将利率推向空前高峰，成为当年期货市场价格剧烈波动的重要因素。1980 年初，商品价格普遍涨至高水平。在美国商品交易所，1 月份黄金平均价格每盎司涨至 673.4 美元（最高价曾达到 838 美元），白银每盎司为 36.3 美元（最高价为 41.5 美元），铜每磅 119.3 美分（最高价为 138.9 美分），当时美国优惠利率为 15 厘。到 4 月份，美国优惠利率升至 20 厘的高峰。由于贷款利息太高，使投机者纷纷退出期货市场，引起期货商品价格的普遍暴跌。4 月份黄金平均价降至每盎司 516 美元，比 1 月份平均价下跌了 23.4%，白银降至每盎司 14.8 美元，跌幅达 59.2%，铜价下降到每磅 89.6 美分，跌幅达 25%。5 月份以后，美国利率从高峰逐步回落。到同年 9 月份，优惠利率降至 11 厘左右，这时由于银根松动，利息负担减轻，投资者又涌入期货市场，期货投机活动又趋活跃，商品价格也有所回升。9 月份黄金平均价每盎司升至 670 美元，白银每盎司升至 20.2 美元，铜价为每磅 93.8 美分。此后由于美国通货膨胀转趋严重，各大银行又相继提高利率，到 12 月份优惠利率又提高到 21 厘的空前高水平。在此期间，期货市场受到高利息的压力，原做多头的投机者被迫大量抛售期货平仓，而另一部分投机者在价格看跌的情况下，又纷纷进行抛空活动，使期货市场价格出现第二次暴跌。12 月份黄金最低价跌至每盎司 538 美元，比 9 月份下跌了 20%；白银跌至每盎司 13.5 美元，跌幅达 33.2%；铜价降至 77.8 美分，跌幅为 17.1%。从以上事例可以看出，1980 年，西方金融货币市场的风暴对期货市场有着明显的影响。因此，当预测期货市场价格走势时，必须注意各国金融货币变动的情况及其对商品价格可能带来的影响。

（三）经济周期因素

经济周期是影响期货市场价格走势的重要因素。经济出现危机时，社会生产萎靡、就业率下降、贸易清淡、收入水平下降，购买力减退，制约了全社会商品的需求以及消费的增长，供给超过需求，引起价格的大幅下跌。在萧条阶段，价格下跌停止，但购买力依然很低，商品持续滞销，价格仍处于低水平；进入复苏阶段，生产逐渐恢复，需求明显增加，价格开始回升；到了高涨阶段，对商品的需求和消费的增长，使供给量满足不了增长的需求，从而刺激价格迅速上涨。经济周期各阶段现货市场商品价格的变化必然引起期货市场价格的相应波动。在开放经济环境下，国际经济环境也是不可忽视的重要因素。因此，当预期期货价格的长期走势时，应密切关注国内外经济形势，以便于随时把握经济发展动态，对价格走势做出准确的判断。

（四）政治因素

政治与经济历来都是密切相关的，一个地区、一个国家乃至世界政局形势，对经济的影响都很大。期货市场对政治因素的变化异常敏感，各种政治性事件的发生常对价格产生不同程度的影响。政治因素包涵的范围很广，一般包括国际、国内两大部分：国际方面包括政治局势的紧张和不稳，如国际争端、军备竞赛、局部战争、裁军、冷战、港口或领空的封锁、禁运、战略性商品的囤储以及世界政坛上重要人物的变更等；国内方面包括各种政治动荡和局势的变化，如大选、政变、劳资纠纷、内战、罢工等，都会引起期货市场价格的波动。

政治因素对期货市场具有较强的制约性，其影响往往是突发的、难以预料的。事件发生后其对商品价格影响的深度和广度也是难以估计的。"9.11"事件期间，战略性金属、石油、黄金等期货价格大幅度上涨。2002年9月11日，伦敦金属交易所（IME）铜上涨了22美元/吨，镍上涨了225美元/吨；伦敦国际金融交易所（IPE）布兰特原油上涨了1.6美元/加仑，涨幅为6%，创了海湾战争以来单日最大涨幅；黄金价格上涨了6.7美元/盎司，涨幅2.5%；而黄金现货价格暴涨了16美元/盎司，涨幅6%。随后三天美国所有期货交易所及欧洲大部分期货交易所暂停交易，这是世界期货交易所第一次因政治事件停止交易。周五重新开市后，纽约商业交易所2002年10月份原油期货价格上涨6.8%，2003年1月份汽油期货价格上涨14.8%，而金融品种则出现了暴跌。9月11日，伦敦金融时报指数下跌了287.7点，下跌幅度为6.06%；德国法兰克福指数下跌了396.60点，下跌幅度为9.28%；日经指数下跌了519点，下跌幅度为5.31%。

因此，期货交易者应善于捕捉各种预先的征候，以把握政治因素可能带来的影响，准确分析预测期货价格变动的方向、幅度和强度。另外，一些投机商也往往利用世界各国或各地区政局变化，在期货市场中进行投机活动，有时甚至扰乱正常的交易，使期货价格暴涨暴跌。因此，在分析政治因素对期货市场价格影响时，还必须密切注意投机者特别是投机大户的动态，分析投机大户利用一些政治性新闻制造舆论，从中牟利的各种方法及其对期货市场价格产生的作用和影响。

（五）政府政策、国际经济组织政策及贸易协定因素

各国政府为维护其自身的政治、经济利益和需要，常制定或修改某些政策和措施，这些政策和措施会对期货市场价格带来不同程度的影响。例如，前苏联政府曾突然向西方黄金市场大量抛售黄金，引起黄金价格的下跌。美国政府对一些战略物资，如银、铝、锡、铜等的囤储政策有所改变时，就会引起期货交易所商

品价格的波动。如国际局势缓和，美国政府有时在市场上抛售一些囤储的战略物资时，就可能造成该商品价格的下跌。又如美国政府的农产品政策规定在谷物和棉花价低于保证价格时，可支付补贴给受影响的农民。政府为鼓励农民种植某种产量不足的农产品，也制定发放奖励金的措施。这些农业政策和措施对农产品价格都产生了一定的影响。例如，2002年1月7日，中国宣布自2002年3月20日起对转基因大豆的进口实行新的管理规定，并将对转基因大豆进口实行申报制度，此消息一经公开，大连商品交易所大豆价格连续出现两个半涨停板，由1984元/吨暴涨至2124元/吨，升幅达到7%。由此可以看出，各国政府的政策取向是十分重要的，特别是发达国家尤其是美国政府的政策取向更为重要。

此外，各国政府之间经常签订商品贸易协定，欧盟成员国之间有共同的农业政策。国际大宗商品主要的生产、出口或消费国都订立正式协定，此外，各种国际性行业组织和机构，如"国际小麦组织""国际咖啡组织""石油输出国组织"等经常采取一些共同的政策措施，如削减产量、管制出口、协调价格、限制价格波动幅度以及建立缓冲存货等，以有效地控制国际市场的商品供求平衡和市场价格。例如，1985年爆发了世界性的锡危机，锡的供给超过需求，锡市价格急剧下跌。为了稳定锡市价格，使锡市逐步摆脱危机，世界主要锡生产国联合成立了"国际锡生产国协会"，并开始实施一项名为"锡出口配额计划"的方案，通过每年约定锡生产国的出口额来控制国际锡市的供给量。这一计划的实施，在一定程度上缓解了国际锡市的供求失衡。

（六）投机与心理因素

期货市场价格除了受政治经济和供求变化等客观因素的影响外，人们的投机与心理因素也会对期货价格起到推波助澜的作用。投机者参与期货交易的目的就是利用期货价格的上下波动从中获利。当期货价格看涨时，投机者往往迅速购进期货合约，以求期货价格上升时再抛出牟利；而大量投机性的购进，又会促使期货价格进一步上升。反之，当期货价格看跌时，投机者又往往抛出期货合约，当价格下降到一定程度时再补进平仓牟利；而大量投机性的抛售，又会促使期货价格进一步下降。

心理因素是投机者对市场的信心，俗称"人气"。一旦人们对市场信心十足，一些微不足道的利好消息都会刺激投机者的看好心理，引起价格上涨，即使无任何利好因素刺激，价格也可能因投资者的心理因素作用而上涨；反之，当人们对市场缺乏甚至失去信心时，价格就可能因此下降，而且任何利好消息都无力挽回价格疲软的趋势。一般在期货交易中，投资者的心理变化往往与投机因素交织在一起，产生综合效应，形成一种"投机心理"。这种投机心理对期货价格影响尤为突出，并且具有戏剧性。因此，预测期货价格趋势时，必须在研究分析其他因素的同时，观察估计投机心理对期货价格的影响。然而，投机心理常常是变化莫测、难以捉摸的，特别是某些投机大户利用人们的心理因素，故意虚张声势、制造谣言、捕风捉影，并人为地进行大量投机性的抛售或购进，以图操纵市场、哄抬价格，从中牟取投机暴利。1980 年黄金市场出现的空前大风暴，明显地反映了投机和心理因素对价格的影响力。1979 年底至 1980 年初两个月中，石油输出国组织宣布大幅度提高油价，当时正值前苏联入侵阿富汗，伊朗劫持美国人质，美伊关系恶化，美冻结伊朗在美资产，由于这些因素，国际的一些大金商趁机散布谣言，连续制造紧张气氛，对投机者产生心理影响，引起更加狂热的吸购风潮，包括西欧、美国和中东的一些大金商和大量散户也纷纷卷入这股购金风潮，几近疯狂程度，当时主要黄金交易所的黄金交易量达到空前的高峰，黄金价格从 1979 年 11 月的 400 美元/盎司左右暴涨到 1980 年 1 月 21 日的 838 美元/盎司的历史最高峰。1 月 22 日，市场上传言美国政府将在 1 月份内大量拍卖存金，这时投机者心理突然逆转，慌忙抛售黄金，一时抛风四起，当天黄金期货价格就暴跌了 103 美元/盎司，到 3 月份金价已跌至 460 美元/盎司的低点。到了 5 月份，黄金市场的风浪基本平息，人心看淡，金价疲软，虽然又有利好消息传来，却已无力挽回大势已去的局面。总之，投资者的心理变化与投机行为是期货交易中所形成的互相制约、互相依赖的"共生现象"，它们共同作用于期货市场，是制约和影响价格波动的重要因素。

（七）自然因素

自然因素主要是指气候条件、地理变化及自然灾害等，具体包括：洪涝灾害、干旱、台风、霜冻、虫灾、地震等因素。由于期货商品大多为初级大宗物资，如大豆、小麦、铜、铝以及橡胶等，其生产消费与自然条件密切相关。有时候因自然条件出现的变化，会对这些产品的正常生产和消费带来较大影响。此外，一些商品因为产地与交易所交割仓库相距较远，因为气候条件的变化，一时耽误正常运输，造成短期供应紧张，也会对期货价格产生明显影响。例如，1974 年，美国玉米种植情况绝佳，各方面都期望收成会达到创纪录的最高水平，不料到 5～6 月份，两周的淫雨横扫种植地区，玉米收成量比上年减少 10%，不但库存没有补足，预计出口需求量的 60%都无法达到，导致价格一直高扬不跌。

自然灾害对期货价格的影响往往是突发的。1995 年 6 月份，世界最大的铜生产国智利发生 7 级地震，而且震中恰好位于北部的主产区。此消息一经公布，伦敦金属交易所 3 个月铜价当日暴涨 100 美元/吨以上，期价由 2 920 美元/吨水平重返 3 000 美元/吨大关，给已经濒临颓势的铜价注入了不小的上升动力。不过，在随后的一个月时间内，铜价再度从 3 000 美元/吨以上的历史高位下跌，并且重归熊途，直至"住友事件"爆发后创下 1 730 美元/吨的低点，结束为时两年的大牛市。

由此可见，自然因素对期货价格形成的刺激作用既是剧烈的，又是短暂的，除非因自然条件的改变对商品的长期供求产生深远影响，否则价格原先的趋势一般会慢慢恢复。

以上我们列举了基本分析法的 7 种主要因素指标，实际上影响市场价格波动的因素远比上述列举的 7 种因素复杂得多。而且，就某一种具体商品的价格预测来讲，还要根据每种商品的特殊因素做出具体分析。

第三节　期货价格技术分析法

一、技术分析法概述

技术分析是利用有关价格、成交量和持仓量的历史资料，绘制成一些特定的图表，来分析和预测某段时间内整个市场及个别交易品种价格变化的方向和程度的方法。技术分析法建立在经验基础之上，是对几百年来无数投资者经验的总结，虽缺乏科学性，但可以在趋势改变之前或开始之际，及时告知投资者趋势即将或正在改变。事实证明它的结论是行之有效的。

技术分析法的理论基础建立在三个假设前提条件之上。第一，市场行为包容消化一切。这是技术分析的根本基础，它的本质含义为：所有影响价格的因素都反映在变化的价格中，因此研究价格本身就足够。第二，价格以趋势方式演进。趋势是技术分析的核心，它的含义为价格运动是按照一定规律进行的，而且价格有保持原来运动方向的惯性。第三，历史会重演。从人的心理方面考虑问题，人在遇到相同的情况下会产生相同的反应。

技术分析的效用取决于市场的有效性。在有效市场中，价格波动是一种随机漫步行为，这时技术分析将失去作用。目前的期货市场，特别是中国的期货市场，连弱型有效都没有达到，因此，技术分析依然是一种有效而实用的期货价格分析预测方法。

与技术分析相比，基本分析法是建立在科学的理论基础之上，能准确把握市场趋势，但需要全面及时的分析数据，而我们看到的经济统计资料往往是以前一段时间的部分数据，带有滞后性和局部性的特点。一般观点认为，基本分析法更擅长于价格趋势的判断，技术分析法更适于买卖时机的选择。

二、技术分析的基本图形

技术分析中所使用的图表很多，按表面形式可以分成 K 线图、棒状图和点数图，按时间可以分为日线图、周线图、月线图和年线图等，按内容可分为价格图和成交量图。

（一）K 线图与成交量

K 线图是期货交易市场中最常用的技术分析图（见图 5-5）。图 5-5 中上半部分是 K 线图，下半部分为成交量图。

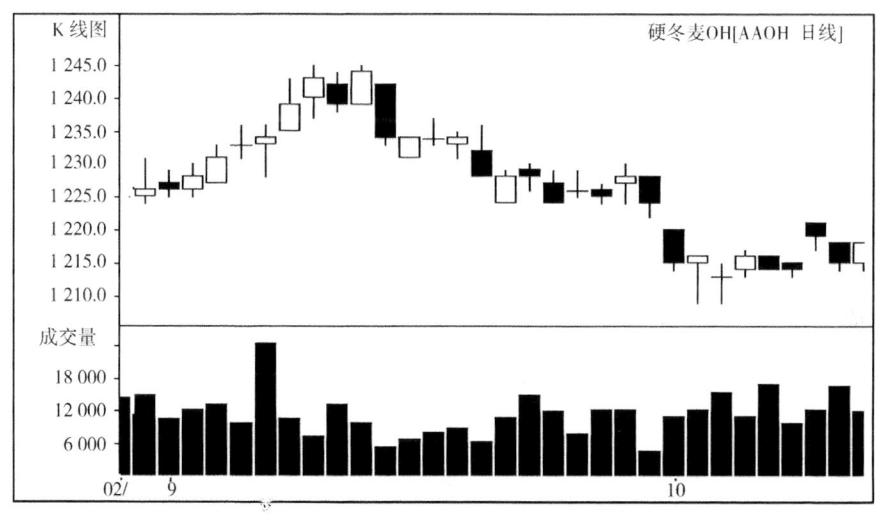

图 5-5　K 线图与成交量

1. K 线的含义

K 线是一种条状的线条，由实体和影线组成。因为它的形状像蜡烛，又称蜡烛图（Candle Stick）。K 线图按时间划分可以分成 1 分钟、5 分钟、60 分钟和日、周、月、年等多种 K 线，下面以最常用的日 K 线为例进行介绍。

2. K 线图构成与画法

（1）K 线构成。日 K 线记录了一个交易日四个主要的交易价格数据（开盘价、最高价、最低价和收盘价）。一根标准的 K 线是由一个矩形部分与其上下两头的细线构成（见图5-6）。K线的矩形部分被称为实体，实体的上下端分别代表一天的开盘价和收盘价。收盘价低于开盘价时，实体绘为蓝色或黑色，称为阴线。反之，当收盘价高于开盘价，实体绘为红色或白色，称为阳线。实体上下两端的细线称为影线，实体上部的细线是一天的最高价与实体上端的连线，称为上影线。实体下部的细线是一天的最低价与实体下端的连线，称为下影线。细线的上端点代表一天的最高价，细线的下端点代表一天的最低价。

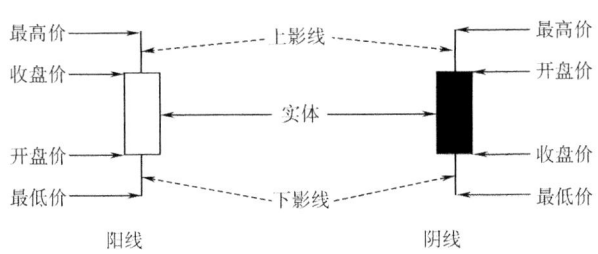

图 5-6　K 线图图解

（2）K线图的具体画法。在K线图上既有价格因素，也有时间因素。通常以纵轴表示期货合约的价格，以横轴记录对应的时间，日期标在图表的底部。画K线图时，应在横轴相应的日期位置上，按照价格刻度分别点出当日的开盘价、最高价、最低价和收盘价，然后将4个点以上述规则相连，画成一根日K线。将每日的K线依时间顺序从左到右画出，就形成了K线图（见图5-5）。

3. 不同形态的 K 线

除标准形态外，K线还可能出现其他形态（见图5-7）。不同形态的K线含义不同，对价格预测的作用也不相同。例如：一般情况下，阳线实体越长表示当日买方的力量越大；阴线实体越长表示卖方的力量越大；上影线越长表示高价区卖方的抛压大；下影线越长表示低价区买方的承接力越强。

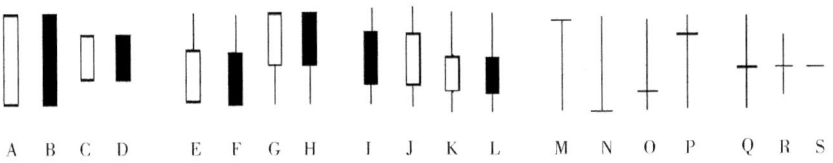

图 5-7　几种常见的 K 线形态

一根 K 线只能代表一天的卖买双方的强弱情况，不能准确地反映市场中买卖强弱的根本情况，而且，一根 K 线的形态极易被人为的改变。所以，使用 K 线判断后期走势时，应该多看几日 K 线，不要单凭一根 K 线来判断市场未来的运行方向。

（二）棒状图

棒状图又称条形图或竹线图（Bar Charts），其构造简单，形如棒子，被称为棒状图，也是一种常用的图形，在西方的期货市场普遍使用。

在棒状图中每一条竖线代表一天（1 周，1 月，1 年）的价格区间，竖线顶端点代表一天中的最高价，底端点代表一天中的最低价，实体右边的小横线标明的是收盘价的位置（见图 5-8A）。有的棒状线左侧有一条小横线标在竖线上，表示开盘价（见图 5-8B）。棒状线图（见图 5-9）的画法与 K 线类同，这里不再具体介绍。

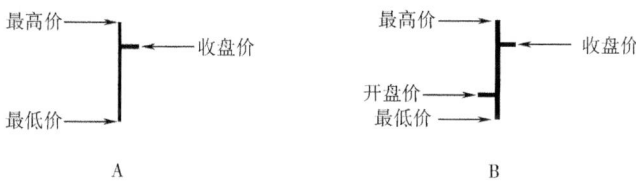

图 5-8　棒状图图解

绘制某一具体品种的期货价格图时，一般无论 K 线图还是棒状图都是将该品种每日的 K 线图或棒状图绘上，直到交割日到期为止，然后，再将该品种下一个交割月的每日 K 线图或棒状图接着绘上。

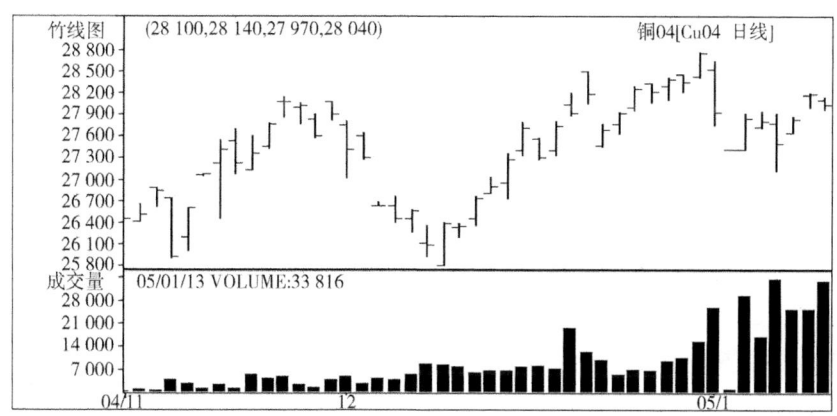

图 5-9　棒状线图

K线图包含的价格信息较棒状图详细而精确。K线图是以图形方式直观地揭示出一定交易时段中买卖双方力量的对比及消长情况，还可能在第一时间揭示趋势的反转，而棒状线图通常需要数周才能判断趋势的反转，因此，K线图成为交易者经常使用的一种技术分析方法。

三、趋势

市场趋势是交易者最关心的一个问题。他们要"顺势而为"，在市场趋势上升时买进（做多），在市场趋势下降时卖出（做空）。因此，准确判断出市场的趋势是上升还是下降就成为至关重要的一件事。趋势的概念也成为技术分析中的核心概念。

（一）趋势的概念

趋势是价格的波动方向，包括上升趋势、下降趋势和横向延伸趋势三种。上升趋势是一系列依次上升的峰和谷；下降趋势是一系列依次下降的峰和谷；横向延伸趋势是一系列依次横向伸展的峰和谷（见图5-10），这种趋势也被称为"无趋势"。

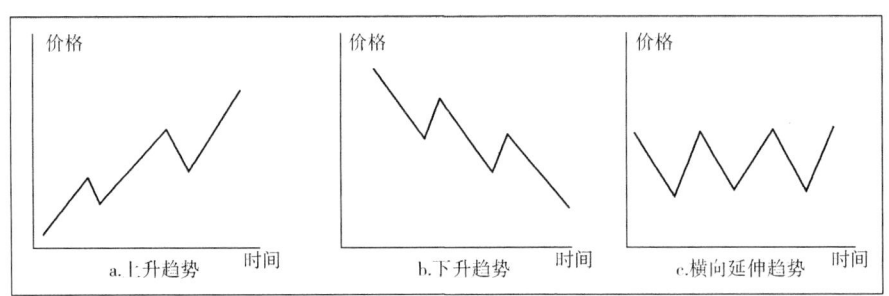

图 5-10　趋势的三种类型

（二）趋势线

趋势线是表明价格运行方向的直线。趋势线分为上升趋势线和下降趋势线。上升趋势线是在期价由下降转为上升以后，将最低点和后续的一个明显的低点相连画出的一条斜向上的直线（见图5-11a）。下降趋势线是在期价由上升转为下降以后，将最高点和后续的一个高点相连画出的一条斜向下的直线（见图5-11b）。

趋势线交易法则。期价向下跌破上升趋势线时，是卖出信号（见图5-11a）。

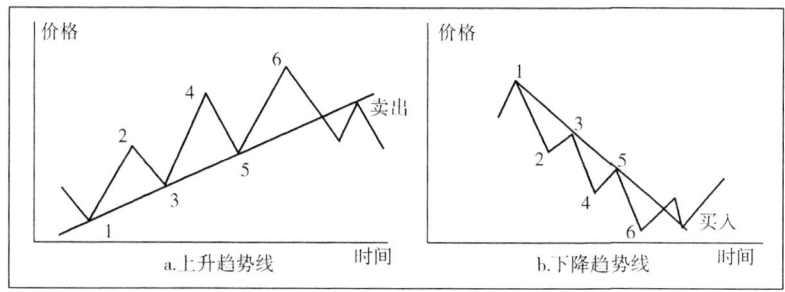

图 5-11　趋势线

在趋势线没被跌破以前，上升趋势线就成为期价每次回调的支撑线，如果期价再次上涨应当买进。当期价向上突破下降趋势线时，是买入信号（见图 5-11b）。在趋势线没被突破以前，下降趋势线就成为期价每次反弹的阻力线，如果期价再次下跌应该卖出。

（三）支撑与压力

趋势被确认以后，就有了买卖时机的问题。我们总是期望在期价回调的低点买入。回调会在哪一点终止然后上升，没有一个确定的答案，但支撑与压力可以给我们一定的帮助。它可以预测出潜在的低点和高点。

1. 支撑与压力

市场价格回调的低点被称为支撑（见图 5-12a），用某一个价格水平或某个价格区域表示。它的含义是，在该支撑位下方，因为买方的力量强大，已经足以抗衡卖方的力量，价格下跌在此停止并开始回升。通常，一个回调低点出现以后，就可以确定一个支撑水平。

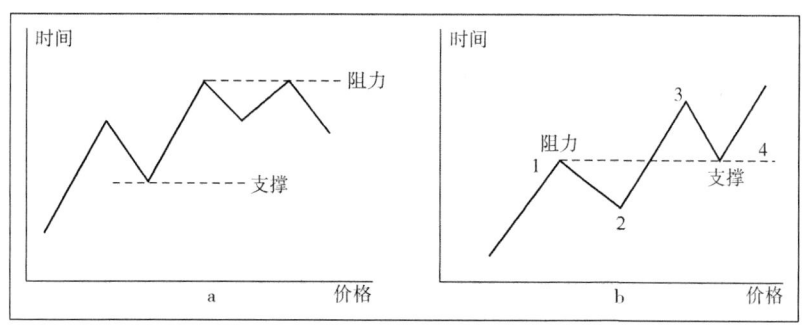

图 5-12　支撑与压力

市场价格涨升的高点被称为压力（或称阻力）（见图5-12a），也是用某一个价格水平或某个价格区域来表示。它的含义是，在该阻力位上方，因为卖方的力量强大，阻挡了买方的推升，于是价格转为下降。

2. 支撑和压力的作用

当一个支撑点确立后，市场价格再次下跌至支撑位附近时，可能会受到前期低点的支撑停止下跌。我们在确认支撑有效时，即止跌开始上涨时买进。反之，当一个阻力位确立后，市场价格再次上升至阻力位附近时可能会再次受阻而下跌。我们在确认阻力有效时，即受阻开始下跌时卖出。

3. 支撑和阻力的互相转化

对价格的支撑和阻力并不是永远有效的，当卖方的力量非常强大击穿前期的低点时，前期低点的支撑就转化为今后上涨的阻力；当买方的力量非常强大击穿前期的高点时，前期高点的阻力就转化为今后上涨回调的支撑（见图5-12b）。

四、道氏理论

美国人查尔斯·H. 道（Charles H Dow）创立道氏理论，被公认为技术分析的鼻祖，虽然，道氏理论的研究是针对股票市场价格，但是其绝大部分理论在期货市场也同样适用。道氏理论的主要内容有四个方面。

（1）平均价格包容消化一切因素。平均价格包容消化一切因素表明，所有可能影响供求关系的因素都必然由平均市场价格表现。任何意外突发事件一旦发生，同样会很快被市场通过价格变化消化吸收。这是技术分析理论基础的基本前提条件之一。只是这里用平均价格代替了个别交易品种的价格。

（2）市场具有的三种趋势。道氏理论认为，趋势就是市场价格的运动方向。如果市场价格后续的每个波峰都比前一个波峰高，回调的波谷也比前一个波谷高，这个市场就处在上升趋势中，又称牛市。反之，市场价格后续的波峰和波谷都对应地低于前一个波峰和波谷，市场就处于下降趋势中，又称熊市。而趋势可以分为三大类：主要趋势（大趋势）、次要趋势（中等趋势）、短暂趋势（小趋势）。主要趋势持续时间较长，一般为一年或更长，长期投资者最为关心的是主要趋势。次要趋势是价格在其沿着基本趋势方向演进中产生的重要调整。这种趋势在升市中被称作回调，在跌市中被称作反弹。次要趋势通常持续三周至数月，很少再长。调整的幅度一般至先前趋势整个进程的1/3～2/3的位置。常见的回调约为一半，即50%。次要趋势有时以横盘代替回调或反弹。短暂趋势通常持续的时间非常短，一般六天到三周，极少超过三周，它的组合构成了中等趋势。道氏理论认为短暂趋势本身没有太大意义。股票市场中的交易者关心主要趋势，不看重短暂趋势；在期货市场中交易者更看重次要趋势和短暂趋势。道氏理论中三种趋势的划分为后出现的波浪理论打下了基础。

（3）交易量跟随趋势。交易量跟随趋势的含义是：如果大趋势上升，在价格逐步上涨时，交易量也逐步递增，而价格下跌时，交易量逐日减少；如果大趋势下降，随着价格的下降，交易量也逐步扩大，而价格上涨时交易量萎缩。在进行趋势判断时，价格是第一位的，交易量是第二位的，交易量作为验证价格信号的旁证具有重要价值。

（4）道氏理论实际使用的买卖信号以收市价格为依据。

五、波浪理论

美国人艾略特（Ralph Nelson Elliott）创立了波浪理论。波浪理论的基本原理为，价格变化趋势类似于周期性变化的波浪，由形态、比例和时间三个方面构成。形态是指波浪的形态和构造，是波浪理论最重要的部分；比例是指通过测算各浪之间的相互关系确定回撤点和价格目标；时间是指各波浪之间在时间上也相互关联。我们可以利用这种关系来验证波浪形态和比例。

（一）价格波浪的基本形态

波浪理论认为，价格波动完整的周期，从趋势上升到趋势下降包括 8 浪，5浪上升和 3 浪下降。在周期的上升阶段，每一浪以数字编号，图 5-13a 中的 1，2，3，4，5 浪。其中 1 浪、3 浪和 5 浪是上升阶段的上升浪（或称推动浪）称为主浪。2 浪和 4 浪的方向则与上升趋势方向相反，第 2 浪是对第 1 浪的调整浪，第 4 浪是对第 3 浪的调整浪，因此被称为调整浪。上升 5 浪完成后，又出现了一个三浪形式的调整。这三个波浪用字母 a，b，c 分别表示（见图 5-13a）。

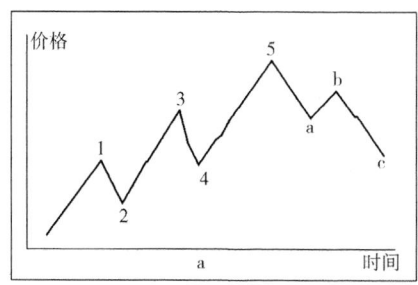
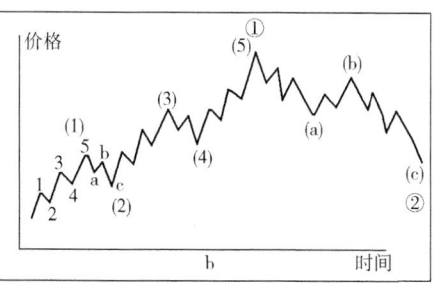

图 5-13 价格波浪基本形态

牛市的上升为 5 浪结构，但三个主浪经常会走出延伸浪。期货市场多在 5 浪产生延伸。与之相反，市场有时也会走出衰竭形态。交易者称之失败浪。熊市的三浪结构会呈现多种形态。

把握各个波浪本身结构的关键是考察清楚它们的规模与层次。艾略特把趋势规模分成九个层次，上达覆盖 200 年的长周期，下至几个小时的小周期。但不论处于何种规模，其基本的 8 浪周期是不变的。每一浪都是上一浪的组成部分，每一浪又都可以向下划分出若干小浪。最大规模的浪①和浪②可以划分成 8 个浪，然后将 8 浪再细分（见图 5-13b），可以得到更小的 34 个浪。而浪①和浪②本身又是更高一层浪的两个浪，那么这个更高层次的浪共有 144 浪（见图 5-14），包括牛市 89 浪上升，熊市 55 浪下降。

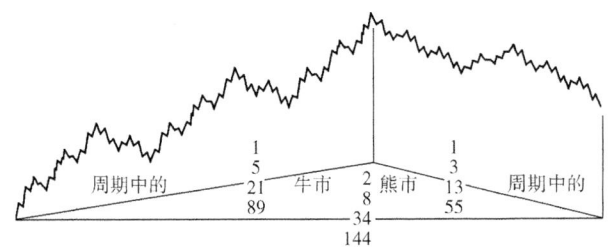

图 5-14   完整的市场结构

（二）价格波浪的比例

菲波那奇数列是波浪理论的算术基础。菲波那奇数列是 1，1，2，3，5，8，13，21，34，55，89，144……。这组数列具有多个特点。例如，数列中每两个相邻的数相加等于两者之后的那个数；除了前 4 位数以外，任意一个数与相邻的前一个数之比约为 1.618；任意一个数与相邻的后一个数之比约为 0.618，等等。当然这两个数也属于黄金分割率。这些比例关系普遍存在于大自然中。

在波浪理论中也常用到这些数据。例如，牛市由 89 个浪组成，熊市由 55 浪构成，一个完整的市场周期共有 144 个浪。89，55 与 144 都属于这个数列。一个价格波动周期是由 8 浪组成，其中上升 5 浪，下降 3 浪，这几个数也是菲波那奇数列中的数。它们之间都存在着一定的比例关系。而这种比例关系也可用来确定主浪与调整浪的目标价格。例如，在主浪中，将 1 浪长度乘以 1.618 加上 2 浪的底，是 3 浪的起码目标。在调整浪中，c 浪长度的估算方法是，将 a 浪的长度乘以 0.618，然后，从 a 浪的底点减去所得的积。

六、形态分析

形态是价格曲线上的一些特殊图形。形态分析法是通过分析这些特殊图形，预测价格涨跌方向及涨跌幅度的一种技术分析方法。因其图形容易辨识，条件也不复杂，所以成为期货市场中一种常用的技术分析方法。

价格曲线的图形有两种主要的类型：反转形态和整理形态。反转意味着价格运行趋势正发生着重要的改变，是技术分析中的重点；整理形态显示市场经过一段调整，还会沿着原有的趋势运行。

（一）反转形态

反转是指市场价格趋势发生方向性的改变，由升势转为跌势，或由跌势转为升势。反转形态是指市场趋势反转时价格曲线的图形。任何一个重要趋势在改变之前都要有一个酝酿的过程，这个过程在图形中会留下一些痕迹，即一些特殊的图形，这些特殊图形就是反转形态。常见的反转形态有头肩形、双重形、三重顶（底）、圆弧顶（底）、V字顶（底）等。其中，头肩形和双重形为最常见的反转形态。在介绍这两种形态时，需要同时分析其成交量的图形，因为成交量在所有价格形态中都起到验证的作用。

所有的反转形态都应该具备以下共同点：反转的首要前提条件是市场有明确的趋势，没有趋势就没有反转；反转的第一信号是重要趋势线被突破，形态的规模越大，其反转的意义也越大；顶部形态的时间跨度比底部短很多，波动幅度比底部大得多；在向上突破时，要求交易量放大配合，向下突破时一般不需要交易量配合；它们都有判断趋势反转的作用，还有度量最小涨跌幅的作用。

1. 头肩形态

头肩形态是最基本的也是最可靠的反转形态，可分为头肩顶和头肩底两种。

（1）头肩顶。期价由上升转为下降，其转折区的价格曲线形成如人的头肩轮廓，因此称头肩顶，反之为头肩底。它的外形特征是：共有三个高点，中间高点高，左右两肩低，且左右两肩高度大体相同。

头肩顶的形成过程如图5-15所示：市场价格在买方力量推动下，出现了较长时间的上涨达到A点，此时成交量也同步增长，然后价格回落至低点B，交易量也同步减少。价格再次上涨到新高点C，成交量出现低于A点处的情况。成交量不能随价格上涨而上涨，表明买方的力量在减弱，这是警告信号。随后价格再次下跌并跌破了前一个高点A。上升趋势中后续的低点不应该低于前期高点，但此次的下跌已经跌破前期高点，降到前期低点的位置，说明市场承接力不足，卖

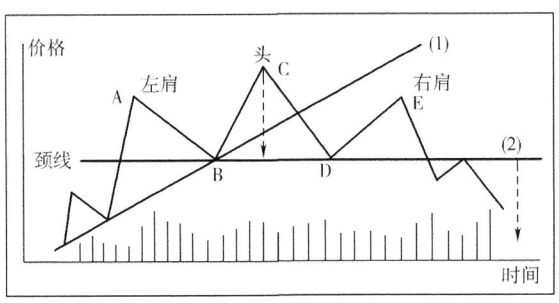

图 5-15　头肩顶

压较重，市场再次发出警告信号，上升趋势可能发生问题。价格在前期低点获得支撑，然后上升到 E 点（在上冲 E 点时的成交量更小），价格没有超过前期高点又开始下跌，因为买方已无力将价格推升到新的高度。此时出现了后续的高点不能超过前期高点的走势，这种高点依次下降的走势符合熊市一半的条件。一般这时趋势线也已被向下突破。但这些情况还不能说明趋势的转变。因为，市场可能正在由上升趋势转为横向延伸趋势。此时，市场已经出现两个相对低点，过两点做一条较为平缓的趋势线，称为颈线（其他颈线的画法与此相同）。如果价格跌破颈线，我们可以确定趋势下降成立，因为它满足了下降趋势的另一半条件，波谷依次降低。最后，在价格跌破颈线后，可能会发生一次反抽，反抽时的成交量应该较小，如果过大可能意味着新一次的上升开始。反抽失败即价格反弹至颈线受阻继续下跌，下跌趋势恢复。反抽失败意味着水平趋势线被向下突破，价格无力再回到水平运动的状态，未来的方向只能是向下。价格跌破颈线时如果成交量较大，发生反抽的可能会很小。一般认为反抽是最后的卖出机会，也是头肩顶的最终确认点。此时的市场需求大于供给的状况已经根本逆转，呈现供大于求的状况，下跌会持续较长时间，成交量在开始下跌的时候通常比较大。

　　头肩顶是价格水平运动的一种形态，是供求关系中由需求大于供给到供给大于需求的转折区，反映的是供求在高位的平衡，但平衡终究会被打破。颈线被向下突破意味着供给已经大于需求，高位的平衡被打破，下降趋势开始。

　　形态分析有一个重要的作用是测量最小涨跌幅。如图 5-15 所示，当股价跌破颈线后，可以确认趋势反转，同时可以度量其下跌幅度，价格自颈线下跌的幅度最少等于头到颈线的垂直距离。市场价格实际下跌的幅度多会大于这个幅度。价格下跌的最大幅度是跌至牛市的起点。

（2）头肩底。头肩底的形态是头肩顶的反相。它的形成过程也与头肩顶相反，出现在趋势由下跌到上涨的转折区。头肩底的外形特征是在期价反复下跌后形成三个低点，中间的低点最低，左右两个低点稍高（见图 5-16）。头肩底的第三个低点成交量最小，表示抛压已经竭尽。随着交易者的买进，价格不能跌至前期的低点就开始回升。价格涨至颈线附近，然后放量突破颈线，头肩底确定。

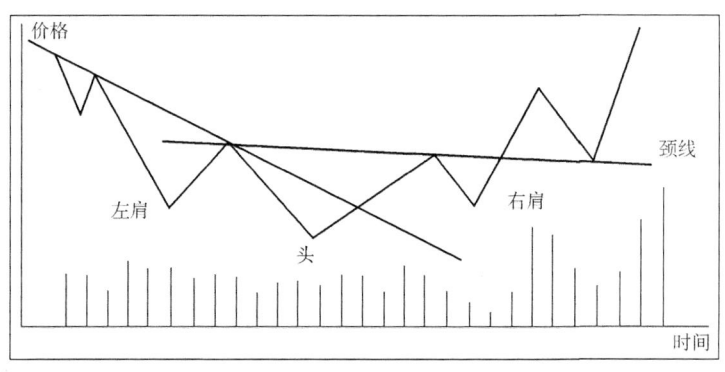

图 5-16　头肩底

期价突破颈线时必须有成交量放大相配合，突破才被确认为有效突破，否则很可能是假突破或叫技术骗线，即价格短时间涨到颈线上但不久会继续开始下跌。底部颈线的突破都需要成交量放大配合，因为让价格上涨花费的力量远比令其下跌要大得多，再加上价格上涨至前期高点时会遇到很大的抛压，如果买方不能与卖方抗衡，下跌趋势还将延续。所以，下跌破颈线不需要成交量放大确认突破的有效性，上涨时则必须。放量突破前期高点，表明买卖双方的力量对比已经发生变化，买方已经能够承接住空方巨大的抛压，买方力量占优，头肩底确认，趋势反转。

颈线被有效突破，趋势反转确认，是买入时机。价格在突破颈线后一般也会出现反抽，确认突破的有效性。如果价格跌至颈线止跌回升，进一步证实突破有效，再次回升时也是一次买入时机。

测量涨幅：头肩底的形态也具有度量涨幅的作用，即价格自经线上涨的幅度至少等于头至颈线的垂直距离。

2. 双重形态

双重形态可以分为双重顶（M 头）（见图 5-17a）或双重底（W 底）（见图

5-17b）两种形态。双重顶是期价持续上升到一个高点，成交量同步放大，然后期价下跌，成交量随之减少，然后再次上涨到前期高点附近开始下跌，第二个高点下面的成交量明显小于第一个高点。价格跌至颈线后没有止跌再次下跌，形成双头，此后趋势由上升转为下跌。双底与此相反。

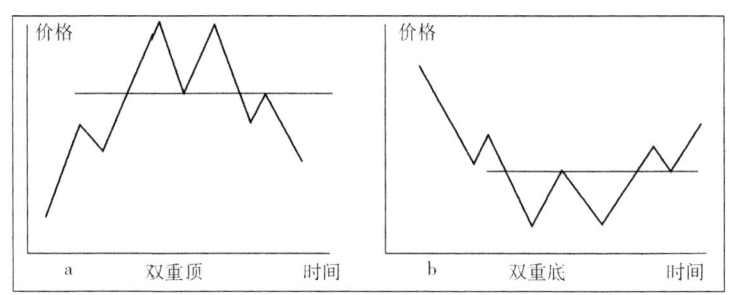

图 5-17　双重形态

颈线突破是反转的信号。双重顶颈线突破是卖出信号，双重底颈线被放量突破是买入信号。双重顶的最小跌幅是自颈线至双顶的垂直距离，双重底的最大涨幅是自颈线到双底的垂直距离。

反转形态除了上述两类常见的以外，还有三重顶（底）、圆弧顶（底）、V形顶（底）、岛形等。

（二）整理形态

整理形态图形通常表示，在图表上价格曲线呈现横向运动的特征，但只是当前趋势的暂时修整，随后的价格运动方向将与原来的运动方向一致。常见的持续整理形态有三角形、矩形、旗形和楔形等形态。整理形态与反转形态的分类不是非常严格，有时三角形也会出现在反转区，持续整理区也会以头肩形呈现。

1. 三角形

三角形主要分为三类：对称三角形、上升三角形和下降三角形。

（1）对称三角形。对称三角形是指近期的价格高点越来越低，近期的价格低点越来越高，将各高点和低点连成的趋势线交于一点。在成交量图形上也呈现随三角形形成逐步减少的状态。如果价格在三角形开始到顶点 2/3 处附近突破，突破信号较有效。如果放量突破下降趋势线开始上涨，表明均衡状态打破，买方力量强大，新的上升开始，是买入信号。其度量涨幅（见图 5-18a），自突破点上涨的距离等于三角形最宽的距离。如果放量突破上升趋势线开始下降，表明均衡状态打破，卖方力量强大，新的下降开始，是卖出信号。其度量跌幅（见图 5-18b），自突破点下降的距离等于三角形最宽的距离。如果价格在 2/3 至顶点间特别是在 3/4 至顶点间突破，对后期的预测意义不大。

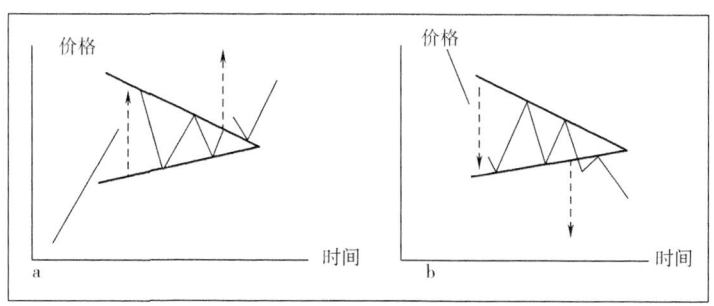

图 5-18 对称三角形

（2）上升三角形。上升三角形与对称三角形外形的不同是下降趋势线为水平状。因为买方的力量较强，使价格在跌到前期低点前就开始回升，于是出现低点不断抬高的现象。当价格放量向上突破下降趋势线，表示买方打破暂时平衡继续做多，上升趋势开始。其度量涨幅的原则与对称三角形相同（见图 5-19a）。

（3）下降三角形。下降三角形一般代表跌势。它与对称三角形外形的不同是上升趋势线为水平状，因为价格在某位置受到较大支撑，每次跌到此价格都开始上涨，但卖方的力量也较强，使价格在涨到前期高点前就开始下跌，于是出现高点不断降低的现象。当价格向下突破上升趋势线，表示卖方打破暂时平衡继续做空，下降趋势开始。向下突破趋势线时并不要求成交量放大相配合。其度量跌幅的原则与对称三角形相同（见图 5-19b）。

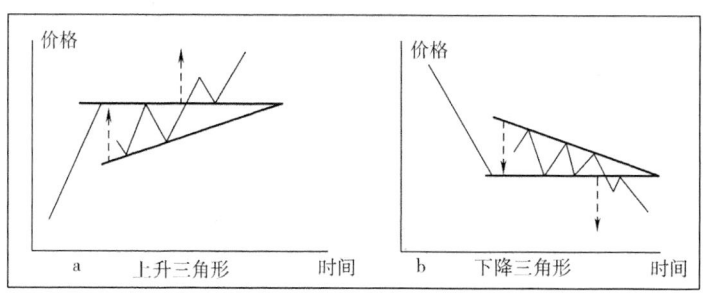

图 5-19 上升（下降）三角形

2. 矩形

矩形是典型的整理形态（见图 5-20）。买卖双方势均力敌，卖方在价格涨至某一区间就卖出，买方在价格跌至某区间就买入。持续一段时间后，价格就形成两条明显的上下界限。最终市场会顺着之前的趋势方向突破矩形。当矩形的上线被突破，其度量涨幅应等于矩形的高度（见图 5-20a）。当矩形的下线被突破，其度量跌幅应等于矩形的高度（见图 5-20b）。因为矩形的价格区间较大，短期交易者可以在矩形上端卖出，在下线处买进。但需要注意，如果在矩形区间里上涨时的成交量放大，下跌时成交量缩小，矩形突破的方向可能向上，反之就是向下。

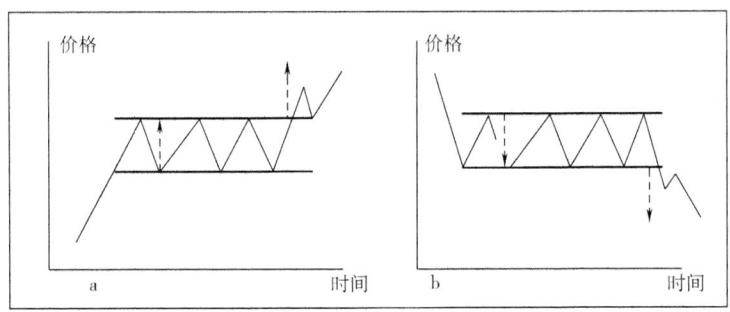

图 5-20　矩形

3. 旗形和楔形

旗形和楔形是两种常见的持续整理形态，两者在外形上非常相似，并具备相同的交易量和测量原则，所以将它们放在一起讨论。

旗形和楔形是最为可靠的持续整理形态，在极少数的情况下可成为反转形态。旗形与楔形在形态上稍有差异。旗形的形态与矩形相似，只是矩形的上下两条趋势线为水平状，而旗形的两条趋势线为斜向上或为斜向下（见图 5-21）。楔形的两条线是相互收拢的（见图 5-22），有些类似三角形。这两个形态特殊之处是它们本身都有明确的形态方向，如向上，或向下，并且，形态方向与原有的趋势方向相反。

（1）旗形。旗形一般出现在市场价格呈直线上下运动的情况下。因为价格在短时间波动幅度过大，需要有一个修正的过程，其后出现的平行四边形就是价格修整的表现，形如旗面，价格的上下直线运动构成旗子的旗杆。旗形的上或下边趋势线被突破，标志旗形完成。旗形的整理时间一般比较短。成交量随旗形的展开而缩小，在旗形被突破必定会伴随成交量的放大。旗形也有度量涨跌幅的作用。旗形的高度是上下两条趋势线间的垂直距离，旗形突破后，价格被突破的趋势线的涨跌幅度应该等于旗形的高度（见图5-21）。

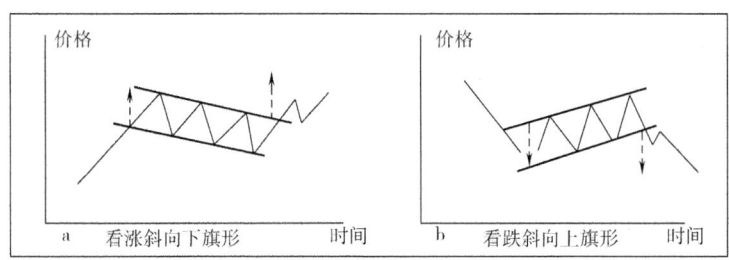

图5-21　旗形

（2）楔形。楔形可以被看成是另一种矩形，与三角形类似但又有不同。三角形的上下两条趋势线的方向是相反的，而楔形的两条趋势线虽然也会相交，但方向相同（见图5-22）。楔形在极个别的情况下会出现在顶部或底部。一般只有在一个较大级别的趋势末端才会出现楔形反转。楔形的形成过程成交量应逐渐减少，在突破时应伴随较大的成交量。一般两条趋势线方向向下的下降楔形看涨，而两条趋势线方向向上的上升楔形看跌。它的度量涨跌幅原则与三角形相同。

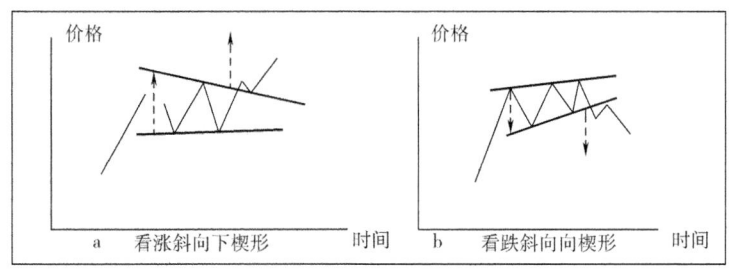

图5-22　楔形

七、量价分析

前面关于技术分析的介绍基本上是围绕着价格进行的，下面我们将介绍另外两个影响预测的因素：成交量和持仓量。因为，技术分析法认为成交量和持仓量的变化会对期货价格产生影响，而期货价格的涨跌也会引起成交量和持仓量的改变。要想有效地预测期货市场价格，必须将价格、成交量和持仓量三者有机结合起来进行分析。将期货价格与成交量、持仓量有机结合，预测期货市场价格未来走势的方法被称为量价分析方法，它是技术分析的重要组成部分。在量价分析时价格是第一位的，成交量是第二位的，持仓量是第三位的。对成交量与持仓量的分析一般用于证实价格分析的结果。

（一）成交量与价格走势的关系

成交量是在某一时间的期货交易总量。由于每笔期货交易包括买入合约和卖出合约，为避免重复计算，成交量只计算买入合约或卖出合约数量。在日线图中居于日线图的下方，以线条的长短显示交易量的大小（见图5-5）。在期货交易中，成交量的大小与期货价格走势密切相关，透过成交量可以推断买卖双方的力量对比情况，预测价格的未来运行方向。需要注意的是，单个合约的交易量（包括持仓量）对价格的预测意义并不大，必须关注交易量和持仓量总额的变化。

价格与成交量在时间顺序上，一般是同步同向的。具体分析成交量与价格走势的关系有以下四种情况。

（1）交易量增大，价格上涨，在价格回调的时候成交量相应减少。这是正常的量价关系，表示价格还会上涨。下降趋势中则正好相反。

（2）成交量增大，价格上涨，价格回调后再上涨并创出新高时，成交量却没有创出新高，形成量价背离的，预示价格将下跌。

（3）价格上升而成交量萎缩。表示期货市场缺乏新的多头力量介入，卖空者急于补货平仓而使价格短期内上升，当做空者平仓完毕价格将会下降。

（4）价格和成交量都下降，价格短期内还会下跌。但当跌到一定幅度后出现这种量价关系，表示期货价格已经或接近谷底。

（二）持仓量与价格变动的关系

持仓量又称未平仓量或空盘量，是指已经成交但尚未进行交割或对冲仍在期货市场上流通的期货合约总数。成交量是一天内成交量的累计，而持仓量则是从合约开始交易到某一天未平仓量的总和。持仓量一般在K线图和成交量图之间用一条曲线表示（见图5-23）。

由于期货交易中有买必有卖，每个多头头寸必定对应一个空头头寸，所以事实上只需知道单边的数目就可以了，国外的很多期货市场也基本上以单边计算成交量和持仓量。中国的期货市场中三家商品期货交易所（上期所、大商所、郑商所）的成交量和总持仓都是按双边统计的，中国金融期货交易所的持仓量是单边计算的。

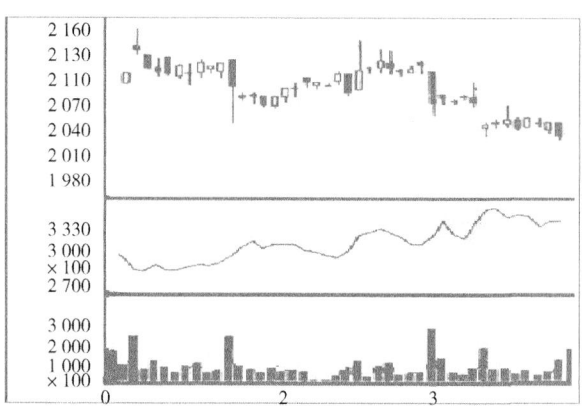

图 5-23　持仓量

每笔交易完成以后，持仓量都有三种变化的可能：增加、减少、不变。从表 5-2 中可以看出变化是如何发生的。

表 5-2　持仓量变化表

买方	卖方	持仓量的变化
买进新多头头寸	卖出新空头头寸	增加
买进新多头头寸	原有多头平仓	不变
原有空头回补	卖出新空头头寸	不变
原有空头回补	原有多头平仓	减少

第一种情况是，买卖双方都开立了新头寸，因此，持仓量增加；第二种情况是，买方建立新的多头头寸，卖方只是平仓了结原有的多头头寸，一方入市交易，另一方却退出市场，持仓量不改变；第三种情况是，买方平仓了结原有的空头头寸，卖方开立了新空头头寸，与第二种情况类似，持仓量也不改变；最后一种买卖双方都平仓了结了原有头寸，持仓量减少。另外，如果期货合约到期，买卖双方实物交割，持仓量也相应减少。

通过持仓量的变化，交易者可以确定资金是流入市场还是退出市场，进一步可以推测当前市场的强弱，判断价格未来的变动方向。持仓量与价格变动的关系有以下四种：

（1）持仓量增加，价格上升，做多者增加，价格看涨。

（2）持仓量增加，价格下降，做空者增加，预期价格还会下降。

（3）持仓量减少，价格下降，做多者大量平仓，价格还要下跌，但随后价格可能上涨。

（4）持仓量减少，价格上涨，原空头补货平仓，价格短期看涨，随后价格下跌的概率大。

在利用持仓量进行价格预测时，必须重视现有持仓量与历年来平均持仓量的比较，如果持仓量高于过去任何时刻的记录，则说明进入期货交易的人数大增，从而也会使价格上下波动的幅度大于过去的正常范围。

（三）交易量、持仓量与价格变动的关系分析

交易者在对期货价格进行预测时，应该将成交量、持仓量与价格走势综合起来进行分析。三者的关系如下：

（1）成交量、持仓量增加，价格上升，表示新买方正大量买进，近期价格还可能上升。

（2）成交量、持仓量增加，价格下降，表示卖空者大量抛空，短期价格还有可能下降。有一种情况例外，即过度抛售可以使价格转为上升。

（3）成交量、持仓量减少，价格上升，表示卖空者大量补货平仓，短期价格上涨，但不久将下跌。

（4）成交量、持仓量减少，价格下降，表示原来的买空者大量平仓，市场出现技术性调整，短期价格可能继续下跌。

（5）成交量增加、持仓量减少，价格上升，表示做多的交易者利用做空的交易者补货平仓推动价格上升的机会，继续售出以前买入的期货合约来对冲，因此价格会下降。

（6）成交量增加、持仓量减少，价格下降，表示做空的交易者利用做多的交易者售出以前买入的期货合约平仓导致价格下跌之际，补货平仓获利，因此价格可能转为上涨。

总之，在一般的情况下，如果成交量、持仓量的增减与价格涨跌同方向变化，当前的价格趋势仍然可以继续维持一段时间；如果成交量、持仓量的增减与价格涨跌反方向变化，当前的价格趋势将会转向；如果成交量和持仓量反方向变化，则无论价格是上涨还是下降，后市都将发生反转。当然，在实际交易中，还需要根据市场当时的情况做具体分析。

八、技术指标

技术指标的本质是按照一定的数学方法对价格、成交量等数据进行处理，处

理之后所得到的结果就是技术指标的数值。它们可以从不同的角度揭示市场某一方面深层次的内涵，而这些内涵一般是无法通过原始数据看出。

技术指标将一些对市场的定性认识进行定量分析，可在一定程度上提高操作的准确度。技术指标是技术分析的重要分支，其种类多达上千种，我们只介绍在期货市场常用的两种趋势类技术指标——移动平均线（MA）、指数平滑异同平均线（MACD）和一种摆动类技术指标——相对强弱指标（RSI）。

（一）移动平均线

移动平均线（Moving average，MA）的理论基础是根据统计学的平均数原理，即将一系列不规则的微小价格波动予以剔除，来反映价格的主要变动趋势。这种微小的价格波动常被认为是市场信息中的"噪音"。移动平均线构造方法简单，给出的趋势信号准确，所以它构成了绝大部分自动顺应趋势系统的运作基础，也成为判断期货市场价格运行趋势的重要技术分析方法。

1. 移动平均线的做法

移动平均线（MA）是连续若干天的价格算术平均。它的画法是，如果以 10 天为采样周期计算移动平均线（10）值，即把包括当天在内的最近 10 天的收盘价相加，然后除以 10，得到当天的 10 日移动平均线的值，并将此数值标在价格坐标图上。然后，再以同样的方法计算下一个 10 日收盘价的平均值，也标在坐标图中，以此类推，最后，在坐标图中将这些平均值的点连接起来，便构成了10 日移动平均线（可以借助计算机软件获得）。移动平均线可以有分钟、小时、周、月线的移动平均线。

在期货价格分析中，移动平均线的参数通常选择有多种，例如：5 天（$n = 5$），10 天，20 天，30 天，40 天，60 天，等等。

2. 移动平均线的特点

移动平均线是对收盘价进行平滑之后的结果，平滑的目的是为了消除偶然因素的影响。它具有以下五个特点。

（1）追随趋势。移动平均线实质上是一种追踪趋势的工具，即它能够表示价格的趋势方向。我们可以将它看成是弯曲的趋势线，根据它的运行方向判断市场是涨势或是跌势。需要说明的是移动平均线不会领先于趋势，它永远是跟随趋势，只有当价格发生变化后，移动平均线才能告诉我们旧的趋势结束，新的趋势开始。

（2）代表市场成本。n 日移动平均线值，可以一定程度上反应 n 日内市场投资者的平均交易成本。

（3）滞后性与稳定性。因为移动平均线值是根据 n 日内的收盘价计算出来的，即使价格在短时间内有较大的涨跌，MA 值也难以发生同比例的变化，或在短时间难以发生方向性的改变。所以，移动平均线滞后于市场价格的变化。这种特性的优点是不被暂时小的波动所迷惑，缺点是反应迟缓。例如，价格已经由下跌转为上涨，而均线可能若干天后才由下降转为上升。

（4）助涨助跌性。当收市价格突破移动平均线后，无论是向上还是向下突破，价格有继续沿着突破方向运行一段的特征，这就是均线助涨助跌的作用。

（5）支撑线和压力线的特点。当期价在未来的涨升中出现下跌时，如果跌至均线附近获得支撑停止下跌，然后转为上涨，此时均线起到的是支撑线的作用。当期价在未来的下跌中出现上涨，在涨至上方的均线附近受到压制停止上涨然后转为下跌时，均线起到的是压力线的作用。

3. 移动平均线应用法则

移动平均线可以去掉每日之间不规则的价格变动，而显示出价格变动的趋势。采用此法的技术分析派多侧重于分析市场变化趋势，并在涨势确立时买入，在跌势确立时卖出。用移动平均线进行趋势判断的方法有很多，一般有单一移动平均线法和多重移动平均线法两类。

期货交易者利用价格线与一条均线的关系，判断市场趋势，进行买卖决策。其买卖的基本法则是：在日线图上，当期价升高到移动平均线之上后，就产生了买入信号；当期价降到移动平均线之下，则产生卖出信号。

美国投资专家葛南维总结股票交易经验，提出移动平均线"八大买卖"法则，期货交易者也可借鉴使用（见图 5-24）。

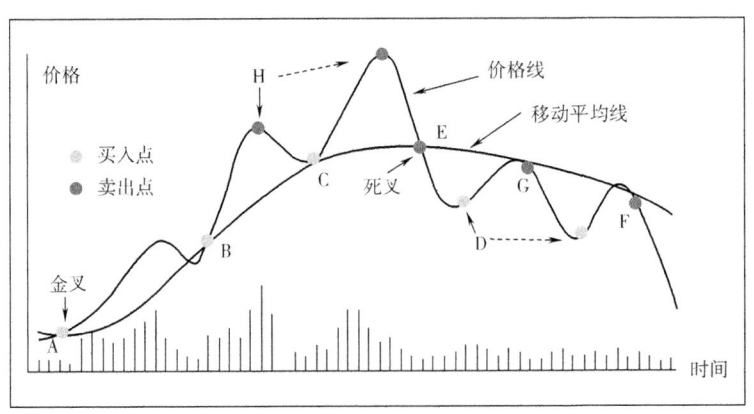

图 5-24　八大买卖法则图示

（1）移动平均线由下降转为水平，而价格自平均线下方向上穿过均线形成交叉（图中 A 点）；移动平均线上行，当价格跌破移动平均线，就迅速回升至均线之上（图中 B 点）；移动平均线上行，价格跌至移动平均线，受到均线支撑止跌回升（图中 C 点）；移动平均线已呈下降走势，价格跌破均线后加速下跌且远离均线，价格将发生反弹（图中 D 点）。这四点是买入时机。

（2）移动平均线由上升趋势转为水平运行，价格自均线上方向下穿过均线形成交叉时（图中 E 点）；移动平均线处于下降趋势，价格在均线下方连续下降，远离均线然后上升，并在均线附近再次下降（图中 G 点）；移动平均线处于下降趋势，价格在均线下方反弹至均线上很快又跌至均线下（图中 F 点）；价格在移动平均线上运行且远离均线幅度过大（图中 H 点）。这四点是卖出时机。

当价格自下向上穿过均线形成的交叉或短期均线自下向上穿过长期均线形成的交叉又被称为"黄金交叉"简称"金叉"。价格自上向下穿过均线形成的交叉或短期均线自上向下穿过长期均线形成的交叉又被称为"死亡交叉"简称"死叉"。

单独使用一条均线存在各种弊端，很多交易者通过使用多条组合移动平均线来选择买卖时机。葛南维提出的 K 线与均线买卖法则，同样可以用在两条均线上。我们可以把每日期价视为 1 日移动平均线，或将短期均线视为 K 线，长期均线视为上述法则中的那条均线。使用两条均线，可以提高判断和操作的准确性。

（二）指数平滑异同平均线

指数平滑异同平均线（Moving Average Convergence and Divergence，MACD）是拉尔德·阿佩尔（Geral Appel）于 1979 年提出的。它是根据移动平均线的优点发展而来的，是利用两条快慢速度不同的指数平滑移动平均线计算两者之间的差离状态（DIF），以此作为判断行情的基础，然后再求其离差状态的 9 日平滑移动平均线，即 MACD 线。MACD 实际就是运用快速与慢速移动平均线聚合与分离的征兆，判断买进、卖出时机的技术指标。MACD 由正负差离值和离差异同平均数值（DEA）两部分组成，离差状态是核心，离差平均值是辅助。以现在流行的参数 12 和 26 为例介绍 DIF 与 MACD 的计算方法。

1. **指数平滑异同平均线的计算**

第一步，计算平滑系数

$$平滑系数 = \frac{2}{周期单位数 + 1}$$

12 日平滑系数$(L_{12}) = 2/(12 + 1) = 0.153\,8$

$$26\ 日平滑系数(L_{26}) = 2/(26 + 1) = 0.074\ 1$$

第二步：计算平滑移动平均值（EMA）

快速平滑移动平均值（EMA）为 12 日的计算公式：

$$今日\ EMA(12) = \frac{2}{12 + 1} \times 今日收盘价 + \frac{11}{12 + 1} \times 昨日\ EMA(12)$$

慢速平滑移动平均值（EMA）为 26 日的计算公式：

$$今日\ EMA(26) = \frac{2}{26 + 1} \times 今日收盘价 + \frac{25}{26 + 1} \times 昨日\ EMA(26)$$

第三步：计算两个平滑移动平均值的离差值（DIF）

$$DIF = EMA(12) - EMA(26)$$

第四步：计算平滑异同移动平均值

异同平均数是 DIF 的移动平均，即连续数日的 DIF 的算术平均。这里取值为 9。对 DIF 作移动平均就如同对收盘价作移动平均一样，是为了消除偶然因素的影响。

9 日 DIF 平均值（DEA）= 最近 9 日的 DIF 之和/9

$$MACD = DIF - DEA$$

MACD 通常绘制成围绕零轴线波动的柱形图，若差值为正，柱线自零轴向上，若差值为负，柱线自零轴向下。

2. **应用法则**

以 DIF 和 DEA 的取值和两者之间的相对取值进行买卖时机的选择。当 DIF 与 DEA 均为正值，即都在零轴线以上时，大势属多头市场，DIF 向上突破 DEA，可买入。DIF 与 DEA 均为负值，即都在零轴线以下时，大势属空头市场，DIF 向下跌破 DEA，可卖出。另外，分析 MACD 柱形图，也可以选择买卖时机，当 MACD 柱形图由正变负时往往指示应该卖出，反之是买入时机。

根据背离情况的判断。不管是"差离值"的交叉，或"差离值柱线"与 K 线趋势都可以发现背离信号。当"顶背离"即价格创新高，技术指标不创新高时应该卖出；当"底背离"即价格创新低，技术指标不创新低时应该买入。

MACD 的优点是去除了移动平均线频繁发出的一些虚假买卖信号，对牛市或熊市的判断准确性更高。它的不足与移动平均线一样，在期货市场进入盘整时，该指标发出的买卖信号经常出错。另外，MACD 不能预测价格未来涨跌幅度。

（三）相对强弱指数

相对强弱指数（Relative Strength Index，RSI）属于摆动类的技术指标。因其首先在期货市场被使用，并在期货交易市场广为流行。

1. 相对强弱指数（RSI）的含义

RSI 是反映市场气势强弱的指标，是以价格涨跌幅度显示市场的强弱，进而推测价格的未来变动方向的一种技术分析方法。

2. 相对强弱指数的计算公式

（1）参数设定。计算 RSI 首先要设定参数，威尔德原本采用的时间跨度为 14 天，但有的投资者愿意用更短的时间区间如 5 到 7 天。参数越小时间跨度越短，对价格波动反应也越灵敏，RSI 数值变化幅度也越大；参数取值越大则与此相反，反应相对迟钝，波动幅度也小。下面以参数 14 天为例，具体介绍 RSI 的计算方法。

（2）相对强弱指数计算公式

$$RSI（14）= 100 - \left(\frac{100}{1 + RS} \right) \tag{1}$$

$$相对力度（RS）= \frac{14\ 日内收市价上涨幅度的平均值}{14\ 日内收市价下跌幅度的平均值} \tag{2}$$

计算 RSI 时，首先找到当天在内连续 15 天的收盘价，用每一天的收盘价减前一天的收盘价，可得到 14 个数，将 14 个数中的正值相加令其等于 A，负值也相加并乘以负 1 令其等于 B。

即：A = 14 个数中的正值之和

　　B = 14 个数中的负值之和×（-1）

将 A，B 代入公式（2）中：

$$RS = \frac{14\ 日内收市价上涨幅度之和}{14\ 日内收市价下跌幅度之和 \times （-1）} = \frac{A}{B}$$

$$RSI(14) = \frac{A}{A + B} \times 100\%$$

按照上述计算方法，我们可以依次计算出每天的值，然后将每个数值标注在成交量图的下方（见图 5-25），绘成 RSI 曲线图。

3. 相对强弱指数的构造原理与应用原则

（1）相对强弱指数构造原理。

公式中 A 表示 14 天中价格向上波动的大小，A+B 表示价格总的波动大小，RSI 表示的是向上波动在总的波动中所占的百分比，其取值应在 0~100，RSI 向上波动的比例大即 RSI 的数值大，表明市场是强势，比例小数值小说明市场是弱势。

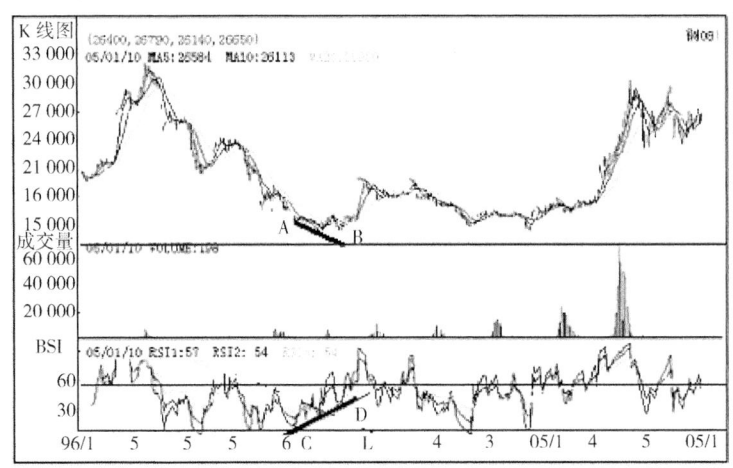

图 5-25　相对强弱指数曲线图

（2）相对强弱指数的应用原则。

第一，根据 RSI 取值大小判断市场行情。将 RSI 的数值从 0~100 分成四个区域，根据 RSI 的取值落入的区域判断市场行情，选择买卖时机（见图 5-26）。RSI 在 50 附近波动，表示买卖力量均衡，市场涨跌趋势不明朗。牛市时 RSI 超过 80 为超买，熊市时 RSI 超过 20 为超卖。RSI 经常出现超卖而不涨、超买而不跌的现象，所以 RSI 取值在研判期价涨跌方面的准确率不高，应在价格本身也发出买卖信号再决定买卖。

RSI数值	市场特征	操作选择
100		
	极强	卖出
80		
	强	买入
50		
	弱	卖出
20		
	极弱	买入
0		

图 5-26　买卖时机

第二，在 RSI 的曲线图上，也会形成趋势、反转形态等，我们可以利用趋势线、形态分析的结论判断期价的未来走势。例如，当 RSI 曲线在较低位置（如出现在 20~30 附近），呈头肩底或双底形态时，表示下跌将告一段落，价格不久会上涨；相反，头肩顶和 M 头等形态出现在高位，表示价格要下跌，据此判断价格涨跌的结论准确度相对较高。

第三，RSI 曲线与价格曲线走势发生背离时，这时的上涨或下跌是一种衰竭动作，价格走势通常会发生逆转。当价格一波比一波低，RSI 一波比一波高时，为"底背离"，价格很容易反转上涨。如图 5-25 所示，AB 和 CD 两条趋势线所在的区域，期货价格低点不断降低，而 RSI 的低点不断抬高，呈现价格与 RSI 值"底背离"的状态。期价不久由跌转升，趋势反转。同样，当价格一峰比一峰高，RSI 却一峰比一峰低时，为"顶背离"，价格很容易反转下跌。这是运用 RSI 原则判断较为准确的信号。

第四，在使用各种技术分析方法时需要注意一些问题：技术分析方法大多是经验的总结，是一种统计结果，不会百分之百应验。这一点也经常成为基本分析派批评技术分析派的理由。他们认为技术分析从假设前提到结论都缺乏科学性。但事实证明那些技术分析方法还是相当有效的，只是交易者在使用时应了解每种技术分析方法的适用条件，在适当的时候使用恰当的技术分析方法。在决策时，还应注意结合基本面的情况进行综合分析判断，不要单凭技术分析进行决策。

第六章　套期保值交易

学习目的与要求

通过本章的学习，掌握套期保值的内涵和原理，熟悉套期保值的操作和应用，了解正向市场、反向市场和基差等概念；理解基差变化与套期保值效果的关系、基差交易的形式等。

期货市场的基本经济功能之一是价格风险管理，而实现价格风险转移的手段就是套期保值。套期保值是期货市场发展的原动力，决定着期货市场的存在和发展。套期保值理论不但揭示了期货市场的经济功能，而且也为套期保值交易提供了方法和思路。

第一节　套期保值概述

市场经济条件下，经济运行的市场化特征使得市场主体不可避免地面临着价格波动的风险，因而客观上产生规避风险的需求。但现货市场自身缺乏有效转移价格风险的工具。而期货市场特有的运行机制和规律，使其具有规避风险的功能。这种避险功能是通过套期保值实现的。

一、套期保值的内涵

套期保值（hedging）是指在期货市场上买进或卖出与现货商品或资产相同或相关、数量相等或相当、方向相反、月份相同或相近的期货合约，从而在期货和现货两个市场之间建立盈亏冲抵机制，以规避价格波动风险的一种交易方式。它是以规避现货价格风险为目的的期货交易行为。

套期保值源于英文"hedge"，有"两边下注""脚踩两只船"之意。"两边下注"会盈亏相抵，让价格风险为零。套期保值的操作基本上是在期货市场上进行与现货市场等量的相反交易。套期保值的侧重词义是"保值"，而"套期"只是保值的途径。保值在这里与规避价格风险、保护现货市场的经营利润同义。保值作为一种特殊的商业活动，具有独立性。对现货市场的某种商品进行保值，不能从该商品本身寻找途径，而应借助一种与该商品运动相关的独立的运动方式。比如，对货币的保值，可以通过有效的投资或购置价值相对稳定的商品等方式来实现。现货市场的商品生产者是通过期货交易的方式为其现货进行保值，更确切地说，是通过期货合约的交易，为合约的标的商品进行保值。

在经济活动中，风险无处不在。例如，在农业生产中，自然灾害会使农作物减产，影响种植者的收成。同时，农作物的减产造成供求关系变化，使得粮食加工商在买进农产品时支付更高的价格，而这又会直接影响当地市场中粮食、食用油、肉、禽、蛋以及其他的消费品价格。对于制造业来说，原油、燃料等原材料的供给减少将会引起下游企业制成品价格的上涨。对于银行和其他金融机构而言，利率的上升势必增加金融机构为吸引存款所付出的利息额。因此，包括农业、制造业、商业和金融业在内的各经济部门都面临不同程度的价格波动，即价格风险，而正确利用期货市场的套期保值交易则可以在很大程度上减少这些价格变动所引起的不利后果。

套期保值者（hedger）是指通过期货合约的买卖将现货市场的价格风险进行转移的期货交易者，多是生产商、加工商、贸易商以及金融机构等。他们试图通过套期保值转移现货市场的价格风险，从而保证利润目标的实现。

套期保值者是期货市场的交易主体，对期货市场的正常运行发挥着重要作用。期货市场的建立是出于保值的需要。由于期货市场在一定程度上是以现货市场为基础的，套期保值者一方面是现货市场的经营者，一方面又是期货市场上的交易者，这种双重身份决定了：如果没有足够的套期保值者参与期货市场交易，期货市场就没有存在的价值。另外，只有规模相当的套期保值者参与期货市场交易，才能集中大量供求，才能够促进公平竞争，并有助于形成具有相应物质基础的权威价格，发挥期货市场的价格发现功能。

套期保值的本质在于控制成本和保护目标利润。从这个动机出发，套期保值者参加期货交易是借助卖出（买进）期货合约锁定价格，以规避价格的逆愿波动，因此期货市场套期保值交易具备以下基本特征：第一，套期保值者的生产、经营或投资规模较大，其生产经营活动面临较大的价格风险。第二，作为规避现货市场价格风险的工具，保值者必须同时跨越期货市场和现货市场，利用两个市场的价格相关性进行保值操作。第三，套期保值的基本动机是转移或降低现货市场交易中的价格风险，实现其原有的价格目标，为此宁愿放弃获利的机会。但这并不是说套期保值者不能在期货交易中获利，而是说套期保值的期货头寸是现货交易头寸的替代，是为现货交易服务的。第四，套期保值者的期货合约持仓时间较长，持仓方向比较稳定。

二、套期保值的经济原理

套期保值者之所以能规避价格风险，达到保值的目的，主要是基于两个基本经济原理。

（一）同种商品的期货价格走势与现货价格走势一致（价格平行性）

现货市场与期货市场虽然是两个相互独立的市场，但由于某一种特定商品的现货价格和期货价格在同一市场环境内，会受到相同因素的影响和制约，所以一般情况下两个市场的价格变动趋势大致相同。正是由于现货价格与期货价格间这种走势一致性关系的相对可预知性，使得套期保值具有逻辑基础。

价格走势的趋同性，使保值交易者在同时存在的现货市场和期货市场上做方向相反的交易时，一个市场亏损，另一个市场必然盈利。这样，达到了保值的目的，转移了现货市场价格波动的风险。

因此，价格走势的一致性，使两个市场"盈亏相抵"机制的建立成为可能；同时，走势一致性程度也是套期保值者选择交易品种时的重要依据。只有选择与其生产经营的现货商品相同或相近的期货商品，期货价格才可能与现货价格走势大体一致。

（二）现货市场与期货市场价格随期货合约到期日的临近趋向一致（价格收敛性）

现货价格与期货价格的密切相关，还表现在临近期货交割月时，二者逐渐趋向一致，发生"聚合"，这是套期保值交易遵循的又一个经济规律，也是套期保值理论的逻辑基础。

随着期货合约交割期的临近，现货价格与期货价格呈现出聚合趋势，原因有两点：

首先，期货价格通常高于现货价格，因为期货价格包括储存该项标的商品到期，乃至到交割日的一切费用在内，包括运输费、储存费、管理费及所占用资金的利息及损耗等。当交割月临近时，所有这些费用呈逐步消失趋势，导致期货价格逐渐趋向现货价格。

其次，期货交易的交割制度和期货市场大量套利交易者的存在，保证了现货市场与期货市场价格随着期货合约交割期的临近而趋向一致。期货合约到期时，未平仓头寸必须进行实物交割，假如到交割时期货市场和现货市场在价格上出现较大差距，套利交易者就会在较低价格的市场买进和提取货物，而在高价市场上出售和交出货物，通过市场供求关系的变化，很快就会缩小价格差异。这种套利活动只有在无利可图时才会停止。大量的、便利的套利活动，是保证价格"聚合"的重要因素。

由此可见，期货价格与现货价格走势的一致性，使套期保值交易在两个市场间建立"盈亏相抵"机制成为可能；而价格的聚合性又使保值者避免或减少了可能承担的价格风险，使套期保值行之有效。因此，期货价格与现货价格的走势一致性和聚合性是套期保值理论的基础，正是由于这两个经济原理的作用，使得套期保值能够起到为商品生产经营者降低价格风险的作用，保障生产、加工、经营活动的稳定。

三、套期保值的操作原则

期货市场对保值者来说是规避风险的场所，进入期货市场进行保值，需要一定的策略与技巧，同时要遵循套期保值操作原则，这样才能使期货市场真正起到规避风险的作用。

（一）种类相同或相关的原则

种类相同或相关的原则是指在做套期保值交易时，所选择的期货品种必须和套期保值者将在现货市场中买进或卖出的现货商品或资产，在种类上相同或具有较强相关性。只有这样，期货价格和现货价格之间才能在走势上保持大致相同的趋势，从而在两个市场上同时采取反向买卖行动才能取得效果。否则，所做的套期保值交易不仅不能达到规避价格风险的目的，反而会增加价格波动的风险。

当然，由于不是所有的商品和资产都在期货市场上有对应的品种，这时就只能选择与现货品种价格具有较强相关性的期货合约来代替，即采取"交叉套期保值交易"方式。所谓交叉套期保值，就是当套期保值者为其在现货市场上将要买进或卖出的现货商品或资产进行套期保值时，若期货市场没有与之相对应的期货合约，就可选择另一种与该现货商品或资产的种类不同，但价格走势大致相同的相关期货合约来做套期保值交易。一般的，选择作为替代物的期货最好是该现货商品的替代品，两种商品的相互替代性越强，套期保值交易的效果就会越好。

（二）交易方向相反原则

交易方向相反原则是指先根据交易者在现货市场所持头寸的情况，在期货市场上进行反向操作，即在两个市场上处于相反的买卖位置。然后选择一个可以赢利的适当时机，对冲在手的合约，予以平仓，只有这样才能取得在一个市场出现亏损的时候另一个市场必定盈利的结果。从而在期现两个市场建立盈亏冲抵机制，以达到套期保值规避风险的目的。

如果违反了交易方向相反原则，所做的期货交易就不能称作套期保值交易，不仅达不到规避价格风险的目的，反而增加了价格风险，其结果是要么同时在两个市场上亏损，要么同时在两个市场上盈利。比如，对于现货市场的买方来说，如果交易者同时也是期货市场的买方，即采取了同向操作的方式，那么，在价格上涨的情况下，交易者在两个市场上都会出现盈利，而在价格下跌的情况下，在两个市场上都会出现亏损。

（三）商品数量相等（相当）原则

商品数量相等原则是指在做套期保值交易时，所选用的期货合约上所载的商品数量必须与交易者将要在现货市场上买进或卖出的商品或资产数量相等（相当）。做套期保值交易之所以必须坚持该原则，是因为在基差不变的情况下只有保持两个市场上买卖商品的数量相等，才能使一个市场上的盈利额与另一个市场上的亏损额相等或接近。当然，由于期货合约是标准化的，每张期货合约所代表的商品或资产数量固定不变，但是交易者在现货市场上买卖的商品数量却是各种各样，使得在做套期保值交易时，交易商很难使所买卖的期货合约代表的交易数量绝对等于现货市场上买卖的现货商品或资产数量，这时只能做到大致相当（最接近）于现货数量。

（四）月份相同或相近原则

月份相同或相近原则是指在做套期保值交易时，所选用的期货合约的交割月份，最好与交易者将来在现货市场上实际买进或卖出现货商品或资产的时间相同或相近。在选用期货合约时之所以必须遵循交割月份相同或相近原则，是因为只有使所选用期货合约的交割月份和交易者，将在现货市场上实际买进或卖出现货商品或资产的时间相同或相近，才能使期货价格和现货价格的联系更加紧密，达到最好的套期保值的效果。但为了减小风险，应避免选择距离交割期过近的合约，因为进入交割月，随着交割日临近，市场交易清淡，会给保值头寸的对冲带来困难，而且进入交割月后保证金水平通常会提高。所以应选择稍远月份的期货合约。另外，由于期货合约的交割月是固定的，很多品种的期货合约不能完全与现货月份对应，这时也应选择稍远的期货合约以降低风险。

任何套期保值交易都必须同时兼顾以上四个操作原则，忽略其中任何一个都有可能影响套期保值交易的效果。

四、套期保值效果的影响因素

如果对期货市场缺乏足够的了解，套期保值也可能会失败，套期保值的失败源于错误的决策，其具体原因有两点：其一，对价格变动的趋势预期错误，不应做保值而做了保值；其二，资金管理不当，对期货价格的大幅度波动缺乏足够的承受力，当期货价格短期内朝不利方向变动时，交易者没有足够保证金追加，被迫斩仓，致使保值计划中途夭折。

一般来说，影响保值效果的主要原因有五点：

（一）时间差异的影响

这种影响有两方面含义。

第一，一个品种进行保值时，往往有若干不同月份的期货合约可供选择。保值效果随选择不同的月份而产生差异。根据套期保值的两个经济原理，选择与未来现货交易时间同一月份的期货合约较易达到较好的保值效果，如在 3 月份签订了 6 月份现货合同，应选 6 月份期货合约保值。但在实际操作中，考虑到市场流动性、交易成本等因素，交易者往往会选择稍远月份的合约，如 7 月合约或 8 月合约。

第二，期货价格与现货价格的波幅时常不一致，不同时点两种价格基差不同，特别是对于那些具有明显生产周期的农产品来说，季节性供求关系的剧烈变动对两个市场的影响程度不一样。

因此，如何恰当地选择期货合约的月份，也是提高保值效果的重要因素。

（二）地点差异的影响

同种商品在不同地区的现货交易价格并不相同。此外，同一品种、相同月份的合约在不同的交易所其价格也存在差异。例如同是 10 月份的铝合约，伦敦金属交易所的价格与中国上海期货交易所的价格就不一样。同样，同一商品在交易所不同地点的指定交割仓库的价格也不相同。交易所会根据实际情况制定合理的升贴水标准，以反映不同地点间的运输成本。在以下两种情况下，地点差异可能会严重影响保值效果。

第一，交易所设定的异地交割升贴水不合理以至于不能反映实际情况。

第二，由于不可知因素的影响，如运输紧张、自然条件异常等，容易造成现货交易地价格与交易所当地价格有较大背离。

（三）品质规格差异的影响

有时，现货商需保值品种的质量、规格与标准化合约标的物有所差异，其价格波动幅度不会完全一致。如果不注意被保值现货与标准化合约的质量差异，则可能达不到较好的保值效果。

（四）数量差异的影响

期货合约的交易单位标准化决定了期货市场的交易数量必须是它的整数倍。而现货交易的数量不受限制。例如，贸易商进口的铝为 210 吨，若在伦敦金属交易所保值，合约规模是 25 吨，无论使用 8 张合约还是 9 张合约保值，其效果都可能受影响。

（五）商品差异的影响

现货市场交易的品种成千上万，而期货市场上的品种却很有限。除了有限的品种有对应的期货可以保值外，还有一些没有对应期货的品种也可保值。这样的商品分为两种：一种是相关商品，即需保值品种与期货标的物用途相似，受相似价格因素的影响，如国外交易者常用豆粕期货为鱼粉保值；另一种是原料与其制成品，如我国交易者可选用大豆为豆粉保值。保值品与标的物的相关系数越大，保值效果就越好。

第二节　套期保值的种类及应用

套期保值是转移或规避价格风险的手段，而价格的变化无非是上涨和下跌，与此相对应，为规避商品或资产价格上涨风险的套期保值称为买入套期保值，相反，为规避商品或资产价格下跌风险的套期保值称为卖出套期保值。这是期货市场上套期保值的两种基本的操作方式，此外还有双向保值即综合套期保值。

一、买入套期保值

买入套期保值（buying hedge）也称多头套期保值（long hedge），是指套期保值者为规避价格上涨的风险，先在期货市场上买入与其将在现货市场上买入的现货商品或资产品种相同、数量相等、交割日期相同或相近的期货合约，然后，当该套期保值者在现货市场上买入现货商品或资产的同时，在期货市场上将已买进的期货合约对冲平仓，从而为其在现货市场上买进的现货商品或资产进行保值。因套期保值者在期货市场上首先以买入方式建立多头的交易部位，即预先在期货市场上买空，持有多头头寸。所以称为多头套期保值或买期保值。

（一）买入套期保值的操作方法

交易者先在期货市场上买入期货合约，其买入的商品品种、数量、交割月都与将来在现货市场上买入的现货大致相同，以后如果现货市场价格真的出现上涨，交易者虽然在现货市场上以较高的价格买入了现货商品，但由于此时他在期货市场上卖出原来买进的期货合约进行对冲平仓而获利，这样，用对冲后的期货盈利弥补因现货价格上涨所造成的损失，从而完成了买入保值。

【例6-1】某进出口公司于2017年3月初签订了8月交货的1 000吨大豆出口合同，需要在国内市场采购大豆。合同签订时大豆的现货价格为3 900元/吨，以此价格为进货成本该公司可获得预期利润。根据供求关系分析，公司认为大豆价格将会上涨，但又不愿提早进货占压资金，决定8月初进货。为了避免以后再购进1 000吨大豆时价格上涨的风险，该公司决定进行大豆买入套期保值。3月初，以4 000元/吨的价格买入100手（每手10吨）9月份到期的大豆期货合约。到了8月初，现货市场大豆价格已上涨至4 100元/吨，与此同时期货价格亦已涨至4 200元/吨。此时，公司按照当时的现货价格购入1 000吨大豆，同时将期货多头头寸对冲平仓，结束套期保值。进出口公司的套期保值操作过程及结果见表6-1。

表6-1 买入套期保值交易（价格上涨）

时间	现货市场	期货市场
2017年3月初	现货市场价格为3 900元/吨，（目标成本）因资金等原因没有购入	以4 000元/吨开仓买进100手（每手10吨）9月份到期大豆合约
2017年8月初	现货市场以4 100元/吨的价格买入1 000吨大豆	以4 200元/吨将100手大豆合约平仓卖出
结果	8月初买入现货比目标成本每吨多支付200元，共增加成本200 000元	期货市场每吨盈利200元，共盈利200 000元
	期货市场盈利完全弥补现货市场亏损，实现持平（完全）套期保值	

由此可见，该进出口公司在8月份以4 100元/吨的价格购进大豆，比3月初买进多支付了200元/吨的成本。但由于做了买入套期保值，在期货交易中盈利200元/吨，刚好可以弥补现货市场购进时多付出的价格成本。通过套期保值，该公司实际购买大豆的成本等于4 100-200＝3 900元/吨。这与3月初现货价格水平完全一致，锁定了大豆价格，规避了成本上升的风险。

假如8月初的大豆价格不涨反跌，现货、期货都下跌了200元/吨，则该公司的操作过程及结果见表6-2。

表 6-2　买入套期保值交易（价格下跌）

时间	现货市场	期货市场
2017 年 3 月初	现货市场价格为 3 900 元/吨，（目标成本）因资金等原因没有购入	以 4 000 元/吨开仓买进 100 手（每手 10 吨）9 月到期大豆合约
2017 年 8 月初	现货市场上以 3 700 元/吨的价格买入 1 000 吨大豆	以 3 800 元/吨将 100 手大豆合约平仓卖出
结果	8 月初买入现货比目标成本每吨少支付 200 元，共节约成本 200 000 元	期货市场每吨亏损 200 元，共损失 200 000 元
	现货市场盈利完全弥补期货市场亏损，实现持平套期保值	

由此可见，该进出口公司在 8 月初买入大豆比 3 月初买入每吨少支付 200 元，但由于在期货市场上做了买入套期保值，期货市场每吨亏损了 200 元。通过套期保值，该公司实际购买大豆的成本等于 3 700+200＝3 900 元/吨。这与 3 月初现货价格水平完全一致，与第一种情形类似，即相当于该厂按 3 月初价格锁定成本，完全避免了大豆价格上行的风险。

由上面的例子可知，该进出口公司通过做买入套期保值，无论未来一段时间内价格怎样涨跌，都能使大豆的购入成本维持在 3 月初认可的 3 900 元/吨的价位上，但该公司在成功地规避价格上涨风险的同时，也放弃了价格下跌时获取更低进货成本的机会。

（二）买入套期保值的利弊分析

套期保值者进行买入套期保值交易，具有四方面的好处。

第一，买入套期保值能够规避价格上涨所带来的风险。

第二，提高了企业资金的使用效率。由于期货交易是一种保证金交易，因此只用少量的资金就可以控制大批货物，加快了资金的周转速度。如在本例中，根据交易所规定的 5%的交易保证金，减少了资金占用成本。

第三，对需要库存的商品来说，节省了一些仓储费用、保险费用和损耗费用。

第四，能够促使现货合同的早日签订。如在本例中面对大豆价格上涨的趋势，进出口公司势必不会轻易按照 3 月初的现货价格签订 8 月份出口合同，而是希望能够按照 8 月份的现货价格签约。但如果通过买入套期保值，可以有效规避价格上涨的风险，就会很顺利地签订出口合同，因为如果价格真的上涨，进出口公司也可以用期货市场的盈利弥补购买现货多支付的成本。

在利用期货合约进行买入套期保值时，所付出的代价是：一旦采取了套期保值策略，则失去了由于价格变动而可能获利的机会，也就是说，在规避对己不利的价格上涨风险的同时，也放弃了价格下降给自己带来的有利机会，即在价格下跌时，如果不做买入套期保值，反而能够获取更大的利润，这就是规避风险的成本或代价。同时，保值者必须支付交易成本，主要是交易手续费和银行利息。

（三）买入保值适用对象及范围

买入套期保值是那些准备在将来某一时间内购进某种商品或资产时，将价格维持在目前自己认可的水平的商品生产、经营者常用的保值方式，他们最大的担心是当实际买入现货商品或偿还债务时价格上涨。对于商品生产经营者来说，买入套期保值一般适用于三种情况。

第一，加工制造企业为了防止日后购进原料时价格上涨，而马上购进原料不仅占用巨额流动资金，而且要支付仓储费、保险费等额外费用。

第二，供货方已经与需求方签订好现货合同，将来交货，但供货方此时尚未购进货源，担心日后购进货源时价格上涨，造成利润减少或亏损，此时，应进行买入套期保值。

第三，需求方认为目前市场的价格很合适，但由于资金不足，或者缺少外汇，或者一时找不到符合规格的商品，或者仓库已满不能立即买进现货，担心日后购进现货时价格上涨，应采用买入套期保值方法规避风险。

二、卖出套期保值

卖出套期保值（selling hedge）也称空头套期保值（short hedge），是指套期保值者为了规避价格下跌的风险，先在期货市场上卖出与其将要在现货市场上卖出的现货商品或资产品种相同、数量相等，交割日期相同或相近的期货合约；然后，当该套期保值者在现货市场上实际卖出该种现货商品的同时，在期货市场上将原先所卖出的期货合约对冲平仓，从而为其在现货市场上卖出的现货进行保值。因其在期货市场上首先建立空头的交易部位，所以称为空头保值或卖期保值。

（一）卖出套期保值的操作方法

交易者首先在期货市场上卖出期货合约，其卖出的品种、数量、交割月份都与将来在现货市场卖出的现货大致相同，如果以后现货市场价格真的出现下跌，虽然在现货市场上以较低的价格卖出手中的现货商品，但是在期货市场上买入原来卖出的期货合约进行对冲平仓，用对冲后的盈利弥补因现货市场出售现货所发生的亏损，从而实现保值的目的。

【例6-2】2017年3月初，小麦现货价格为2 580元/吨，某农场年产小麦

50 000吨。因担心收获季节小麦上市后，销售价格可能会下跌，该农场决定在郑州商品交易所进行套期保值交易。3月2日卖出5 000手（每手10吨）2017年9月交割的小麦合约进行套期保值，成交价格为2 780元/吨。到了8月，随着新小麦的大量上市，小麦价格开始大幅下滑，现货价格跌至2 420元/吨，期货价格也下跌至2 620元/吨，该农场按照此价格将期货合约买入平仓。套期保值结果见表6-3。

表6-3　卖出套期保值交易

时间	现货市场	期货市场
2017年3月2日	小麦的价格2 580元/吨，但此时还未收获（目标售价）	以2 780元/吨开仓卖出2017年9月小麦期货合约5 000手（每手10吨）
2017年8月2日	卖出收获不久的小麦，平均价格2 420元/吨	以2 620元/吨平仓买入5 000手小麦合约
结果	现货市场少卖160元/吨，共少卖8 000 000元	期货对冲盈利160元/吨，共盈利8 000 000元
	期货市场盈利完全弥补现货市场亏损，实现持平（完全）保值	

由此可见，该农场利用期货市场进行卖出套期保值，用期货市场上盈利的160元/吨弥补了现货市场价格下跌而损失的160元/吨，成功实现了原先制定的2 580元/吨的目标售价，即用现货市场上平均卖出的价格2 420元/吨加上期货市场盈利的160元/吨。

假设8月小麦的价格不跌反涨，平均起来，现货与期货的价格都上涨了100元/吨，则该农垦公司的操作结果见表6-4。

表6-4　卖出套期保值交易

时间	现货市场	期货市场
2017年3月2日	小麦的价格2 580元/吨，但此时还未收获（目标售价）	以2 780元/吨开仓卖出2017年9月小麦期货合约5 000手（每手10吨）
2017年8月2日	卖出收获不久的小麦，平均价格2 680元/吨	以2 880元/吨平仓买入5 000手小麦合约
结果	8月比3月平均多卖100元/吨，共多卖5 000 000元	期货对冲亏损100元/吨，共亏损5 000 000元
	现货市场盈利完全弥补期货市场亏损，实现完全套期保值	

由此可见，8 月份农场虽然在期货市场上每吨亏损了 100 元，但现货市场上卖出的价格比 3 月的目标价格高 100 元/吨，其实际的销售价仍然是 2 580 元/吨，即现货市场上平均卖出的价格 2 680 元/吨减去期货市场亏损的 100 元/吨的价格，达到了目标售价。

（二）卖出套期保值的利弊分析

卖出保值对套期保值者的好处有三点。

第一，卖出保值能够帮助生产商或销售商规避未来现货价格下跌的风险。如在上例中，该农场成功规避了小麦现货价格下跌的风险。

第二，经营者通过卖出套期保值，可以使保值者能够按照原先的经营计划进行生产，顺利地完成销售计划，实现利润目标。

第三，有利于现货合同的顺利签订。企业由于做了卖出套期保值，就不必担心对方要求以日后交货时的现货价为成交价。这是因为在价格下跌的市场趋势中，企业由于做了卖出套期保值，就可以用期货市场的盈利来弥补现货价格下跌所造成的损失。反之，如果价格上涨，企业趁机在现货市场上卖个好价格，尽管期货市场上出现了亏损，但该企业还是实现了自己的销售计划。

卖出套期保值的代价是：一旦做出了卖出套期保值的策略，就放弃了日后出现有利价格时获得更高利润的机会。与买入套期保值一样，如果价格的变化方向与预期的相反，套期保值者就会失去不进入期货市场本可以获得的额外收益。

（三）卖出套期保值的适用对象与范围

卖出套期保值适合三种情况：

第一，生产厂家、农场、工厂等手头有产品尚未销售或即将生产出来，或将收获某种商品实物时，担心日后出售时价格下跌，于是进行卖出套期保值交易。

第二，储运商、贸易商。如果他们手头有库存现货尚未出售或他们已签订将来以特定价格买进某一商品但尚未转售出去，担心日后出售价格下跌，于是进行卖出套期保值交易。

第三，加工制造商企业担心库存原料价格下跌，于是进行卖出套期保值交易。

第三节　基差与套期保值

在套期保值交易中，如果现货市场价格和期货市场价格变动幅度完全一致，那么无论是买入套期保值还是卖出套期保值，均能使期现两个市场的盈亏相抵，实现完全套期保值。但在现实中，虽然现货市场和期货市场价格变动方向趋于一致，但变动幅度往往是不一样的。在这种情形下，交易会出现净盈利或净亏损，使套期保值效果受到影响。因此，套期保值虽然可以大体抵消现货市场的价格波动风险，但不能使风险完全消失，也就是说，套期保值交易面临着"基差风险"。

一、基差的概念

基差是指某一特定地点的某种商品或资产的现货价格与该商品或资产的特定期货合约价格之间的差额。用公式表示为：

$$基差 = 现货价格 - 期货价格$$

如果不做特别说明，基差是指现货价格与同种商品或资产的最近交割月的期货合约价格之差。所谓同种商品，不仅是指现货商品与期货合约标的物品种相同，而且还包含了现货商品的等级应该与期货合约规定的等级相同的含义。例如，在 6 月 15 日如果大豆基差为 18 美分（18 cents over）是指当日大豆的现货价格高于 7 月份的大豆期货价格 18 美分；如果大豆基差为 -18 美分是指当日大豆的现货价格低于 7 月份的大豆期货价格 18 美分。但特定的交易者可以拥有自己特定的基差。例如，对于一个大豆交易者来说，所指的基差是交易者实际购买大豆现货的成本与所持有的某一交割月（不一定是最近的交割月）的大豆期货合约的价格差额，而且在现货市场交易的大豆可以与期货合约规定的标准等级不同。

二、正向市场与反向市场

基差是期货价格与现货价格之间实际运行变化的动态指标，可以用来描述市场所处的状态即现货价格与期货价格的关系。从基差的定义可以看出，当期货价格高于现货价格（或者远期月份合约价格高于近期月份合约价格）时，基差为负，这种市场状态称为正向市场（normal market 或 contango）；当现货价格高于期货价格（或者近期月份合约价格高于远期月份合约价格）时，基差为正，这种市场状态称为反向市场（reverse market）或者逆转市场（inverted market）。

虽然期货价格与现货价格的变动方向基本一致，但变动的幅度往往不同，所以基差并不是一成不变的。随着现货价格和期货价格持续不断的变动，基差时而扩大时而缩小，最终因现货价格和期货价格的趋同性，基差在期货合约的交割月趋向为零。

（一）正向市场

正向市场又称为正常市场。在这种市场上，基差为负可以通过持有成本理论加以解释。假定某企业在未来两个月后需要某种商品，即面临两种选择：一是立即买入两个月后交割的该商品的期货合约，将其持有到期，接受现货交割；二是立即买入该商品的现货，将其储存两个月后使用。购买期货合约，除了支付少量保证金外，不需要更多的投资。买入现货不仅需要一次性地交足货款，还必须支付从购入商品到使用商品期间的仓储费、保险费以及资金占用的利息成本，并承担因将资金购买现货而不能进行其他投资所造成的机会成本。所以，在市场供求较正常的情况下，期货合约价格需高于现货的价格，以抵偿持有现货的成本。持有现货的这种成本被称为持有成本，是为拥有或保留某种商品、有价证券等而支付的仓储费、保险费和利息等费用的总和。从理论上说，基差的变化受制于持有成本。但基差并不完全等同于持有成本。持有成本反映的是期货价格与现货价格基本关系的本质特征，在不考虑其他影响因素的前提下，商品期货价格中的持有成本是期货合约时间长短的函数。持有期货合约的时间越长，持有成本就越大；反之，持有成本就越小。到了交割月份，持有成本降至零，如果进行套期保值的商品或资产与期货合约的标的一致，在期货合约到期日基差应为零。所以，基差是期货价格与现货价格实际运行变化的动态指标，在整个持有期间，基差并不是一成不变的，而且有时会出现脱离持有成本的变化，但无风险套利行为会矫正基差与持有成本之间的异常关系。

（二）反向市场

反向市场即现货价格高于期货价格（或者近期月份合约价格高于远期月份合约价格）的市场状态。这是因为：一方面，近期市场对某种商品的需求非常迫切，远大于近期产量及库存量；另一方面，人们预计将来商品的供给会大幅度增加。总之，是人们对现货商品的需求过于迫切，价格再高也愿意承担，从而造成现货价格剧升，近期月份合约价格也随之上升，远期月份合约则基于人们对未来供给将大量增加的预测，价格相对平稳。这种价格关系并非意味着不存在持有成本，只要持有现货并存储到未来某一时期，仓储费、保险费、利息成本的支出就是必不可少的，只不过由于市场对现货及近期月份合约需求迫切，购买者承担全部持仓费而已。随着时间的推进，现货价格与期货价格如同在正向市场上一样，会逐步趋同，到交割月份趋向一致（价格收敛性）。

三、基差的变化

由于受到基本相同的供求因素影响，期货价格与现货价格表现出趋同性变化规律，但由于影响现货价格与期货价格的因素不完全一致，导致现货价格与期货价格变动不同步，变动幅度不一样，因而引起基差的不断变动。通常所说的基差扩大、缩小是指绝对值而言，不分正负，如图 6-1 双箭头所示方向为基差扩大和缩小。而基差变化的另外一种表示方式在评价基差时更常用，即基差的"强"（strength）与"弱"（weakness）。

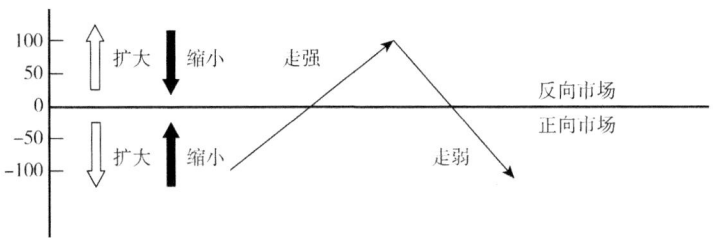

图 6-1　基差的变动

当现货价格的增长大于期货价格的增长时，基差也随之增加，称为基差"走强"，如图 6-1 所示，基差"走强"分为三种情况：基差负值缩小（如从 -100 到 -50）、基差由负变正（从 -50 到 50）、基差正值增大（从 50 变为 100）。基差走强的具体价格表现有：①现货价格不变，期货价格下跌；②现货价格上涨，期货价格不变；③现货价格与期货价格同时上涨，但现货价格涨幅相对大；④现货价格与期货价格同时下跌，但期货价格跌幅相对大。

相反，当期货价格的增长大于现货价格的增长时，基差也随之减少，称为基差"走弱"，如图 6-1 所示，基差"走弱"也存在三种情况：基差正值缩小（从 100 到 50）、基差由正变负（从 50 到 -50）、基差负值增大（从 -50 变为 -100）。基差走弱的具体价格表现有：①现货价格不变，期货价格上涨；②现货价格下跌，期货价格不变；③现货价格与期货价格同时上涨，但期货价格涨幅相对大；④现货价格与期货价格同时下跌，但现货价格跌幅相对大。

四、基差的作用

基差在期货交易中是一个非常重要的概念，是衡量期货价格与现货价格关系的重要指标。

（一）基差是套期保值成功与否的基础

套期保值是期货市场的主要经济功能之一，其功能的实现是基于同种商品的期货价格和现货价格因受相同的经济因素的影响和制约，具有同升同降的规律。这就为生产经营者提供了一条利用两个市场互相弥补的途径，也就是说，套期保值者本着"两面下注，反向操作，均等相对"的原则，同时在现货市场和期货市场上反向操作，利用一个市场的盈利来弥补另一个市场的亏损，在两个市场之间建立一种"相互冲抵"机制，从而达到转移价格风险的目的。可见套期保值是利用期货的价差来弥补现货的价差，即以基差风险取代现货市场的价差风险。

因此，套期保值的效果主要是由基差的变化决定的，从理论上说，如果交易者在进行套期保值之初和结束套期保值之时，基差没有发生变化，结果必然使交易者在两个市场上盈亏相抵，由此实现规避价格风险的目的。但在实际的交易活动中，基差不可能保持不变，这就会给套期保值交易带来不同的影响。

基差的变化对套期保值者来说至关重要，因为基差是现货价格与期货价格的变动幅度和变化方向不一致所引起的，所以，只要套期保值者随时观察基差的变化，并选择有利的时机完成交易，就会起到较好的保值效果，甚至获得额外收益。同时，由于基差的变动比期货价格和现货价格变动相对稳定一些，为套期保值交易创造了十分有利的条件。而且，基差的变化主要受制于持仓费，一般比观察现货价格或期货价格的变化情况要方便得多。所以，熟悉基差的变动对套期保值者是大有益处的。

（二）基差是发现价格的标尺

期货价格是成千上万的交易者在分析了各种商品供求状况的基础上，在交易所公开竞价达成的，较之现货市场上买卖双方私下达成的现货价格更为公开、公平、公正。同时期货价格还具有预期性、连续性、权威性等特点，使那些没有涉足期货市场的生产经营者也能根据期货价格进行正确的经营决策。在国际市场上，越来越多的有相应期货市场的商品，其现货报价就是以期货价格减去基差或下浮一定百分比的形式报出。例如，伦敦金属交易所的期货价格就成为国际有色金属市场的现货定价基础。这种现象的存在并非意味着期货价格决定现货价格。实际正相反，从根本上说，是现货市场的供求关系以及市场参与者对未来现货价格的预期决定着期货合约的价格，但并不妨碍以期货价格为基础报出现货价格。

随着期货交易和期货市场的不断发展完善，尤其是国际性联网期货市场的出现，期货市场价格发现机制的功能会越来越完善，期货价格会在更大的范围内综合反映更多影响供求的因素，从而进一步提高期货价格的真实性，成为现货市场商品经营活动的价格晴雨表，成为现货交易的依据。

（三）基差对于期货、现货套利交易意义重大

基差对于投机交易，尤其是期货、现货套利交易十分重要。如果在期货合约成交后，正向市场上的现货价格和期货价格同时上升，并一直持续到交割月份，基差的绝对值始终大于持仓费，就会出现无风险套利机会，促使套利者在卖出期货合约的同时买入现货并持有到期货交割月，办理实物交割。同理，期货合约成交后，期货价格与现货价格同时下跌，并持续到交割月份，其基差始终小于持仓费，套利者就会采取与上述相反的无风险套利交易。在反向市场上，套利者也可利用基差进行套利交易，这种套利有助于矫正基差与持仓费之间的相对关系，对维持期货价格与现货价格的同步关系和保持市场稳定，具有积极的作用。

五、基差对套期保值的影响

在传统的套期保值状态下进行保值的商品与合约的商品是一致的，基差在合约到期日时应为零，在保值过程中，由于基差的变化，保值者可能由于亏损而要追加保证金，也可能在账户上有大量盈利，而保值的结果与最终基差的变化有很大关系。为了简便起见，本书的例子都忽略了保证金、手续费等费用对期货盈利的影响。另外，保值还要占用保证金，特别是在持仓期间期货价格朝不利方向变动时还需追加保证金。做套期保值决策时，必须将这些都考虑进去。

我们在前面叙述套期保值时所举的例子均假设基差不变，通过套期保值均能实现预期的价格目标，达到持平保值，但在商品实际价格运动过程中，基差总是在不断变动。基差变化是判断能否实现完全套期保值的依据，由于期货合约到期时，现货价格与期货价格会趋于一致，而且基差变动呈现出一定规律性，套期保值者利用基差的有利变动，不仅可以取得较好的保值效果，而且还可以通过套期保值交易获得额外的盈余。然而，一旦基差出现不利变动，套期保值的效果就会受到影响，甚至会蒙受一部分损失。

（一）基差不变与套期保值效果

1. 基差不变与买入套期保值（反向市场）

【例6-3】某铜材加工厂，6月份签订了12月份交货的加工合同，加工期为一个月，需买进1 000吨阴极铜为原料，合同签订时的现货市场价格为50 000元/吨，工厂对该价格比较满意，而该厂不愿早进货占用库存，决定于11月份再买进原材料加工。根据预测，到11月份铜价可能上涨，因此该加工厂为了避免将来购进现货时价格上涨，导致原材料成本上升的风险，决定在上海期货交易所进行多头套期保值交易。其交易的情况及结果见表6-5。

表 6-5 基差不变与买入套期保值（价格上涨）

	现货市场	期货市场	基差
6月份	铜价格 50 000 元/吨（目标成本）	开仓买入 200 手 12 月份阴极铜合约：价格 49 600 元/吨	400 元/吨
11月份	买入 1 000 吨铜：价格 50 500 元/吨	平仓卖出 200 手阴极铜合约：价格 50 100 元/吨	400 元/吨
结果	亏损 500 元/吨	盈利 500 元/吨	基差不变
	期货市场盈利完全弥补现货市场亏损，实现完全套期保值		

注：1 手 = 5 吨。

由该例可以得出：通过套期保值交易，虽然现货市场价格出现了对该加工厂不利的变动，上涨了 500 元/吨，因而原材料成本提高了 500 000 元，但是在期货市场上的交易盈利了 500 000 元，刚好可以弥补现货价格上涨而增加的成本，从而消除了价格不利变动的影响。通过套期保值，该厂实际采购铜原料的成本为：

现货市场实际采购价格-期货市场盈利 = 50 500 元/吨-500 元/吨 = 50 000 元/吨，与 6 月份的现货价格一致，从而有效规避了铜价上涨的风险，达到了锁定成本的目的。此例中，套期保值建仓时的基差与平仓时的基差没有变化，即现货与期货间的价差没有变化，所以两个市场的盈亏完全相抵，实现完全套期保值。

如果 11 月份铜价不涨反跌，假定期货、现货价格均下跌 300 元/吨，则铜材加工厂的套期保值结果见表 6-6。

表 6-6 基差不变与买入套期保值（价格下跌）

	现货市场	期货市场	基差
6月份	铜价格 50 000 元/吨（目标成本）	开仓买入 200 手 12 月份阴极铜合约：价格 49 600 元/吨	400 元/吨
11月份	买入 1 000 吨铜：价格 49 700 元/吨	平仓卖出 200 手阴极铜合约：价格 49 300 元/吨	400 元/吨
结果	成本降低 300 元/吨，共节约成本 300 000 元	亏损 300 元/吨，共亏损 300 000 元	基差不变
	现货市场盈利完全弥补期货市场亏损，实现完全套期保值		

注：1 手 = 5 吨。

由于价格下跌，铜材加工厂在11月份购入现货时，每吨节约了300元，但由于做了买入套期保值，期货市场每吨亏损300元，套期保值后的铜原料实际成本为：

现货市场实际采购价+期货市场亏损=49 700元/吨+300元/吨=50 000元/吨。与6月份的现货价格一致，通过套期保值锁定了成本。此例中，套期保值建仓时的基差与平仓时的基差也没有变化，即现货与期货间的价差没有变化，所以两个市场的盈亏完全相抵，实现完全套期保值。

由此可见，套期保值的目的是为了规避价格波动的风险，追求生产经营的稳定性，而不是获取风险收益。套期保值操作可以保证无论价格怎样波动，都能使保值者锁定成本。在成功地规避价格上涨风险的同时，保值者也放弃了价格下跌时获取更低原料成本的机会，这就是保值者获得风险补偿所付出的代价。

2. **基差不变与卖出套期保值（正向市场）**

【例6-4】某粮油公司，9月份购入美国大豆10 000吨，11月底到货。预计12月份将大豆在现货市场出售，9月份时大豆的市场价格为3 900元/吨，此价格可保持该部门的正常利润。由于预测大豆价格有可能下跌，于是该粮油公司在大连商品交易所做了空头套期保值。其交易情况见表6-7。

表6-7　基差不变与卖出套期保值（价格下跌）

	现货市场	期货市场	基差
9月份	大豆价格3 900元/吨（目标售价）	开仓卖出1 000手第二年1月份大豆合约：价格4 000元/吨	−100元/吨
12月份	卖出大豆10 000吨，价格3 750元/吨	平仓买入1 000手大豆合约：价格3 850元/吨	−100元/吨
结果	利润减少150元/吨 共减少利润1 500 000元	期货盈利150元/吨， 共盈利1 500 000元	基差不变
期货市场盈利完全弥补现货市场的利润损失，实现完全套期保值			

注：1手=10吨。

此例中，虽然现货市场价格出现了对该粮油公司不利的变动，价格下跌了150元/吨，因而利润减少了1 500 000元，但是通过卖出套期保值交易，粮油公司在期货市场上盈利了1 500 000元，从而消除了价格不利变动的影响。因此，在基差不变的情况下卖出套期保值规避了现货市场价格下跌的风险。如果粮油公司不做卖出套期保值，当价格上涨时可以得到更高利润，但如果价格下跌，将承担由此带来的损失。

此例中，套期保值建仓时的基差与平仓时的基差没有变化，即现货与期货间的价差均为-100，所以两个市场的盈亏完全相抵，实现完全套期保值。

如果12月份大豆价格不跌反涨，假定期货、现货价格均上涨100元/吨，则粮油进出口部门的套期保值结果见表6-8。

表6-8 基差不变与卖出套期保值（价格上涨）

	现货市场	期货市场	基差
9月份	大豆价格3 900元/吨（目标售价）	开仓卖出1 000手第二年1月大豆合约：价格4 000元/吨	-100元/吨
12月份	卖出大豆10 000吨，价格4 000元/吨	平仓买入1 000手大豆合约：价格4 100元/吨	-100元/吨
结果	利润增加100元/吨 共增加利润1 000 000元	期货亏损100元/吨， 共亏损1 000 000元	基差不变
现货市场盈利完全弥补期货市场亏损，实现完全套期保值			

注：1手=10吨。

由此可见，无论是买入套期保值还是卖出套期保值，无论是正向市场还是反向市场，只要套期保值平仓时的基差与建仓时的基差一致，即只要基差不变，无论价格怎样涨跌，套期保值都能实现完全套期保值。

（二）基差走强与套期保值效果

1. 基差走强与买入套期保值（正向市场）

【例6-5】某进出口公司5月1日签订了7月份出口合同，出口铝100吨。合同签订时的现货市场价格为14 200元/吨，该公司认为此时的价格较低，欲以此为进货成本，但又不愿提早进货，为了避免将来铝的价格上升，公司决定在上海期货交易所进行套期保值。而此时7月份铝期货合约的价格为14 400元/吨，基差为-200元/吨。于是该进出口公司在期货市场上买入20手7月份铝合约。6月1日，该公司在现货市场上以14 500元/吨的价格买入铝100吨，同时在期货市场上以14 600元/吨的价格卖出20手7月份铝合约，来对冲5月1日建立的空头头寸。从基差的角度看，基差从5月1日的-200元/吨走强到6月1日的-100元/吨。该进出口公司的交易情况见表6-9。

表 6-9 基差走强与买入套期保值（正向市场价格上涨）

	现货市场	期货市场	基差
5月1日	铝现货市场价 14 200 元/吨（目标成本）	开仓买入 20 手 7 月份铝合约：价格 14 400 元/吨	−200 元/吨
6月1日	买入 100 吨铝：价格 14 500 元/吨	平仓卖出 20 手铝合约：价格 14 600元/吨	−100 元/吨
结果	亏损 300 元/吨	盈利 200 元/吨	基差走强 100 元/吨
	期货市场盈利 200 元/吨，现货市场亏损 300 元/吨，净损失 100 元/吨，共损失 10 000 元。（减亏保值）		

注：1 手＝5 吨。

在例 6-5 中，现货价格和期货价格均上升，但现货价格的上升幅度大于期货价格的上升幅度，基差走强，从而使得进出口公司在现货市场上因价格上升买入现货蒙受的损失大于在期货市场上因价格上升卖出期货合约的获利，盈亏相抵后仍损失 100 元/吨，亏损的 100 元/吨，正是基差走强的 100 元/吨，这就是套期保值中的基差风险。

同样，如果现货市场和期货市场的价格不是上升而是下跌，该公司在现货市场上盈利，在期货市场上亏损，但是只要基差走强，现货市场的盈利不能弥补期货市场的全部损失，还会有净亏损。假设两个市场价格均下跌，基差走强 100 元/吨，则套期保值的结果见表 6-10。

表 6-10 基差走强与买入套期保值（正向市场价格下跌）

	现货市场	期货市场	基差
5月1日	铝现货市场价 14 200 元/吨（目标成本）	开仓买入 20 手 7 月铝合约：价格 14 400 元/吨	−200 元/吨
6月1日	买入 100 吨铝：价格 14 000 元/吨	平仓卖出 20 手铝合约：价格 14 100 元/吨	−100 元/吨
结果	成本降低 200 元/吨	期货亏损 300 元/吨	基差走强 100 元/吨
	现货市场盈利 200 元/吨，期货市场亏损 300 元/吨，净损失 100 元/吨，共损失 10 000 元		

注：1 手＝5 吨。

从例 6-5 中可得出结论，进行买入套期保值时，无论是价格上涨还是下跌，只要基差走强，期货市场与现货市场不能盈亏相抵，必然出现净亏损。反向市场同样如此。

2. 基差走强与卖出套期保值（反向市场）

【**例 6-6**】7 月 1 日，豆粕的现货价格为每吨 3 200 元，某经销商对该价格比较满意，买入 100 吨现货豆粕。为了避免现货价格出现下跌，从而减少收益，该经销商决定在大连商品交易所进行豆粕套期保值。而此时豆粕 9 月份期货合约的价格为每吨 3 180 元，基差为 20 元/吨。于是，该经销商卖出 10 手 9 月份豆粕合约。8 月 1 日，他在现货市场上以每吨 3 150 元的价格卖出豆粕 100 吨，同时在期货市场上以每吨 3 110 元买入 10 手 9 月份豆粕合约，来对冲 7 月 1 日建立的空头头寸。此时从基差角度看，基差从 7 月 1 日的 20 元/吨扩大到 8 月 1 日的 40 元/吨。其交易情况见表 6-11。

表 6-11　**基差走强与卖出套期保值（反向市场）**

	现货市场	期货市场	基差
7 月 1 日	现货市场豆粕价格为 3 200 元/吨（目标售价）	开仓卖出 10 手 9 月份豆粕合约：价格 3 180 元/吨	20 元/吨
8 月 1 日	卖出 100 吨豆粕：价格 3 150 元/吨	平仓买入 10 手豆粕合约：价格 3 110 元/吨	40 元/吨
结果	利润减少 50 元/吨	盈利 70 元/吨	走强 20 元/吨
	净获利 100×70−100×50 = 2 000 元		

注：1 手 = 10 吨。

在例 6-6 中，现货价格和期货价格均下降，但现货价格的下降幅度小于期货价格的下降幅度，基差走强，从而使得经销商在现货市场上因价格下跌卖出现货蒙受的损失小于在期货市场上因价格下跌买入期货合约的获利，盈亏相抵后仍盈利 20 元/吨。同样，如果现货市场和期货市场的价格不是下降而是上升，经销商在现货市场上获利、在期货市场上亏损，但是，只要基差走强，现货市场的盈利不仅能弥补期货市场的亏损，而且会出现净盈利。

因此，可以得出：在反向市场上进行卖出套期保值交易，只要基差走强，无论现货、期货价格上涨还是下跌，保值者都能得到完全保护，并且还能得到额外的收益；正向市场上也如此，只要基差走强，无论现货价格和期货价格是上升还是下降，卖出套期保值都能得到完全保护。

(三) 基差走弱与套期保值效果

1. 基差走弱与买入套期保值 (反向市场)

【例6-7】5月1日，豆粕的现货价格为3 150元/吨，某饲料厂对该价格较为满意，希望能以此价格在三个月后买进100吨豆粕。为了避免将来现货价格可能上升，从而提高进货成本，该饲料厂决定在大连商品交易所进行豆粕期货交易。而此时豆粕8月份期货合约的价格为3 100元/吨，基差为50元/吨。于是，该饲料厂在期货市场上买入了10手8月份豆粕合约。7月1日，饲料厂在现货市场上以3 190元/吨的价格买入豆粕100吨，同时在期货市场上以3 160元/吨卖出10手8月份豆粕合约，来对冲5月1日建立的多头头寸。从基差的角度看，基差从5月1日的50元/吨走弱到7月1日的30元/吨。其交易情况及结果见表6-12。

表6-12　基差走弱与买入套期保值 (反向市场)

	现货市场	期货市场	基差
5月1日	豆粕现货市场价为：3 150元/吨 (目标成本)	开仓买入10手8月份豆粕合约：价格3 100元/吨	50元/吨
7月1日	买入100吨豆粕：价格3 190元/吨	平仓卖出10手豆粕合约：价格3 160元/吨	30元/吨
结果	成本提高40元/吨	盈利60元/吨	基差走弱20元/吨
	净获利100×60−100×40＝2 000元		

注：1手＝10吨。

在例6-7中，现货价格和期货价格同时上升，但现货价格的上升幅度小于期货价格的上升幅度，基差走弱，从而使得饲料厂在现货市场上因价格上涨买入现货蒙受的损失小于在期货市场上因价格上涨卖出期货合约的获利，盈亏相抵后仍盈利20元/吨，盈利的20元/吨正是基差走弱的20元/吨。同样，如果现货市场和期货市场的价格不是上涨而是下跌，饲料厂在现货市场上获利，在期货市场上亏损，但是，只要基差走弱，现货市场的盈利不仅能弥补期货市场的亏损，而且会出现净盈利。在反向市场中，套期保值者买入合约后持有的时间越长，现货价格和期货价格会越趋向一致，导致基差走弱，这样便可获得更大的净盈利。

可见，在基差走弱的情况下，进行买入套期保值交易，保值者不仅可以得到完全保护，而且还有净盈利；反向市场上也一样，只要基差走弱，无论现货价格和期货价格是上涨还是下跌，期货市场与现货市场盈亏相抵后必定出现净盈利。

2. 基差走弱与卖出套期保值（正向市场）

【例6-8】3月1日，铜的现货价格为每吨51 000元。某铜材厂有200吨铜待售，但一时找不到买主，厂商担心价格下跌从而减少收益，经考虑决定在上海期货交易所进行铜期货交易。而此时铜8月份期货合约的价格为每吨51 100元，基差为-100元/吨。于是，该厂商在期货市场上卖出40手8月份铜合约。7月1日，该厂商在现货市场上以每吨50 000元卖出铜200吨，同时在期货市场上以每吨50 200元买入40手8月份铜合约，来对冲3月1日建立的空头头寸。从基差的角度看，基差从3月1日的-100元/吨走弱到7月1日的-200元/吨，其交易情况见表6-13。

表6-13　基差走弱与卖出套期保值（正向市场）

	现货市场	期货市场	基差
3月1日	铜现货市场价51 000元/吨（目标售价）	开仓卖出40手8月份铜合约：价格51 100元/吨	-100元/吨
7月1日	卖出200吨铜：价格50 000元/吨	平仓买入40手铜合约：价格50 200元/吨	-200元/吨
结果	亏损1 000元/吨	盈利900元/吨	基差走弱100元/吨
	净亏损1 000×200-900×200=20 000（元）		

注：1手=5吨。

在例6-8中，现货价格和期货价格均下降，但现货价格的下降幅度大于期货价格的下降幅度，基差走弱，从而使得铜材厂在现货市场上因价格下跌卖出现货蒙受的损失大于在期货市场上因价格下跌买入期货合约的获利，盈亏相抵后仍亏损100元/吨，亏损的100元/吨正是基差走弱的100元/吨。同样，如果现货市场和期货市场的价格不是下跌而是上涨，该厂商在现货市场上盈利，在期货市场上亏损，但是只要基差走弱，现货市场的盈利不能弥补期货市场的全部损失，必然出现净亏损。

可见，在基差走弱的情况下进行卖出套期保值交易，保值者不能得到完全保护；反向市场上也一样，只要基差走弱，无论现货价格和期货价格上涨还是下跌，卖出套期保值都只能得到部分保护，必定出现净亏损，这是套期保值面临的基差风险。

根据以上分析，我们将套期保值效果与基差变化的关系概括见表6-14。

表6-14   套期保值的保值效果与基差的关系

	基差变化	套期保值效果
买入套期保值	基差不变	期货市场和现货市场盈亏相抵，实现完全套期保值
	基差走强	期货市场和现货市场不能盈亏相抵，出现净亏损
	基差走弱	期货市场和现货市场不能盈亏相抵，出现净盈利
卖出套期保值	基差不变	期货市场和现货市场盈亏相抵，实现完全套期保值
	基差走强	期货市场和现货市场不能盈亏相抵，出现净盈利
	基差走弱	期货市场和现货市场不能盈亏相抵，出现净亏损

为了进一步讨论基差变化对套期保值的影响程度，我们假设如表6-15的套期保值情形。

表6-15   套期保值

时间	现货市场	期货市场	基差
t_1（入市开仓）	S_1	F_1	b_1
t_2（平仓出市）	S_2	F_2	b_2

即保值者在时间 t_1 入市

开仓建立第一个期货头寸，此时现货价格、期货价格分别为 S_1，F_1；保值者在 t_2 时平仓，此时现货价格、期货价格分别为 S_2，F_2；t_1，t_2 时刻的基差分别为 b_1，b_2。

买入套期保值者将在 t_2 时刻购买现货，于是在 t_1 时刻建立期货的多头头寸。t_2 时刻，现货的购买价格为 S_2，期货头寸的盈利为 $F_2 - F_1$（正值为盈利，负值为亏损）。则买入套期保值的避险程度为：

$$F_2 - F_1 + S_1 - S_2 = (S_1 - F_1) - (S_2 - F_2) = b_1 - b_2 \qquad (6.1)$$

若 $b_1 - b_2 = 0$ 为完全保值；若 $b_1 - b_2 > 0$，则为有盈保值；若 $b_1 - b_2 < 0$，则为减亏保值。

对于卖出套期保值者来说情况是相同的，套期保值者将在 t_2 时刻出售现货，于是在 t_1 时刻建立期货的空头头寸。t_2 时刻，现货的出售价格为 S_2，期货头寸的盈利为 $F_1 - F_2$（正值为盈利，负值为亏损）。卖出套期保值的避险程度为：

$$F_1 - F_2 + S_2 - S_1 = (S_2 - F_2) - (S_1 - F_1) = b_2 - b_1 \qquad (6.2)$$

若 $b_2-b_1=0$，为完全保值；若 $b_2-b_1>0$，为有盈保值；若 $b_2-b_1<0$，则为减亏保值。

由此，我们可以得出结论，在现货与期货数量相等的情况下，基差变强时对卖出套期保值有利，基差变弱时，对买入套期保值有利；套期保值的避险程度＝买入基差－卖出基差，其中买入基差是指买入期货合约时的基差，卖出基差是指卖出期货合约时的基差。

六、基差风险

我们仍引用表6-15中的符号进行推导，以便讨论基差风险的概念。

若为买入套期保值者，则交易者欲以期货市场的盈利 F_2-F_1 弥补现货价格上涨带来的损失，因而其实际买入现货支付的有效价格为：

$$S_2 - (F_2 - F_1) = F_1 + (S_2 - F_2) = F_1 + b_2 \tag{6.3}$$

由此得出结论1：基差走弱（b_2 变小）对于买入套期保值者有利，因此意味着保值者实际支付的有效价格降低。

若为卖出套期保值者，则交易者在期货市场盈利为 F_1-F_2，则实际卖出现货收到的有效价格为：

$$S_2 + (F_1 - F_2) = F_1 + (S_2 - F_2) = F_1 + b_2 \tag{6.4}$$

由此得出结论2：基差变强（b_2 变大）则对卖出套期保值者有利，因此意味着卖出现货收到的有效价格升高。这两个结论与前面的分析完全吻合。

交易者在进行套期保值后，F_1 成为已知因素，所以最终交易的有效价格取决于 b_2。在非交割月份，期货价格和现货价格通常都不聚合，并且不稳定，很难预测准确。我们把由于 b_2 的不确定性给套期保值者所带来的风险称为基差风险。可见，套期保值者并没有完全消除风险，转嫁的只是绝对价格变动的风险，而承担了其中的基差风险。

七、基差交易

套期保值的本质是用基差风险取代现货价格的波动风险。由于多种因素的影响，会使得开始做套期保值时的基差与结束套期保值时的基差不相等，从而使得套期保值交易的最后结果仍有盈余和亏损之分，价格风险不能完全转移，在一定程度上影响了套期保值的避险效果。虽然基差变动的风险比绝对价格变动的风险小得多，但毕竟会给交易者、消费者和生产者带来不利影响。经过不断的实践，近年来，在国外市场上出现了一种以基差为轴心的交易方式——基差交易。采取这种交易方式，无论基差如何变化，都可以在结束套期保值交易时取得理想的保值效果。

基差交易是指以某月份的期货价格为计价基础，以该期货价格加上或减去双方协商同意的基差，确定双方买卖现货商品价格的交易方式。即基差交易双方最终实际的现货交易价格即不是交易时的市场价格，也不是交易时的期货价格，而是根据以下公式确定：

交易的现货价格＝期货价格±预先商定的基差

由此可见，不管现货市场上的实际价格是多少，只要套期保值者与现货交易的对方协商得到的基差正好等于开始做套期保值时的基差，就能实现完全套期保值。当然，如果套期保值者能够争取到一个更有利的基差，套期保值交易就能盈利。

基差交易在国外运用已很广泛，由于期货价格现在已被视为反映现货市场未来供求的权威价格，现货商更愿意运用期货价格加减基差作为远期现货交易的定价依据。特别是在大型交易所中，许多会员都有现货经营业务，他们参加期货交易的主要目的就是套期保值，这就使得会员之间进行基差交易有了可能。基差交易多是与套期保值交易结合在一起进行的。一般而言，基差交易的双方至少有一方进行了套期保值，

按照确定具体时点的期货价格的权利归属划分，基差交易可分为买方叫价交易和卖方叫价交易。确定交易时间的权利属于买方称为买方叫价交易，若确定交易时间的权利属于卖方称为卖方叫价交易。

1. 买方叫价交易

【例6-9】某进出口商5月份以14 000元/吨的到岸价格从加拿大进口200吨铝锭，7月底才能到货。为避免日后铝价下跌，该进出口商在上海期货交易所卖出3个月后交割沪铝合约，期货价格为14 600元/吨，此时基差为-600元/吨。7月份，一家铝型材厂表示出购买意向，但并不愿意即时确定价格。经双方协商，均同意以低于8月份到期沪铝期货100元/吨的价格作为双方交易现货的价格，并且由买方铝型材厂确定8月1日至8月10日在上海期货交易所交易时间内8月沪铝合约任何一天的期货价格为基准价格。8月7日，沪铝合约结算价跌至13 800元/吨，铝型材厂认为价格已下跌到位，决定以8月7日结算价13 800元/吨为基准价格。此时，进出口商实际售出铝锭价格为13 800-100＝13 700元/吨，并于8月9日在期货市场以13 800元/吨左右的价格了结期货头寸。进出口商交易的具体情况见表6-16。

表 6-16　进出口商在现货市场和期货市场的盈亏状况

	现货市场	期货市场	基差
5 月份	以 14 000 元/吨进口铝锭	以 14 600 元/吨价格开仓卖出 40 手 8 月沪铝合约	−600 元/吨
7 月份	进出口商与铝型材厂约定由买方选择 8 月份到期的某一天的期货结算价为基准价，在此基础上减去 100 元/吨作为双方现货交易价格		
8 月 7 日	以 13 700 元/吨卖出铝锭	以 13 800 元/吨买入平仓	约定基差为−100 元/吨
结果	现货亏损 300 元/吨，期货盈利 800 元/吨，净盈利 500 元/吨		

　　该进出口商通过套期保值和基差交易，不仅规避了价格下跌的风险，而且还得到了 500 元/吨的利润。由于进出口商确定了交货时的基差为−100 元/吨，与购进现货时做卖期保值的基差−600 元/吨相比，基差由弱转强，且已确定基差走强 500 元/吨，此时套期保值者可稳定地获取每吨 500 元的利润，实现盈利性保值。假设 8 月份铝锭的价格不跌反涨，假如在 15 000 元/吨时，铝型材厂确定以这个价格为基准价，则进出口商现货市场将盈利（15 000−100）−14 000＝900 元/吨，虽然此时期货市场每吨将亏损（14 600−15 000）＝−400 元/吨，但两者相抵后，该进出口商仍可获得 500 元/吨的利润，因此，通过基差交易，该进出口商稳定地获取了 500 元/吨的利润。

　　至于现货铝锭的买方——铝型材厂，在做了基差交易后，以低于 8 月份期货 100 元/吨的价格买进现货铝锭，不仅可以保证稳定的货源，而且还能在商定的时间内选定对自己最有利的价格来成交。

　　上面的基差交易是在进出口商做了卖出套期保值的前提下，由双方确定到期日的基差，由于期货买卖基准价由买方决定，故属于基差交易中的买方叫价交易。买方叫价交易一般是与卖出保值配合使用，即现货商已经为其将要出售的商品做了卖出套期保值，即已确定买进时的基差，同时达成基差交易时双方又确定了平仓时的基差，因此事后无论价格怎么变化，卖出保值者都可稳定地实现盈利性保值，因此，保值者在达成基差交易的同时，就确定了其最终的盈亏结果。

　　2. 卖方叫价交易

　　【例 6-10】3 月份，某油脂企业计划在 7 月份购进 100 吨大豆用于榨油。为防止日后大豆价格上涨，于 3 月 5 日在大连期货交易所买入 7 月份交割的大豆合约进行套期保值，成交价格为 3 870 元/吨，当时现货价格为 3 800 元/吨，基差为−70 元/吨。5 月 10 日，该油脂企业与某大豆生产基地达成初步交易意向，但生产基地认为大豆价格仍会上涨，故不愿当时确定交易价格。后经双方同意，大豆生产基地可选择以低于合约最后交易日（交割月第 10 个交易日）前任意 9 个交易日的结算价格 90 元/吨的价格卖出大豆现货给油脂企业。在 7 月 3 日，7 月大豆合约上涨至 3 920 元/吨，生产基地认为价格已经上涨到位，决定以该日 3 920 元/吨为基准价格，减去 90 元/吨基差进行现货交易。此时，油脂企业实际购入大豆价格为 3 920 元/吨－90 元/吨＝3 830 元/吨，同时以 3 920 元/吨左右的价格了结期货头寸。油脂企业具体交易情况见表 6-17。

表 6-17　油脂企业在现货市场和期货市场的盈亏状况

	现货市场	期货市场	基差
3 月 5 日	大豆价格为 3 800 元/吨（目标成本）	以 3 870 元/吨的价格开仓买入 10 手 7 月份交割大豆合约	-70 元/吨
5 月 10 日	加工商与生产基地约定由卖方选择 7 月份最后交易日前任一天的期货结算价为基准价，在此基础上减去 90 元/吨基差作为双方现货交易价格		
7 月 3 日	以 3 830 元/吨买进大豆 100 吨	以 3 920 元/吨卖出平仓 10 手大豆合约	约定基差为-90 元/吨
结果	现货市场亏损 30 元/吨，期货市场盈利 50 元/吨，净盈利 20 元/吨		

　　该油脂企业通过套期保值和基差交易，成功规避了价格上涨的风险，实现了有盈保值。由于油脂企业确定了买进现货时的基差为-90 元/吨，与买入套期保值建仓时的基差-70 元/吨相比，基差走弱 20 元/吨，因此套期保值者一定可实现有盈保值。如果 6 月份大豆的价格不涨反跌，假如期货价格在 3 820 元/吨时，生产基地确定以这个价格为基准价，则油脂企业现货市场将盈利 3 800-（3 820-90）=70 元/吨，同时期货市场每吨将亏损 50 元/吨，但两者相抵后，油脂企业仍能保证 20 元/吨的盈利。因此，通过基差交易，油脂企业不仅保证了货源，还锁定了进货成本。而对于大豆生产基地，由于掌握了叫价的主动权，如果价格上涨就能从中获得好处。

　　从以上分析可以看出，套期保值者进行基差交易的目的是规避基差变动的风险。当然，交易者也可能因此失去更多盈利的机会，这被视为基差交易的机会成本。交易者必须对市场有准确的预测，以便采用恰当的交易方式。

第七章　投机交易与套期图利

学习目的与要求

　　通过本章的学习，正确理解投机的概念及其在期货交易中的作用，了解期货交易的基本技巧和方法，套期图利的概念、原理、作用及各种套利方法。

　　期货市场上的交易者可分为两大类：一类是套期保值者，其期货交易的目的是规避生产经营活动中的价格风险；另一类是风险投资者，即投机者，其参与期货交易的目的是利用期货价格本身的波动或相关期货合约之间、期货与现货的价格波动赚取风险收益，同时承担相应的价格风险。投机者在期货市场上的交易行为包括投机和套期图利两大类。投机交易构成期货交易的重要组成部分，对期货市场的健康发展具有积极促进作用。

第一节　期货投机概述

　　投机和套期保值是期货市场的两大交易行为，而且期货交易中适度的投机活动是期货市场得以存在和发展的必要条件。要正确认识期货市场运行机制及其经济功能，必须正确理解期货投机。

一、投机的概念

　　期货投机（futures speculation）是指在期货市场上以获取价差收益为目的的期货交易行为。投机者在期货交易中发挥至关重要的作用，不仅提高市场流动性，而且更重要的是，投机者能承受套期保值者厌恶的风险，成为价格风险承担者。所以，要正确认识期货市场运行机制及其经济功能，必须正确认识和理解期货投机。

　　期货投机与套期保值相比，其运作方式等方面完全不同。

　　从交易对象看，期货投机交易主要以期货市场为对象，利用期货价格的频繁波动进行买空卖空的交易活动。投机者一般不做现货交易，几乎不进行实物交割；而套期保值交易则是以现货和期货两个市场为对象，同时跨越两个市场。

从交易目的看，期货投机交易以较少资金做高杠杆交易，以获取较大利润为目的，不希望占用过多资金或支付较大费用；而套期保值交易的交易目的通常是利用期货市场的交易为现货市场规避风险。

从交易方式看，投机交易主要是利用期货市场中的价格波动进行买空卖空，从而获得价差收益；套期保值交易则是利用期货市场价格波动中与现货价格的相关性，与现货市场反向操作，以期达到两个市场的盈利与亏损互相冲抵的目的。

从交易风险看，投机交易是以投机者自愿承担价格波动风险为前提进行期货投机交易，风险的大小与投机者收益的多少有着直接、内在的联系，投机者通常为了获得较高的收益，在交易时要承担很大的风险；而套期保值者则是通过套期保值转移或规避市场价格风险。

二、期货投机的作用

期货投机和套期保值是期货市场必不可少的组成部分，期货投机在期货市场发挥着重要的作用。

（一）承担价格风险

期货交易最重要的功能是为套期保值者转移现货市场价格波动所带来的风险；在期货市场上，价格风险的承担者主要是投机者。因为如果期货市场上只有套期保值者参与期货交易，那么只有在买入套期保值和卖出套期保值者的交易数量完全相符时，交易才能成立，风险才能转移出去。但实际上，买入套期保值和卖出套期保值之间完全平衡的可能性是很小的，而不平衡却是经常的现象。例如，在美国农产品的期货交易中，绝大多数农场主（保值者）都做空头，通过使用卖出套期保值的方法，转移现货农产品生产、储存、运销过程中的价格风险。投机交易恰好能抵消这种不平衡。期货市场上众多的投机者试图正确预测商品价格的未来变化趋势，甘愿冒资本损失风险买进卖出他们并不需要的商品期货合约，从而获得赚取较大风险收益的机会。由此可见，如果没有投机者的参与，期货市场将难以正常运行，规避价格风险的功能就难以发挥。

（二）促进价格发现

期货市场汇集了众多供给者和需求者，包括生产商、加工商、经销商和投机商。投机者的交易目的不是实物交割，而是利用价格波动获取利润，这就要求投机者必须利用各种手段收集整理有关商品价格变动的信息，分析市场行情。期货市场把各式各样的投机者集中在交易所内进行公开竞价，由于买卖双方彼此竞价所产生的互动作用使得价格趋于合理。当投机者认为价格较高的时候，就在市场上采取卖空的方式进行交易；相反，如果价格下跌，投机者就会买入期货合约，从而缓和下跌趋势。因此，使得期货市场能够相对准确、比较真实地反映价格趋势。期货市场的价格发现机制正是由所有市场参与者对未来市场价格走势预测的综合反映体现的。交易所每天向全世界发布市场行情的信息，使置身于期货市场之外的企业也能充分利用期货价格，作为制定经营战略的重要参考依据，从而发挥期货市场价格发现的作用。

（三）提高市场的流动性

流动性对于期货市场非常重要，缺乏流动性的期货市场对套期保值者来说，不但达不到转移风险的目的，还会使风险提高。期货市场上如果只有套期保值者，买卖双方就不容易找到相应的交易对手，因为套期保值对某种期货合约的供求未必平衡，而且，套期保值者建立了保值仓位以后，持仓方向很少改变，持仓时间较长。投机者使问题迎刃而解。大量投机者参与期货交易，频繁地建立交易部位，对冲手中的合约，增加期货市场的交易量，既可以方便套期保值交易成交，承担套期保值者所转嫁的风险，又能减少交易者进出市场可能引起的价格波动。投机者在期货市场中快速的买进卖出，使流动性提高，为套期保值者随时建仓、平仓提供了流动性保障，同时降低了交易成本。

（四）平抑市场价格波动

投机者具有较高的预测能力，当任何两种合约之间正常的价格关系被扭曲时，在两种合约中，必有一种合约被相对高估，而另一种被相对低估，为投机者提供了无风险的套利机会。套利者买进被低估的合约，卖出被高估的合约，通过这种操作平抑市场价格的波动，使价格很难大幅偏离合理的价格水平。同时，投机者在不同市场和品种间的套利活动，会使相关市场、产品的价格趋于协调。

当然，减缓价格波动作用的实现是有前提的：一是投机者要理性化操作，违背市场规律进行操作的投机者最终会被期货市场淘汰；二是适度投机。操纵市场等过度投机行为不仅不能减缓价格波动，而且会人为拉大供求缺口，破坏供求关系，加剧价格波动，加大市场风险。因此，遏制过度投机，打击操纵市场行为是各国期货市场监管机构的一项重要任务。

三、期货投机与赌博的区别

（一）风险机制的区别

赌博是人为制造的风险。赌徒所冒的风险是人为设置或制造的风险，如果赌局不存在，这种风险也随之消失。所以，赌博者所冒的风险是原本并不存在的风险，并可能对社会造成危害。而投机是包括期货交易在内的投资领域中存在着的一种正当的必不可少的投资活动，其主动承担着市场经济体系运作本身所蕴藏着的固有的风险，使原来要面对风险的人避免和转移了风险，并有益于社会经济活动的正常运行。当然，在期货市场上确实不乏用赌性来主导市场交易的赌博者，也存在赌一把暴利的现象，但从长期实践看，赌徒心态、赌博操作即使能一时得逞，最终会被市场淘汰。

（二）运作机制的区别

赌博以事先建立的游戏规则为基础，该游戏规则的运行是随机的，遵循随机规律，从而对结果是无法预测的，所以，赌博者只能听天由命，成败完全归于运气。而期货投机依靠的是准确的分析、判断能力和聪明才智以及对经济形势的掌握和理解。成功的投机者能够根据已知的市况，运用自己的智慧去分析、判断，正确预测市场变化趋势，适时入市、适时出市的人。投机中也有运气，但仅凭运气的投机者迟早会被市场淘汰。

（三）经济职能的区别

赌博仅是个人之间金钱的转移，所耗费的时间和资源并没有创造出新的价值，对社会也没有做出任何特殊的贡献。期货投机则不然，如前所述，投机者在期货市场承担市场价格风险的功能，是价格发现机制中不可缺少的组成部分，不仅能够提高市场流动性，而且有助于社会经济生活正常运行。

四、期货投机者类型

期货市场中投机者可分为四类：

（1）从交易头寸区分，可分为多头投机者和空头投机者。在期货交易中，投机者根据对未来价格变动的预测确定其交易头寸。买进期货合约的投机者，拥有多头头寸，被称为多头投机者。卖出期货合约者，持有空头头寸，被称为空头投机者。

（2）从交易量大小区分，可分为大投机商和中小投机商。对大、中、小投机商的界定是相对而言的，一般是根据其交易量的大小和拥有资金的多少。这与投机者所参与交易的市场规模有关，目前尚未有绝对的量化标准。

（3）从分析预测方法区分，可分为基本分析派和技术分析派。基本分析派是通过分析商品供求因素来预测价格走势，技术分析派是通过借助图形和技术指标来分析商品的价格走势。

（4）从持仓时间区分，可分为长线交易者、短线交易者、当日交易者和抢帽子者。长线交易者通常将合约持有几天、几周甚至几个月，待价格变至对其有利时再将合约对冲。短线交易者一般是当天下单，在一日或几日内了结。当日交易者一般只进行当日或某一交易节的买卖，很少将持有的头寸拖到第二天，一般为交易所的自营会员。抢帽子者又称逐小利者，这类投机在交易中十分活跃，他们利用微小的价格波动来赚取微小利润，频繁进出，一般当日了结，但交易量很大。现场炒家都喜欢采用这种办法投机。

第二节 投机交易方法与策略

一、投机交易的原则

（一）充分了解期货合约

为了尽可能准确地判断期货合约价格的未来变化趋势，在决定是否买入或卖出合约之前，应对其种类、数量和价格进行全面、准确和谨慎的研究。只有对合约有足够的认识，才能决定下一步准备交易的合约数量。在买卖合约时切忌贪多，即使有经验的投资者也很难同时进行三种以上不同类别的期货合约交易，应通过基本分析或技术分析，或将两种技巧方法加以综合运用，始终将市场主动权掌握在自己的手中。

（二）制订周密的交易计划

制订交易计划是投机交易中不可忽略的步骤。周密的交易计划，促使交易者全面考虑问题，按照交易计划操作，不被个人的情绪变动所左右，避免在交易中追涨杀跌；周密的计划，促使投机者果断地获利了结和斩仓止损。特别是当亏损出现时，交易计划就显得相对较为理智和科学。交易计划的另一个重要作用就是便于在交易完成后进行及时的总结，反思盘前的分析是否准确，及时发现盘前哪些研究和分析还有欠缺，哪些因素或被高估了，哪些因素或被低估了，等等。

（三）确定获利和亏损限度

一般情况下，个人倾向是决定可接受的最低获利水平和最大亏损限度的重要因素。在制订交易计划时，投机者通过对期货合约进行预测，应该把现实的和潜在的各种交易策略结合起来，分析获利的前景及面临的风险。事先确定一个最低获利目标和所能承受的最大亏损限度,做好交易前的心理准备。

(四) 确定投入的风险资本

在确定了获利目标和亏损限度后,还要确定用于风险投资的资金额度。为了尽可能增加获利机会,增加利润量,应该做到以下三点:

第一,要分散资金投入方向,而不是集中用于某一笔交易。期货投机的投资分散化,一般是纵向投资分散化,是指选择少数几个熟悉的品种在不同的阶段分散资金投入,这样可以起到分散投资风险的作用。

第二,持仓应限定在自己可以完全控制的数量之内,否则持仓合约数量过大,交易者很难控制风险。

第三,为可能出现的新的交易机会留出一定数额的资金。交易中,只有当最初的持仓方向被证明是正确的以后,才能追加投资,并且,追加的投资额应低于最初的投资额。应该按照当初制订的交易计划进行交易头寸的对冲,严防贪多。

市场变化反复无常,投机商应该根据市场行情的实际变化做出战略调整,保持一定的灵活性和应变能力,做到既按计划行事,又不墨守成规。

二、投机交易的基本方法与策略

期货投机交易主要有顺市交易和逆势交易两种方法。顺势交易是最通常的交易方法,是一种跟着市场走势进行买卖的交易。投机者利用对市场价格趋势的预测,在市场价格上升时买进期货或上升过程中买入,而在市场价格开始下跌或下跌过程中卖出,然后等待有利时机再对冲。逆市交易是一种同市场的走向相背离的交易。投机者预测市场价格的变动方向将反转。比如,虽然市场价格现在在上升,但购买力即将减弱,价格会很快下降。或者虽然市场价格在下跌,但卖力即将不足,价格即将回升。因此,投机者在市场上升过程中卖出合约,在市场下跌过程中买入合约,以期在市场价格变动方向反转时再对冲平仓获取利润。逆市交易的方式有两种:一是递增价位卖出以求得相对平均高价;二是递减价位买入以求得相对平均低价。采用逆市交易的投机者一般交易量较大,获利的野心也大。

当涉足期货投机交易时,必须做好一系列的准备工作,其实质就是投机者需要制订一个指导投机活动全过程的切实可行的交易策略,并掌握一些交易技巧。

(一) 建仓阶段

1. 选择入市的时机

首先,要根据基本面的分析,判断市场趋势,包括主要趋势、次级趋势和短期趋势,并要分析市场的上升空间和下跌空间有多大,持续时间会有多长。在对市场行情及走势判断之后，选择合适的入市时机。在入市建仓时，投资者应使用技术分析方法选择入市时机。一般情况下，应按照中期趋势的交易方向，在上升趋势中伺机做多，在下跌趋势中伺机做空。

其次，权衡风险和获利前景。只有在获利的概率较大时，才能入市。一般说来，风险和获利机会是对等的，获利潜力大意味着承担的风险也大，反之亦然。所以，投机者在入市时，要充分考虑自身承担风险的能力。

最后，决定入市的具体时间。因为期货价格变化很快，入市时间的决定尤其重要。即使对市场发展趋势的分析正确无误，如果入市时间错了，在预测趋势尚未出现时即已买卖合约，仍会使投机者蒙受惨重损失。技术分析法对选择入市时间有一定作用。建仓时应该注意，只有在市场趋势已经明确上涨时才买入期货合约，在市场趋势已经明确下跌时才卖出期货合约。如果趋势不明朗，或不能判定市场发展趋势就不要匆忙建仓。但在选择入市具体点位时，投资者一定要避免抄底或摸顶的想法。无论是什么市场，一味地追求最低或最高位都是不现实的，到头来只会错失良机。

2. 平均买低和平均卖高策略

平均买低和平均卖高策略是投资者对市场大势的看法不变的前提下，在短期价格波动对自己不利的情况下，持续增加开仓量以达到降低建仓成本的目的。如果建仓后市场行情与预料的相反，可以采取平均买低或平均卖高的策略。在买入合约后，如果价格下降则进一步买入合约，以求降低平均买入价，一旦价格反弹可在较低价格上卖出止亏盈利，即平均买低。在卖出合约后，如果价格上升则进一步卖出合约，以提高平均卖出价格，一旦价格回落可以在较高价格上买入止亏盈利，即平均卖高。

【例7-1】某投机者预测6月份沪金1708合约价格将上升，故买入10手（1 000克/手）沪金1708合约，成交价格为284.30元/克。可此后价格不升反降，下降到283.30元/克。为了补救，该投机者再次买入10手合约，成交后20手合约平均买入价为283.80元/克，低于第一次入市的成交价。如果此后市价反弹，只要升到283.80元/克，卖出20手合约便可止亏（未计算手续费和其他费用）。如果在价格下跌到283.30元/克时没有买入第二手合约，则只有当市价反弹到284.30元/克时才可以避免损失。

投机者在采取平均买低或平均卖高的策略时，必须以对市场大势的看法不变为前提。在预计价格上升时，价格可以暂时下跌，但最终仍会上升。在预测价格即将下跌时，价格可能暂时上升，但必须是短期的，最终仍要下跌。否则这种做法只会增加损失。在例 7-1 中，如果买入第二手合约后价格仍在下跌，跌到 280.30 元/吨，则 20 手合约的损失 20×1 000×（283.80-280.30）= 70 000 元。如果不采取这种平均买低策略，只损失 10×1 000×（284.30-280.30）= 40 000 元。因此，采用平均买低和平均卖高策略应注意逆市加仓风险，从某种意义上是与止损策略背道而驰的。

3. 金字塔式加码

期货交易中的加码，属于资金运用策略的范畴。从数量上看，增加手中的合约数基本上有三种方法：第一种是"倒金字塔式"，即每次加码的数量都比原有的旧货多；第二种是均匀式，即每次加码的数量都一样；第三种是金字塔式，即每次加码的数量都比前一批合约少。

如果市况是一帆风顺的话，那么上述三种处理都能赚钱。如果市况逆转的话，这三种处理哪种比较科学、哪种比较合理就立见高下了。

金字塔式加码法可使交易者在期货交易中一方面降低投资风险；另一方面亦可随行市稳健地加码交易，取得更大的交易收益。在期货交易中，应该坚持不要将全部资金押在一个价格上，因为这样将面临很大的风险。为了贯彻降低风险的原则，制定金字塔式的交易策略，灵活地运用其操作技巧是非常必要的。具体做法是，在金字塔底部建立基底，然后以递减向上的方式往上筑建。这样可使交易者的成交价格平均值维持在较合理的水平，以保障交易者万一在价格突然反转的时候有应变缓冲的余地。举例说明这种交易策略。在图 7-1 中每一个"X"代表一手交易合约。先看图 7-1 "正金字塔"图式框架。图 7-1 是以较大的最初买盘构筑基底，而以越来越少的增加量填补向上交易的空间。也就是说，在对市场行情做了充分的分析和预测之后，确信有一个较长期上升行情，在这种情况下，起初设置的盘面大，买进的合约数多。随着行市进一步向有利的方向发展，逐步加大筹码，更多次地逐渐买入，但在加码中每次买入的数量逐渐减少，即由塔基向塔顶逐渐发展，形成一个上窄下宽的金字塔框架。

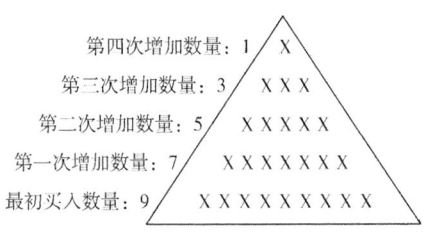

图 7-1　金字塔形

从中可以看出，当市场的走向按照交易者的预测和愿望发展，交易者所吸进的合约数越来越少。从最初的 9 个合约，到最后拥有 25 个合约。构筑这一正常金字塔框架，一方面是不断加码，扩大盘面；另一方面是使风险降低。

而倒金字塔与正金字塔正好相反，其底部窄薄，在此基础上随价格上扬买进越来越多的合约量，形成倒交易金字塔（见图 7-2）。

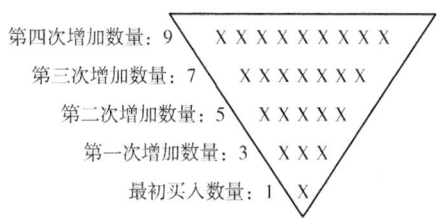

第四次增加数量：9　×××××××××

第三次增加数量：7　×××××××

第二次增加数量：5　×××××

第一次增加数量：3　×××

最初买入数量：1　×

图 7-2　倒金字塔形

这种倒立金字塔，虽然其总合约数依然是 25 个，但平均价格却远比正常的金字塔高。因为随着行市上涨，每一次增加买进的数量越多其价位越高，交易者操纵的合约价值越大，其风险也不断加大。我们仔细分析就可看到，正常金字塔与倒立的金字塔合约数相等，但正常金字塔大量的合约是在低价位买进的，而倒立金字塔大量的合约是在高价位买进的，因而 25 个合约的价格总额在两种图形中不相等，但是价位在高楼时，再往上攀升的可能性越来越小，只要价格稍微反转下挫，"倒金字塔"所造成的损失将非常大。而正常金字塔由于大量合约是在低价位买进的，到高价位时价差大，账面的盈利大，即使在高价位买进合约，由于数量少，即使受挫，其损失是有限的。

而均匀加码法是介于金字塔式加码和倒金字塔式加码之间的一种折衷手段，其优劣自不待说。

可见，正确使用加码方法可以保证扩大战果。在运用加码策略时，还应该注意，只有在现有持仓已经盈利的情况下才能增仓，这样可以扩大盈利。

在买入或卖出期货合约后，遇到市价突然以相反的方向急进时还要加码是很危险的。如果在市场下跌中连续加码，但市价总不回头，亏损会不断加大。

4. 合约交割月份的选择

建仓时除了要决定买卖何种合约及何时买卖外，还必须确定合约的交割月份。

正向市场。做多头的投机者应买入近期月份合约；做空头的投机者应卖出远期月份合约。如果市场行情上涨，在远期月份合约价格上升时，近期月份合约的价格也会同步上升，以维持与远期月份合约间的价差和持仓费用的相等关系，且可能近期月份合约的价格上升更多；如果市场行情下滑，远期月份合约的跌幅不会小于近期月份合约，因为远期月份合约对近期月份合约的升水通常不可能大于与近期月份合约相差的持仓费。

反向市场。做多头的投机者应买入远期月份合约，做空头的投机者应卖出近期月份合约。如果市场行情上涨，在近期月份合约价格上升时，远期月份合约的价格也上升，且远期合约的价格上涨更多；如果市场行情下滑，近期月份合约受的影响较大，跌幅很可能大于远期月份合约。

（二）平仓阶段

投机者建仓后应该密切关注市场行情的变动，适时平仓。行情变动有利时通过平仓获取投机利润；行情变动不利时，通过平仓可以限制损失。

1. 掌握限制损失与滚动利润的原则

掌握限制损失与滚动利润的原则要求投机者在交易出现损失，并且损失已经达到事先确定数额时，立即对冲了结，认输离场。过分的赌博心理只会造成更大的损失。投机者即使投资经验非常丰富，也不可能每次投资都会获利。出现损失并不可怕，怕的是不能及时止损，酿成大祸。在行情变动有利时，不必急于平仓获利，而应尽量延长拥有持仓的时间，充分获取市场有利变动产生的利润。

2. 灵活运用止损指令

止损指令是实现限制损失、滚动利润原则的有力工具。只要运用止损单得当，可以为投机者提供保护。不过，止损单中的价格不能太接近于当时的市场价格，以免价格稍有波动就不得不平仓。但也不能离市场价格太远，否则易遭受不必要的损失。止损单中价格的选择可以利用技术分析法确定。下面举例说明在铜期货交易中如何运用止损指令。

【例7-2】2017年4月，某投机者决定做沪铜1709期货合约的投机交易，并确定其最大损失额为100元/吨。在以48 460元/吨买入1手合约后，下达了一个止损指令，价格定于48 360元/吨。如果市价下跌，一旦达到48 360元/吨，场内的出市代表立即按在交易大厅可以得到的最好价格将其合约卖出。通过该指令，该投机者的投机可能失败，但损失额仅限于100元/吨左右。止损单可以保护投机者的利润。

如果市场按照预测的趋势，朝有利的方向发展，投机者就可以继续持有自己买入或卖出的仓位，直至基本分析表明市场趋势已经出现逆转为止。

【例7-3】 2017年6月，某投机者决定做沪铜1709期货合约的投机交易，以46 100元/吨买入1手合约。成交后市价上涨到每吨46 830元。因预测价格仍将上涨，投机者决定继续持有该合约。为了防止万一市价下跌侵蚀已经到手的利润，遂下达一份止损单，价格定于46 700元/吨，如果市价下跌，一旦达到46 700元/吨，场内的出市代表立即按在交易大厅可以得到的最好价格将其合约卖出。通过该指令，该投机者的账面利润虽有减少，但铜期货仍然有600元/吨左右的利润。如果价格继续上升，该指令自动失效，投机者可以进一步获取利润。

以上做法，既可以限制损失，又可以让利润不断滚动，充分利用市场价格的有利变动扩大盈利。

【例7-4】 综合运用前两例方法，某投机者决定做沪铜1709期货合约的投机交易，以50 320元/吨买入1手合约。成交后立即下达一份止损单，价格定于50 020元/吨。此后市价下跌，可以将损失限制到每吨300元左右。若价格上升，该指令自动失效。在价格上升到51 120元/吨时，投机者决定下达一份新的止损指令，价格定于50 720元/吨。若市价回落可以保证获得400元/吨左右的利润。若市价继续上升，则该指令作废，上升到51 520元/吨，再下达一份止损指令，价格定于51 020元/吨。即使价格下跌也可保证700元/吨的利润，如果价格继续上升，第三份指令自动失效。依此类推。

同样，如果投机者做空头交易，卖出合约后可以下达买入合约的止损指令，并在市场行情有利时不断调整指令价格，下达新的指令，就可以达到限制损失滚动利润的目的。止损指令是期货投资中广泛运用的工具。

(三) 做好资金和风险管理

投机者的资金实力有大有小，交易方式也各有不同，但要在期货市场上获得较好回报，除了注意建仓、平仓阶段的策略外，一定要做好资金的管理和风险防范。

一般来讲，初期用于期货交易的资金占用比例应控制在相对较低的水平，如10%～30%，这样可以在市场走势与原有头寸方向相反时追加保证金或继续相应的交易策略，也有利于在发生亏损时保有一定的资金实力，在市场上寻找新的机会。

期货市场对投机者来讲，风险管理尤为重要。投机者应认真研究市场风险的来源和基本防范措施，在交易中做到心中有数，自律操作。

第三节　期货套利交易

套利交易作为期货市场规避风险功能的实现方式之一，在国际上被投资基金和机构广泛利用。在国外成熟的期货市场上，套利交易占相当的比重。套利理念的盛行能够及时修正市场价格的畸形状态，并有助于促进期货市场功能的发挥。

一、套利的概念及特点

套利是指利用相关市场相关合约之间的价差变化，在相关市场或相关合约上进行方向相反的交易，以期价差发生有利变化而获利的交易行为。

套利分为期现套利和价差套利，利用期货市场和现货市场的价差进行套利的行为称为期现套利（arbitrage）；利用期货市场上不同合约间的价差进行套利的行为，称为价差套利（Spread）或套期图利。价差套利是指同时买进和卖出两张不同种类，但存在相互关联的期货合约，从两张合约价格间的变动关系中获利的交易行为。根据选择的期货合约不同分为跨期套利、跨商品套利和跨市场套利。表现为买进和卖出同种商品，但不同交割月份的期货合约；买进和卖出有相关替代性的不同商品期货合约；或者买进和卖出同种商品、相同交割月份，但交易地点不同的期货合约等。

二、套利与期货投机交易的区别

套利与期货投机交易的区别有四个方面。

第一，期货投机交易只是利用单一期货合约价格的上下波动赚取利润，而套利是从不同的两个期货合约彼此之间的相对价格差异套取利润。期货投机者关心和研究的是单一合约的涨跌，而套利者关心和研究的则是不同合约之间的价差及其变化趋势。

第二，期货投机交易在一段时间内只做买或卖，而套利则是在同一时间既买入又卖出期货合约，同时占据多头和空头交易部位，扮演着双重角色。

第三，套利与单向投机交易相比，风险较低，因为套利是利用期货市场中有关价格失真的机会，并预测这种价格失真会最终消失，从中获取套利利润。因此，套利者的风险是有限的。套利交易的风险一般比单向的期货投机交易小。

第四，套利交易比期货投机交易成本低。由于套利交易的风险相对较小，所以交易所对这种交易形式所收取的保证金较低，在国外，经纪人所收取的佣金也较低。从而节省了资金占用，降低了交易成本。

三、套利的作用

套利行为的存在对期货市场的正常运行起到了非常重要的作用，有助于使扭曲的期货市场价格重新恢复到正常水平。

（一）套利行为有助于价格发现功能的有效发挥

由于影响期货市场价格和现货市场价格的因素存在一定的差异，套利者就会时刻注意市场动向，发现不正常的价格关系，利用不同期货合约价格之间的差价变化或者期货市场与现货市场之间的价格变化，随时进行套利。套利交易的结果在客观上使期货市场的各种价格关系趋于正常，促进市场公平价格的形成和价格发现功能的有效发挥。

（二）套利行为有助于市场流动性的提高

套利行为的存在增大了期货市场的交易量，承担了价格变动的风险，排除了市场垄断，提高了期货交易的活跃程度，保证了交易者的正常进出和套期保值操作的顺利实现，有效地降低了市场风险，促进交易的流畅化和价格的理性化，起到了市场润滑剂和减震剂的作用。

四、套利的方法

（一）期现套利

1. 概念

期现套利是指利用某种商品的期货市场与现货市场之间的不合理价差，通过在两个市场上反向交易，待价差趋于合理而获利的投机交易。期现套利既属于跨期套利的范畴，又属于跨市场套利的范畴。它要求套利者对期货市场和现货市场都要较为精通，并且需要一定的现货商的背景。

2. 原理

理论上，期货价格与现货价格间的价差，即"基差"（基差＝现货价格－期货价格）应该等于该商品的持有成本。因此，期货价格要高出现货价格，一旦基差与持有成本偏离较大，就出现了期现套利的机会。所谓"持有成本"，是指商品的储藏成本加上为资产融资所需支付的利息再扣掉持有资产带来的收入。比如，我国 2017 年的小麦已经收割入库，某企业需要在 3 个月后购买小麦 1 000 吨。那么在 3 个月的时间内，小麦的卖家需要承担 1 000 吨小麦的仓储费用以及自然损耗的风险，同时，由于小麦无法立刻兑现，卖家失去了这部分资金 3 个月投资获利的机会。因此，在远月期货交易中，买家需要向卖家支付这部分"费用"。当然，随着时间的推移，期货越临近现货月，其所包含的持有成本就越低，价格会逐步向现货靠拢。

3. 期现套利种类与方法

期现套利主要包括正向期现套利和反向期现套利两种。

（1）正向期现套利。当期货价格与现货价格的价差高于持仓成本时，套利者就可以通过买进现货，卖出远期期货，直至期货合约到期时用所持现货商品到期货市场交割。这样，价差收益在扣除了利息、仓储、运输、保险费等持有成本后，还可以盈利。由于现货买进的力量和期货卖出的压力，很快会迫使现货和期货的价格关系步入正常轨道。

【例 7-5】 2008 年 9 月 25 日，广西现货市场一级白糖报价为 2 760 元/吨，而期货市场 SR901 结算价为 3 023 元/吨，价差为 263 元/吨。投机者在广西现货市场上买入 1 万吨食糖，并在期货市场上做空 1 000 手 SR901，保证金比率为 10%，所需资金总额为：

现货食糖采购资金总额为 2 760 元/吨×1 万吨 = 2 760 万元；

期货市场保证金 3 023 元/吨×10 吨/手×1 000 手×10% = 302.3 万元；

期初投入资金总额为 2 760 万元+302.3 万元 = 3 062.3 万元；

3 个月的利息总额约为 60 万元（假设年利率 7.84%）。

如果该经销商在广西交割库当地，运输成本约为 10 元/吨

$$持仓成本 = 仓储费 + 检验费 + 运输费$$
$$= 0.45元/天 \cdot 吨 \times 90天 \times 10\ 000吨（仓储费）+$$
$$450（检验费）+（10\ 000 \times 10）（运输费）$$
$$= 50.545万元；$$
$$纯利总额 = 毛利润 - 增值税 - 资金成本 - 交易手续费$$
$$= 263 - （263 \times 0.17）-（60 + 50.545）- 0.8$$
$$= 106.945（万元）。$$

所以该套利的年化收益率为 4×106.945/3 062.3 = 13.96%，而整个过程无论现货和期货涨跌，都能获得稳定的收益。

（2）反向期现套利。当期货价格相对被低估时，即价差远小于持仓费时，套利者就可以通过卖出现货，同时买入相关期货合约，待合约到期时，用交割获得的现货补偿之前所卖出的现货。但对于商品期货来说，由于现货市场缺少做空

机制，限制了现货市场卖空的操作，因此常见的期现套利是第一种方式。

4. 无套利区间

理论上，商品的期现套利交易是无风险的。因为期现套利是在现货、期货两个市场同时反向开仓，根据价格收敛性原理，等到期货合约到期交割时期货与现货的价格必定会趋于一致。也就是说，期现套利者在开仓时就锁定了利润，持仓期间不论价格涨跌都不会影响盈利结果。而且，由于持有成本中已经包括了资本的利息，故套利交易的利润实际上是已扣除机会成本后的净利润。

期现套利实际交易中必须考虑持有成本，期现套利建仓的前提是期货价必须高于现货价加上持仓费，才可以进行正向套利。将现货价加上持仓费之后的价格称为上边界，只有当期货价格高于上边界时才能进行正向套利。同样，在反向套利时，期货价必须低于现货价减去持仓费，此价格称为下边界，只有当期货价格低于下边界时才能进行反向套利。当期货价落在上下边界之间时，显然无法进行期现套利，因而这个上下边界区间被称为无套利区间。

(二) 价差套利

1. 相关概念

(1) 价差套利。价差套利是利用期货市场上不同合约之间的价差进行的套利。一般是利用不同交割月份、不同期货市场或不同商品之间的价差进行的。与此相对应，价差套利的三种形式分别是跨期 (月) 套利、跨市 (场) 套利和跨 (商) 品套利。与单向投机交易不同，在进行价差套利时，交易者注意的重点不是期货合约的绝对价格水平，而是合约之间的相互价格关系，或称相对价格差异关系，即价差关系。交易者正是利用这些价格差异通过买卖合约获利的。所以，在价差交易中，交易者要同时在相关合约上进行相反方向的交易，也就是要同时建立一个多头部位和一个空头部位。这是价差套利的特点。

(2) 价差的计算。在计算建仓价差时一般用建仓时较高的合约价格减去较低的合约价格。

【例7-6】某套利者以4 080元/吨的价格买入7月份大豆合约，同时以4 120元/吨的价格卖出9月份大豆合约，9月份合约价格高于7月份合约价格，因此建仓价差为40元/吨。为了保持计算上的一致性，在计算平仓价差时，也要用建仓时价格较高合约的平仓价格减去建仓时价格较低合约的平仓价格。例如，前面例子中，套利者以4 180元/吨的价格平仓卖出7月份大豆合约，同时以4 170元/吨的价格平仓买入9月份大豆合约。这时，平仓价差仍应用9月份合约价格减去7月份合约价格，应为-10元/吨。因为只有计算方法一致，才能准确地比较价差的变化。

（3）套利交易指令。由于套利交易要同时涉及两个甚至两个以上的期货合约，因此在进行套利交易时，买入和卖出期货合约的指令必须同时下达，这样才被视做套利交易。在指令种类上，套利者可以选择市价指令或限价指令，如果要取消前一笔套利交易的指令，则可使用取消指令。

第一，套利市价指令是指在套利交易中交易将按照市场当前可能获得的最好的价差指令。在使用此指令时，套利者不需要注明价差的大小，只需要注明买入和卖出的期货合约种类和月份即可。具体成交的价差取决于当时的市场行情。该指令的优点是成交速度快，如果套利者希望尽快成交，可以选择此指令。但在市场行情不稳定时，成交的价差可能与套利者的意愿有很大差距。

第二，套利限价指令是指当价格达到指定价位时，指令将以指定的或更优的价差成交。在使用限价指令时，需要注明买入、卖出的期货合约种类、月份和具体的价差。该指令的优点是可以保证交易者能够以理想的价差进行套利交易，但由于对成交价差有所限制，所以使用该指令不能保证能够立刻成交。

（4）买进套利与卖出套利。尽管套利的种类很多，但其基本的操作原理都是相似的，都可以归结为买进套利和卖出套利两大类，掌握价差变化与买进套利与卖出套利之间的规律，可以根据对未来价差变动方向的预期，正确选择进行买进套利操作或卖出套利操作。

第一，买进套利。如果套利者预期不同交割月的期货合约的价差将扩大时，买入其中价格较高的合约，同时卖出价格较低的合约，这种套利为买进套利（buy sperad）。

【例7-7】2017年3月中旬，大连商品交易所豆一A1705合约和A1707合约的价差出现扩大的趋势。3月16日，A1705合约的价格为3 822元/吨、A1707合约的价格为3 875元/吨。此时套利者选择买入A1707合约，卖出1705合约。3月22日，A1705合约的价格上涨到3 848元/吨，A1707合约的价格上涨到3 932元/吨，套利者选择将两个合约平仓，该交易操作为买进套利。

套利结果可用两种方法分析。

第一种方法，可以分别对两个合约的盈亏进行计算，然后加总计算净盈亏：

A1705期货合约：盈亏＝3 822元/吨－3 848元/吨＝－26元/吨

A1707期货合约：盈亏＝3 932元/吨－3 875元/吨＝57元/吨

买进套利净盈亏：A1705合约的盈亏＋A1707合约的盈亏＝－26元/吨＋57元/吨＝31元/吨。

第二种方法，使用价差的概念计算盈亏。

从套利操作上，我们可以看到该套利者买入的 A1707 合约的价格要高于卖出的 A1705 合约价格，可以判断是买进套利。价差从建仓的 53 元/吨扩大到 84 元/吨，即价差扩大了 31 元/吨，因此，可以判断出该套利者的净盈利为 31 元/吨。

第二，卖出套利。如果套利者预期不同交割月的期货合约的价差将缩小时，套利者可通过卖出其中价格较高合约，同时买入价格较低的合约进行套利，这种套利为卖出套利（bell spread）。

【例 7-8】 2017 年 2 月，大连商品交易所豆一 A1705 合约与 A1707 合约价差出现了缩小的趋势。2 月 7 日，A1705 合约的价格为 4 349 元/吨、合约 A1707 的价格为 4 209 元/吨，此时套利者卖出 A1705 合约，买入 A1707 合约，到 2 月 14 日 A1705 合约的价格为 4 352 元/吨，A1707 合约的价格为 4 355 元/吨，此时套利者再以当日价格平仓买入 A1705 合约，同时平仓卖出 A1707 合约，则该交易操作为卖出套利。

套利结果可用两种方法分析。

第一种方法，可以分别对两个合约的盈亏进行计算，然后加总计算净盈亏：

      A1705 期货合约：盈亏＝4 349 元/吨－4 352 元/吨＝－3 元/吨

      A1707 期货合约：盈亏＝4 355 元/吨－4 209 元/吨＝146 元/吨

卖出套利净盈亏：A1705 合约的盈亏＋A1707 合约的盈亏＝－3 元/吨＋146 元/吨＝143 元/吨。

第二种方法，可以使用价差的概念计算盈亏。

从套利操作上，我们可以看到该套利者卖出的 A1705 合约的价格要高于买入的 A1707 合约价格，可以判断是卖出套利。价差从建仓的 140 元/吨缩小到－3 元/吨，即价差缩小了 143 元/吨，因此，可以判断出该套利者的净盈利为 143 元/吨。

2. 跨期套利

跨期套利是指投机者在同一市场利用同一商品不同交割期之间价格差距的相对变动来获利。即在买进某一交割月份期货合约的同时，卖出另一交割月份的同类期货合约以谋取利润的活动。这是最为常用的一种套利形式。根据交易者在市场中所建交易部位的不同，跨期套利又可以分为牛市套利、熊市套利和蝶式套利三种。

（1）牛市套利。牛市套利又称买空套利或多头套利，是指交易者买进近期期货合约，同时卖出远期期货合约，并寄希望于在看涨的市场中，近期合约的价格上涨幅度会大于远期合约的价格上涨幅度；反之，若市场看跌，则希望近期合约的价格下跌幅度会小于远期合约的价格下跌幅度。

当市场出现供给不足、需求旺盛的情况，导致较近期合约的价格上涨幅度大于较远期合约的价格上涨幅度，或者较近期合约的价格下跌幅度小于较远期合约的价格下跌幅度时，无论是正向市场还是反向市场，都可采用牛市套利的策略。

【例7-9】某交易商1月初入市进行大豆套利交易。在芝加哥期货交易所，此时5月大豆期货价格为每蒲式耳9.25美元，8月大豆期货价格为每蒲式耳9.45美元，二者价差为20美分。该交易商认为这个价差高于正常价差，于是买进10张5月合约，同时卖出10手8月合约。3个月后，5月期货涨至9.50美元，8月期货涨至9.65美元。该交易商卖出10张5月合约，买进10张8月合约，将原合约平仓。其套利结果见表7-1。

表7-1　牛市套利实例

	5月大豆期货	8月大豆期货	价差
1月8日建立套利	开仓买进5月大豆合约10手，9.25美元/蒲式耳	开仓卖出8月大豆合约10手，9.45美元/蒲式耳	0.20美元/蒲式耳
4月8日完成套利	平仓卖出5月大豆合约10手，9.50美元/蒲式耳	平仓买进8月大豆合约10手，9.65美元/蒲式耳	0.15美元/蒲式耳
结果	盈亏12 500美元（0.25×50 000）	盈亏-12 000美元（-0.20×50 000）	缩小0.05美元/蒲式耳
	净盈利0.05美元/蒲式耳，共盈利0.05美元/蒲式耳×50 000=2 500美元		

注：1手=5 000蒲式耳。

套利结果可用两种方法计算。

第一，分别对两个合约的盈亏进行计算，然后加总计算净盈亏：

　　5月大豆合约盈亏：（9.50-9.25）×50 000=12 500（美元）

　　7月大豆合约盈亏：（9.45-9.65）×50 000=-10 000（美元）

卖出套利净盈亏：

$$12\ 500\ 美元-10\ 000\ 美元=2\ 500\ 美元$$

第二，使用价差的概念计算盈亏。从套利操作上，我们可以看到该套利者卖出的 8 月大豆合约的价格要高于 5 月合约价格，可以判断是卖出套利。价差从建仓的 0.20 美元/蒲式耳缩小到 0.15 美元/蒲式耳，因此，可以判断出该套利者的净盈利为 0.05 美元/蒲式耳，10 手合约共盈利：0.05 美元/蒲式耳×50 000 蒲式耳＝2 500 美元。

例 7-9 中，卖出套利是在正向市场进行的，即正向市场的牛市套利是卖出套利，只有在价差缩小时才能盈利。如果在反向市场上，近期合约价格高于远期合约价格，而牛市套利是买入近期合约同时卖出远期合约，所以，反向市场上的牛市套利应属于买进套利，只有在价差扩大时才能盈利。

在正向市场上进行牛市套利时，损失相对有限而获利的潜力巨大。因为正向市场的牛市套利是卖出套利，而卖出套利获利的条件是价差缩小。如果价差扩大，套利会亏损，但由于在正向市场上价差扩大的幅度要受到持仓费水平的制约，因为价差过大超过了持仓费，就会产生套利行为。而价差缩小的幅度则不受限制，在上涨的行情中很可能出现近期合约大幅度上涨甚至超过远期合约的可能性，使正向市场变为反向市场，即价差由正值变为负值，价差的大幅度缩小使牛市套利获利巨大。

（2）熊市套利。熊市套利是指交易者卖出近期交割月份期货合约，同时买入远期交割月份期货合约，寄希望于在看跌的市场中，近期合约的价格下跌幅度会大于远期合约的价格下跌幅度；反之，若市场看涨，则希望近期合约的价格上涨幅度会小于远期合约价格上涨幅度。

当市场出现供给过剩，需求相对不足时，较近期合约的价格下跌幅度大于较远期合约的价格下跌幅度，或者较近期合约的价格上涨幅度小于较远期合约的价格上涨幅度时，无论是正向市场还是反向市场，都可采用熊市套利的策略。但当近期合约的价格已经相当低时，已不可能进一步偏离远期合约，则熊市套利很难获利。

【例 7-10】某交易商 5 月预计，芝加哥期货交易所的 8 月玉米价格相对于 12 月玉米价格而言将会下跌，也就是二者价差将会缩小。于是，该交易商 5 月 10 日以 3.45 美元/蒲式耳的价格卖出 2 张 8 月玉米合约，同时以 3.15 美元/蒲式耳的价格买进 2 张 12 月份玉米合约。两个月后，由于玉米丰收，导致价格下跌，该交易商对冲手中合约，买进 2 张 8 月合约，价格为 3.15 美元/蒲式耳，卖出 2 张 12 月合约，价格为 2.95 美元/蒲式耳。其套利结果见表 7-2。

表 7-2　熊市套利实例

	8 月玉米期货	12 月玉米期货	价差
5 月 10 日建立套利	开仓卖出 8 月玉米合约 2 手，3.45 美元/蒲式耳	开仓买进 12 月玉米合约 2 手，3.15 美元/蒲式耳	0.30 美元/蒲式耳
7 月 10 日完成套利	平仓买进 8 月玉米合约 2 手，3.15 美元/蒲式耳	平仓卖出 12 月玉米合约 2 手，2.95 美元/蒲式耳	0.20 美元/蒲式耳
结果	盈亏 3 000 美元（0.3×10 000）	盈亏 - 2 000 美元（- 0.20×10 000）	缩小 0.10 美元/蒲式耳

注：1 手 = 5 000 蒲式耳。

套利结果可用两种方法计算。

第一种方法，分别对两个合约的盈亏进行计算，然后加总计算净盈亏。

8 月玉米合约盈亏：（3.45-3.15）×10 000 = 3 000（美元）

12 月玉米合约盈亏：（2.95-3.15）×10 000 = -2 000（美元）

卖出套利净盈亏：

$$3 000 美元 - 2 000 美元 = 1 000 美元。$$

第二种方法，使用价差的概念计算盈亏。从套利操作上，我们可以看到该套利者卖出的 8 月玉米合约的价格要高于 12 月合约价格（反向市场），可以判断是卖出套利。价差从建仓的 0.30 美元/蒲式耳缩小到 0.20 美元/蒲式耳，因此，可以判断出该套利者的净盈利为 0.10 美元/蒲式耳，2 手合约共盈利：0.10 美元/蒲式耳×10 000 蒲式耳 = 1 000 美元。

例 7-10 中，熊市套利是在反向市场进行的。即反向市场的熊市套利是卖出套利，只有在价差缩小时才能盈利。如果在正向市场上，远期合约价格高于近期合约价格，而熊市套利是买入远期合约同时卖出近期合约，所以，正向市场上的熊市套利应属于买进套利，只有在价差扩大时才能盈利。

（3）蝶式套利。蝶式套利是指利用若干个不同交割月份合约的价差变动来获利的交易方式。蝶式套利由两个方向相反、共享居中交割月份的跨期套利交易组成，即由共享居中交割月份的一个牛市套利和一个熊市套利的跨期套利组合。由于近期合约和远期合约分居于居中月份的两侧，形同蝴蝶，所以称为蝶式套利。蝶式套利的原理是：套利交易者认为中间交割月份的期货合约价格与两旁交割月份合约价格之间的相关关系出现异常，并将在一定时期恢复到正常价差。

【例7-11】2月5日，某交易所5月、7月、9月大豆合约价格分别为：5月合约4 550元/吨、7月合约4 680元/吨、9月合约4 750元/吨，某投机商认为5月合约与7月合约的价差过大，而7月合约与9月合约的价差过小，投机商预期前者价差将会缩小，而后者价差将会扩大。于是建立蝶式套利头寸：同时买入5月大豆合约2手、卖出7月大豆合约4手、买入9月大豆合约2手，4月5日，3个合约的价格出现不同程度的下跌，5月、7月、9月大豆合约价格分别跌至4 490元/吨、4 550元/吨、4 650元/吨，投机商同时将3个合约平仓，套利者的盈亏结果见表7-3。

表7-3　蝶式套利实例

	5月大豆期货合约	7月大豆期货合约	9月大豆期货合约
2月5日 建立套利	开仓买入5月大豆合约2手，4 550元/吨	开仓卖出7月大豆合约4手，4 680元/吨	开仓买入9月大豆合约2手，4 750元/吨
4月5日 完成套利	平仓卖出5月大豆合约2手，4 490元/吨	平仓买入7月大豆合约4手，4 550元/吨	平仓卖出9月大豆合约2手，4 650元/吨
结果	盈亏-60元/吨 5月合约共损1 200元	盈亏130元/吨 7月合约共盈利5 200元	盈亏-100元/吨 9月合约共亏损2 000元
	净盈亏：5 200-1 200-2 000＝2 000（元）		

由例7-11可以看出，蝶式套利实际上是两个跨期套利交易：一个是买入5月合约，同时卖出7月合约；另一个是卖出7月合约，同时买入9月合约。可视为牛市套利（买入5月合约，同时卖出7月合约），并辅之以一个熊市套利（卖出7月合约，同时买入9月合约）。在完成套利操作时，将所有的合约对冲平仓，从中获利。可见，蝶式套利是两个跨期套利互补平衡的组合，可以说是"套利的套利"，其特点是：①蝶式套利交易实质上是同种商品跨交割月份的套利活动；②蝶式套利由两个方向相反的跨期套利构成；③构成蝶式套利交易的两个跨期套利，所跨交割月份相同；④连接两个跨期套利的纽带是居中月份的期货合约，在合约数量上，居中月份合约等于两旁月份合约之和；⑤在蝶式套利时，必须同时下达三个买入/卖出/买入（卖出/买入/卖出）的指令，并同时对冲。

蝶式套利与普通的跨期套利相比，风险和利润要小一些，但与已被限制的潜在利润相比，其佣金成本比较高。因此，蝶式套利主要被享受低交易成本的交易所会员所采用。

3. 跨市（场）套利

跨市套利是指在某个期货交易所买入（或卖出）某一交割月份的某种商品

合约的同时，在另一个交易所卖出（或买入）同一交割月份的同种商品合约，以期在时机有利时分别在两个交易所对冲在手合约获利。

同一商品期货合约同时在两个或更多的交易所进行交易，由于区域间的地理差别，各交易所中该合约间往往存在一定的价差关系。当这种价差关系受某些因素影响而发生异常时，就为交易商提供了跨市场套利的机会。

跨市场套利交易常用于黄金、铜等商品的交易，同时也多用于农产品，如玉米、小麦、糖、棉花等商品的交易。例如，美国的芝加哥期货交易所、大连商品交易所、东京谷物交易所等都进行玉米、大豆的期货交易，伦敦金属交易所、上海期货交易所、纽约商业交易所等都进行铜铝等有色金属的期货交易。一般来说，这些品种在不同交易所的价格会有相对稳定的差额，一旦这个差额发生异常波动，投机者就可以在两个市场间进行套利，买入相对低价的合约，卖出相对高价的合约，以期在价格趋于正常时平仓，赚取低风险投机利润。

【例7-12】11月初，受利空因素影响，苏黎世市场（欧洲期货交易所）1月黄金期货价格为650美元/盎司，同时纽约市场（纽约商业交易所）1月黄金期货价格为656美元/盎司，某投资基金注意到了这一异常状况，并判断价格还会下跌，于是果断入市进行跨市套利。一周后，两个市场的价格分别跌至645美元/盎司、646美元/盎司。其盈亏结果见表7-4。

表7-4　跨市场套利实例

日期	欧洲期货交易所	纽约商业交易所	价差
11月3日	开仓买入1月黄金期货合约价格650美元/盎司	开仓卖出1月黄金期货合约价格656美元/盎司	6美元/盎司
11月10日	平仓卖出1月黄金期货合约价格645美元/盎司	平仓买入1月黄金期货合约价格646美元/盎司	1美元/盎司
结果	盈亏：-5美元/盎司	盈亏：10美元/盎司	缩小5美元/盎司
	净盈利5美元/盎司		

随着通讯工具的现代化和交易的全球化，套利者随时都可以了解世界各地期货市场的行情变化，各地商品交易所的同一种商品期货的价格一般不会有很大的差异，因此，利用不同交易所之间的差价进行套利时，一定要行动迅速，宜做短线套利交易。在做跨市套利交易时，交易者还应充分考虑影响市场间价格差异的各种影响因素。其中，最重要的因素是运输费用。通常情况下，产地价格最低，在计算远离产地的某一市场价格时，必须将运输费用考虑进去。另外，各交易所

对商品交割等级的品质差异和替代品升贴水等规定都有差别，也会对市场间的价差产生重大影响。此外，跨市套利者还必须考虑汇率风险等。由于套利者考虑的变化因素太多，使得跨市套利非常复杂，风险也相应增大。

4. 跨商品套利

跨商品套利是指利用两种不同的，但相互关联的商品之间的期货合约价格差异进行套利交易，即买入某一交割月份某种商品的期货合约，同时卖出另一相同交割月份、相互关联的商品期货合约，然后伺机同时对冲获利。

有些商品之间由于具有相互替代性或受同一供求因素影响而具有相关性，其价格也有一定的相互关系，因此可以从中进行跨商品套利。由于两种商品的关联性，价格变动方向是一致的，因此买入某种商品期货合约，卖出另一种商品期货合约，会出现一个盈利，另一个亏损的局面。但是，尽管两种相关期货合约的价格朝同一方向变动，由于某些因素的影响，价格波动幅度并不会完全相同，即其中某种商品合约的涨幅或跌幅会高于或低于另一种商品合约，交易者可以从这种价格波动幅度的差异中获利。

跨商品套利较为广泛地运用于农产品和金融期货交易中，其中小麦/玉米套利交易是最流行的一种。具体操作是：买入（卖出）小麦期货合约，同时卖出（买入）与小麦期货交割月份相同的玉米期货合约。由于小麦价格通常高于玉米价格，故二者价差一般为正数。小麦与玉米价差变化有一定的季节性，通常在冬小麦收割后的数月内，即5月、6月、7月，由于供给增加，小麦价格相对较低，而玉米价格相对较高，二者之间的价差趋于缩小；而在9月、10月、11月的玉米收获季节，由于供给增加，玉米价格相对较低，小麦价格相对较高，二者之间的价差会扩大。在已知小麦/玉米之间"正常的"价差之后，交易商即可利用期货市场中出现的高于或低于"正常的"价差的机会进行套利交易。

【例7-13】在芝加哥期货交易所，某交易商预计小麦/玉米市场将会出现正常的价格关系，即在夏季之前，小麦价格相对于玉米价格会有较大的下跌，继而在秋季时，小麦价格相对于玉米价格会有较大的上涨，因此交易商决定入市进行跨商品套利。6月10日，交易商按4.80美元/蒲式耳买入2手10月小麦合约，同时以3.90美元/蒲式耳卖出2手10月玉米合约。3个月后，小麦价格涨至5.05美元/蒲式耳，而玉米价格跌至3.80美元/蒲式耳；9月20日，该交易商卖出2手10月小麦合约，买进2手10月玉米合约，对冲其在手的交易部位，结束套利交易。其盈亏结果见表7-5。

表 7-5 跨商品套利实例

	小麦期货	玉米期货	价差
6月10日 建立套利	开仓买入2手10月小麦合约， 4.80美元/蒲式耳	开仓卖出2手10月玉米合约， 3.90美元	0.90美元/蒲式耳
9月20日 结束套利	平仓卖出2手10月小麦合约， 5.05美元/蒲式耳	平仓买入2手10月玉米合约， 3.80美元/蒲式耳	1.25美元/蒲式耳
结果	获利0.25美元/蒲式耳	获利0.10美元/蒲式耳	扩大0.35美元/蒲式耳
	净盈利3 500美元（0.25×10 000+0.10×10 000）		

注：1手＝5 000蒲式耳。

小麦/玉米的价差从-0.90美元/蒲式耳扩大至1.25美元/蒲式耳，该交易商在小麦和玉米期货交易中均获利，实际获利（0.25+0.10）美元/蒲式耳×5 000蒲式耳×2手=3 500美元。

在跨商品套利交易中，除了上述相关性商品间的套利外，还有一种原料与成品之间的套利，这种套利形式是利用原材料商品和它的制成品之间的价格关系进行套利交易，又分为两种形式——水平套利和反向水平套利。

我们用最常见的大豆及其两种制成品——豆油和豆粕之间的套利交易（又称大豆提油套利），说明水平套利和反向水平套利。

水平套利是买入原料期货合约的同时卖出其成品期货合约，利用二者间价差的异常波动套利。具体做法是：买进大豆期货，同时卖出豆油和豆粕的期货，从而将由于大豆价格突然上涨和其制成品价格突然下跌所可能导致的价格风险降到最低程度。因为大豆和豆油、豆粕之间具有相互关联性，其价格运动趋于相互平行。但是，在许多情况下，由于多种原因，豆油、豆粕价格和大豆之间的价差时而扩大时而缩小，为投机者提供了套期图利的机会，同时还可以使大豆加工商在大豆、豆粕和豆油三个相互关联的市场上建立一种保护机制，即发挥套期保值的作用。

反向水平套利是指买入成品期货合约的同时，卖出原料期货合约，利用二者间价差的异常波动套利。具体做法是：卖出大豆期货，同时买进豆油、豆粕期货。当大豆原料供应短缺，致使大豆购入成本高于其制成品的销售价，出现制成品价格与原料价格倒挂时可采取这种反向水平套利的方法。随着豆油、豆粕供应量减少，其价格将趋于上涨；而大豆随着供应量增加，其价格趋于回落，于是三者之间的价格又会趋于正常。

第八章　金融期货

学习目的与要求

　　通过本章的学习，了解金融期货的产生及发展情况；掌握外汇期货、利率期货、股票指数期货、股票期货的概念、特点、主要种类、合约设计、交易方式及影响因素。

第一节　金融期货概述

　　金融期货最早产生于 20 世纪 70 年代的美国市场，短短 40 多年的时间里，其发展速度已经远超商品期货。目前，金融期货交易已占据期货市场的主导地位。在许多重要的金融市场上，金融期货交易量甚至超过了其基础金融产品的交易量。随着全球金融市场的发展，金融期货日益呈现国际化特征，世界主要金融期货市场的互动性增强，竞争也日趋激烈。

一、金融期货的概念

　　金融期货（financial futures）指以金融工具或金融产品作为标的物的标准化期货合约的交易。金融期货交易具有期货交易的一般特征：交易者缴纳一定数量的保证金，在交易所通过公开竞价方式买卖标准化合约，承诺在未来特定日期或期间内，以特定的价格买入或卖出特定数量的某种金融商品。

二、金融期货的产生与发展

　　基础性金融商品的价格主要以汇率、利率、证券等形式表现。金融市场上纷繁复杂的各种金融商品，共同构成了金融风险的源泉。各类金融机构在创新金融工具的同时，也产生了规避金融风险的客观要求。20 世纪 70 年代初，外汇市场上固定汇率制的崩溃，使金融风险空前增大，直接诱发了金融期货的产生。

　　在 40 多年的时间里，金融期货的新品种如雨后春笋般出现，交易量也迅猛增长，交易量现已占世界期货市场交易量的90%以上。

(一) 外汇期货

外汇期货 (foreign exchange futures) 即货币期货，是以外汇为标的物的期货合约交易。

外汇期货是最早出现的金融期货，是适应各国从事对外贸易和金融业务的需要而产生的，目的是借此规避汇率风险。20世纪70年代初"布雷顿森林体系"的解体，使固定汇率体制被浮动汇率体制所取代，主要西方国家的货币纷纷与美元脱钩，汇率波动频繁，市场风险加大。同时，经济的全球化使得越来越多的企业面临汇率波动的风险，市场迫切需要规避这种风险的工具。1972年5月16日，芝加哥商业交易所 (CME) 正式成立国际货币市场 (IMM) 分部，推出了外汇期货合约，从而揭开了期货市场创新发展的序幕，也标志着金融期货这一新的期货类别的诞生。当时推出的外汇期货合约均以美元报价，其货币标的共有7种，即英镑、加拿大元、德国马克、日元、瑞士法郎、墨西哥比索和意大利里拉。后来根据市场需求进行了调整，停止了墨西哥比索和意大利里拉的期货交易，增加了荷兰盾、法国法郎、澳大利亚元及欧洲美元和欧洲货币单位的期货交易。目前，芝加哥商业交易所的国际货币市场已发展成为一个非常活跃的外汇交易市场。

1976年以来，外汇期货市场迅速发展，交易量激增了数十倍。1978年，纽约商品交易所也增加了外汇期货业务。1979年，纽约证券交易所宣布，设立一个新的交易所来专门从事外币和金融期货业务。1981年2月，芝加哥商业交易所首次开设了欧洲美元期货交易。

英国外汇期货市场的建立迟于美国，于1982年在伦敦正式成立全称为"伦敦国际金融期货交易所" (LIFFE) 的交易机构，主要从事英镑、瑞士法郎、日元、美元期货交易以及英镑、美元期货期权交易。1984年，新加坡国际金融交易所 (SIMEX) 开始经营外汇期货，并与芝加哥国际货币市场联网。在澳大利亚悉尼期货交易所，外汇期货交易也相当活跃。日本、法国、加拿大、荷兰、新西兰、瑞典等国家和地区也开设了外汇期货交易市场，外汇期货市场蓬勃发展起来。

随着欧元的流通，欧盟国家中奥地利、比利时、德国、希腊、法国、芬兰、爱尔兰、意大利、卢森堡、荷兰、葡萄牙、西班牙的货币均被欧元所取代，导致外汇期货的交易品种明显减少。2007年，在全球期货期权交易量中，外汇期货的交易量所占比重只有2.21%，是金融期货 (期权) 中交易量最小的品种。外汇期货交易量较小的另一个原因是外汇现货市场比较发达，外汇市场遍布全球。

再有，外汇衍生品市场交易也挤压了外汇期货交易的空间。

目前，美国芝加哥商业交易所是外汇期货交易的主要市场，其外汇期货交易量占全球同类产品交易量的近 50%，品种主要有英镑、欧元、日元、瑞士法郎、加拿大元、澳元和墨西哥比索等。

（二）利率期货

利率期货（interest rate futures）是以某种长短期信用工具为标的物的期货合约。由于长短期信用工具的价格与利率水平息息相关，交易双方的盈亏会随利率的变动不断变化，因而称为利率期货。

20 世纪 70 年代中期以来，为了治理国内经济和在汇率自由浮动后稳定汇率，西方各国纷纷推行金融自由化政策，以往的利率管制得以放松甚至取消，导致利率波动日益频繁而剧烈。面对日趋严重的利率风险，各类金融商品持有者，尤其是各类金融机构迫切需要一种既简便可行又切实有效的管理利率风险的工具，利率期货正是在这种背景下应运而生的。

1975 年 10 月，芝加哥期货交易所推出了政府国民抵押贷款协会（GNMA）的抵押凭证期货合约，标志着利率期货作为新的金融期货品种的诞生。之后不久，为了满足人们管理短期利率风险的需要，1976 年 1 月，芝加哥商业交易所的国际货币市场推出了 3 个月期的美国短期国库券期货交易，并大获成功，在整个 70 年代后半期，它一直是交易最活跃的短期利率期货。

在利率期货发展历程上具有里程碑意义的一个重要事件是，1977 年 8 月 22 日，美国长期国库券期货合约在芝加哥期货交易所上市。这一合约获得了空前的成功，成为世界上交易量最大的一个利率期货合约。此前的政府国民抵押贷款协会抵押凭证期货合约虽然是长期利率期货，但由于交割对象单一，流动性较差，不能完全满足市场的需要，而长期国库券信用等级高，流动性强，对利率变动的敏感度高，且交割简便，成为市场的首选品种。继美国推出国债期货之后，其他国家和地区也纷纷以本国（地区）的长期公债为标的，推出各自的长期国债期货。其中，比较成功的有英国、日本、法国、德国等。

1981 年 12 月，国际货币市场推出了 3 个月期的欧洲美元定期存款期货合约。这个品种发展很快，其交易量现已超过短期国库券期货合约，成为短期利率期货中交易最活跃的一个品种。欧洲美元定期存款期货之所以能够取代短期国库券期货的地位，其直接原因在于后者自身的局限性。短期国库券的发行量受到其债券数量、当时的利率水平、财政部短期资金需求和政府法定债务等多种因素影响，在整个短期利率工具交易总量中所占的比例较小。许多持有者只是将短期国库券视为现金的安全替代品，对套期保值的需求并不大。同时，由于在利率变动时，短期国库券价格的变动幅度要大于信用等级较低的其他短期债务工具，不利于投资者对其债市投资组合实现高效的套期保值，于是人们又不断创新出新的短期利率期货。其中，相对重要的有 1981 年 7 月由国际货币市场、芝加哥期货交易所及纽约期货交易所同时推出的美国国内可转让定期存单期货交易，但由于实际交割的定期存单往往由信用等级最低的银行发行，给投资者带来了诸多不便。欧洲美元定期存款期货的产生，则有效地解决了这一问题。由于欧洲美元定期存款不可转让，因此，该品种的期货交易实行现金结算的方式。所谓现金结算，是指期货合约到期时不进行实物交割，而是根据最后交易日的结算价格计算交易双方的盈亏，并直接划转双方的保证金以结清头寸的一种结算方式。现金结算方式的成功，在整个金融期货的发展史上具有划时代的意义，它不仅直接促进了欧洲美元定期存款期货的发展，并且为股票指数期货的推出铺平了道路。

美国芝加哥商业交易所和芝加哥期货交易所（CBOT）利率期货成功开办以后，各地纷纷仿效，利率期货成为美国各种期货中交易量最大的品种。紧接着，世界各国也陆续开办利率期货交易。1982 年 9 月 30 日，伦敦国际金融期货交易所在伦敦国际金融中心正式开始利率期货交易。上市的利率期货有 3 个月期欧洲美元、3 个月期英镑和 20 年期英国政府金边债券。1985 年 10 月 19 日，日本东京证券交易所也开办了政府公债期货。香港期货交易所也于 1990 年 2 月 7 日正式推出港元利率期货。中国金融期货交易所同样积极开发利率期货品种，截至 2018 年年底已推出了 2 年期国债期货、5 年期国债期货、10 年期国债期货。

目前，美国仍然是全球最大的利率期货市场，而美国的利率期货（期权）交易又集中在芝加哥。其中，芝加哥期货交易所主要交易中长期利率期货（期权），2007 年芝加哥期货交易所中长期利率期货（期权）交易量占全球利率期货（期权）交易量的 47.76%；占第二位的是欧洲期货交易所，占比 45.48%。而芝加哥商业交易所则以短期利率期货（期权）交易为主，2007 年，芝加哥商业交易所的短期利率期货（期权）交易量占全球短期利率期货（期权）交易的比例高达 52.67%；排名第二位的是伦敦国际金融期货交易所（Euronext-Liffe），占比 27.5%；第三名为巴西期货交易所（BM&F），占比 14.11%。

（三）股票指数期货

股票指数期货（stock index futures）是指以股票价格指数为标的物的标准化期货合约。

股指期货诞生于 20 世纪 80 年代的美国，它的产生是出于规避股票市场价格波动风险的需求。第二次世界大战结束后，以美国为代表的西方国家股票市场获得飞速发展，上市股票数量不断增加，股票市值迅速膨胀。与此同时，以信托投资基金、养老基金、共同基金为代表的机构投资者迅速发展，在股票市场上逐步居于主导地位。20世纪70年代，西方国家受石油危机的影响，经济波动剧烈，股价暴跌。道琼斯指数跌破1700点，跌幅远超过1929年的世界性股灾。这次股灾暴露出一些问题，如：对于投机活动没有予以有效的限制；当人们预测整个股市即将滑坡时，除抛售之外别无选择。在此情况下，迫切需要一种新的、能够规避股票投资者系统性风险的方法。1977年，美国堪萨斯农产品交易所向当局提出开办股指期货交易。但由于股指期货与其他实物商品或金融工具不同，是由一篮子抽样股票组成的，这意味着合约到期时需进行许多种权数不同的股票的交割，这对于买卖双方都是不现实的，因此该提议被搁置。1981年，欧洲货币市场上出现了一种"欧洲美元存款"期货，合约到期时采用现金结算的方法，无需进行实物交割，只需交易双方对盈亏部分进行清算即可。这种结算方式给人们以很大启发，使得股指期货的交割难题迎刃而解。

1982年2月24日，美国堪萨斯期货交易所率先推出价值线综合指数期货合约，拉开了股指期货交易的帷幕。由于它符合金融市场发展规律，并迎合了一般投资者的避险心理，因而股指期货上市后取得了巨大成功，显示了强大的生命力。1982年4月，芝加哥商业交易所推出标准普尔500种股票指数期货合约，交易量当年就达到150万份；同年5月，纽约期货交易所开办纽约证券交易所综合指数期货交易；1984年7月，芝加哥期货交易所开办了主要市场指数期货交易。随着股指期货市场的不断发展，由于其买卖成本低、抗风险性强等优点，逐渐受到了投资者的追捧，股指期货的功能逐步被认同。美国股指期货交易的迅速发展，引起了其他国家和地区的竞相效仿，从而形成了世界性的股指期货交易的热潮。

1983年2月，悉尼期货交易所开办悉尼普通指数期货交易；1984年1月，多伦多期货交易所开办多伦多证券交易所300种股票价格指数期货交易；1984年5月，伦敦国际金融交易所推出金融时报100种股票指数期货交易；1986年5月，香港期货交易所开办恒生指数期货交易；1986年9月，新加坡国际货币交易所开办日经225股票指数期货交易；1988年9月，东京证券交易所和大阪证券交易所开办东证股价指数（TOPIX）期货交易和日经225指数交易。股指期货交易在全球范围迅速发展，其交易规模不断放大。

1987年10月19日，美国华尔街股市单日暴跌近23%，并引发全球性的金融风暴。在这次股灾中，股指期货一度被认为是股市崩盘的"罪魁"，从而使股指期货的发展陷入停滞状态。这次股灾后，包括著名的"布雷顿报告"等一系列研究结论，都指出股指期货交易并未明显增加股票市场价格的波动性。为了防范股票市场的大幅下跌，各交易所出台了多项限制措施，逐步完善了股指期货的制度设计，使股指期货交易走向健康发展的轨道。

进入 20 世纪 90 年代以后，有关股指期货的争议逐渐消失，股指期货开始了新一轮快速发展阶段。投资者的投资行为更为理性，同时随着全球证券市场的迅猛发展，国际投资日益广泛，投资、融资者及作为中介机构的投资银行对于套期保值工具的需求猛增，而且由于股指期货以全新的概念开拓了大量新的投资机会和领域，也日益受到各国金融界的青睐，无论在市场经济国家还是新兴市场国家都呈现股指期货交易的热潮。至 20 世纪末，全球已有 140 多种股指期货合约在各国上市，交易规模迅速扩大。目前，股指期货交易已经成为金融期货，同时也是所有期货品种中的第一大品种。

2007 年，它在全球所有期货（期权）交易中占比高达 36.99%。其中，韩国交易所（KSE）在全球股指期货（期权）交易中排名第一，占比 13.55%；欧洲期货交易所（EURES）排名第二，占比 12.09%；芝加哥商业交易所排名第三，占比 12.09%；芝加哥期权交易所（CBOE）排名第四，占比 7.92%。截至 2018 年，中国金融期货交易所已推出沪深 300、中证 500、中证 50 三类股指期货交易。

(四) 股票期货

股票期货（stock futures）是以单只股票作为标的物的期货合约。它属于股票衍生品的一种。

1982 年，股票期货在美国因单一股票期货交易监管权属于期货交易委员会还是证券管理委员会纷争而被停止，受其影响，西欧、日本等主流金融市场在 2000 年以前基本没有单一股票期货交易，而北欧、东欧及香港、澳大利亚等市场慢慢开展了股票期货交易的试点，如香港从 1995 年就较早开始了 SSF 的试点。截至 1999 年年末，全世界只有 8 个国家或地区交易单一股票期货合约，1999 年全球共买卖股票期货合约大约 200 万张，股票期货的标的包括 200 多家公司。2001 年以后，可交易 SSF 的交易所迅速扩展到 15 个，特别是英国伦敦国际期货期权交易所于 2001 年 1 月首次推出 25 只全球性股票期货（USF）更是引人注目，因为它所推出的都是在国外交易所上市的知名公司的股票。由于这些股票在国外上市，无法进行交割，伦敦国际期货期权交易所就采用现金交割的方式，使 SSF 市场在短短一年之内迅速崛起为全球最重要的 SSF 市场，备受全球资本市场瞩目。

伦敦国际期货期权交易所开发的单一股票期货，无论是交易量还是股票数量都迅速增加，说明新品种 SSF 具有很强的生命力，能够满足证券市场上投资者的避险保值需要，成为继外汇期货、利率期货、股指期货之后又一重要的金融衍生产品创新。而 SSF 也迅速成为伦敦国际金融期货交易所与美国芝加哥商品交易所、芝加哥期权交易所和芝加哥期货交易所竞争的重要筹码之一。

美国在目睹 SSF 的蓬勃发展后，所有争议立即被抛之一旁，在 2001 年上半年迅速解除了 SSF 的市场禁令。2001 年 3 月，美国纳斯达克市场宣布和伦敦国际期货期权交易所在股票期货交易方面合作，在全球提供个股期货交易，2002 年 11 月，美国芝加哥商业交易所、芝加哥期权交易所和芝加哥期货交易所联合发起的 One Chicago 交易所也开始交易单个股票期货，对抗纳斯达克市场和伦敦国际金融期货交易所联盟。2007 年，One Chicago 的个股期货交易量达到 800 多万张。

2001 年 8 月底，香港联交所新推出本地 11 种股票期货与期权合约，其中有 7 只属恒指成份股，联交所认为，这次调整有利于期货及期权合约以及相关股票间进行买卖、对冲及套保等投资活动，可以增强香港交易所衍生产品市场的发展，并给予投资者更多灵活的投资选择。截至 2019 年 1 月，香港交易所上市的股票期货品种已增至 78 种。

三、金融期货的特点

（一）金融期货中的交割具有极大的便利性

在期货交易中，尽管实际交割的比例很小，但一旦需要交割，普通商品期货的交割比较复杂。除了对交割时间、交割地点、交割方式做严格的规定以外；还要对交割等级进行严格的划分。实物商品的清点、运输等也比较烦琐。相比之下，金融期货的交割显然要简便得多，因为在金融期货交易中，像股价指数期货以及欧洲美元定期存款等品种的交割一般采取现金结算，即在期货合约到期时根据价格变动情况，交易双方交收价格变动的差额。这种现金结算的方式自然比实物交收来得简单。此外，即使有些金融期货（比如外汇期货和各种债权期货）也要发生实物交收，但由于这些产品具有的同质性以及基本上不存在运输成本，其交割也比普通期货便利得多。

（二）金融期货的交割价格盲区大大缩小

商品期货由于存在较大的交割成本，会给多空双方带来一定的损耗。例如，铝锭的交割价为 13 000 元/吨，即使这一价格与当时当地的现货价是一致的，但对于按此价格交割的卖方来说，实际成本可能只 12 500 元/吨，因为必须扣除运输入库、检验、交割等费用；对买方来说，加上运输提库费和交割费等，实际成本可能要到 13 300 元/吨。双方相差的 800 元便是价格盲区。在金融期货中，由于基本上不存在运输成本和入库出库费，这种价格盲区就缩小了。对于采用现金交割的品种而言，价格盲区甚至根本消失了。

（三）金融期货中期现套利交易更容易进行

在商品期货中，投机者进行的套利交易基本上集中在跨月套利（sping，也称价差套利）形式上。期现套利交易（arbitrage）之所以很少采用，与商品现货交易额外费用高、流动性差以及难于进行有关。而在金融期货交易中，由于金融期货市场本身具有额外费用低、流动性好以及容易进行这些特点，吸引了一批有实力的机构专门从事期现套利交易。期现套利在金融期货中盛行，一方面促进了期货交易的流动性；另一方面也使得期货价格与现货价格的差额始终保持在一个合理的范围内。

（四）金融期货中逼仓行情难以发生

在商品期货中，有时会出现逼仓行情。通常，逼仓行情的表现是期货价格与现货价格有着较大的差价，这种差价远超出了合理范围，并且在交割或临近交割日时期货价格也不收敛于现货价格。更严重的逼仓行情是操纵者同时控制现货和期货，1980 年在美国的白银期货上曾经出现过一次，1989 年在芝加哥期货交易所也发生过一轮大豆逼空行情。然而，在世界金融期货史上，逼仓行情却从来没有发生过。金融期货中逼仓行情之所以难以发生是因为：首先，金融期货市场是一个庞大的市场，庄家操纵不了；其次，强大的期现套利力量的存在会阻止那些企图发动逼仓行情的庄家；最后，一些实行现金交割的金融期货，期货合约最后的交割价就是当时的现货价，这等于是建立了一个强制收敛的保证制度，彻底杜绝了逼仓行情产生的可能。

四、金融期货交易与商品期货交易的区别

金融期货和商品期货在交易机制、合约特征、机构安排方面并无二致，但二者也有不一样的地方。

第一，有些金融期货没有真实的标的资产（如股指期货等），而商品期货交易的对象是具有实物形态的商品，例如，农产品等。

第二，金融期货大多以现金清算，商品期货必须通过实物所有权的转让（实物交割）进行清算。

第三，金融期货适用的到期日比商品期货要长，美国政府长期国库券的期货合约有效期限可长达数年。

第四，持有成本不同。将期货合约持有到期满日所需的成本费用即持有成本，包括三项：储存成本、运输成本、融资成本。各种商品需要仓储存放，需要仓储费用，金融期货合约的标的物所需的储存费用较低，有些甚至不需要储存费用（如股指）。如果金融期货的标的物存放在金融机构，则还有利息，例如，股票的股利、外汇的利息等，有时这些利息会超出存放成本，产生持有收益（即负持有成本）。

第五，投机性能不同。由于金融期货市场对外部因素的反应比商品期货更敏感，期货价格的波动更频繁、更大，因而比商品期货具有更强的投机性。

第二节　股票指数期货

股票指数期货是以股票价格指数作为标的物的金融期货，是为满足股票市场的避险需求而产生和发展起来的。期货市场高流动性、高效率、低成本的特点，使得股指期货的市场效率得以完全显现，从而吸引了大量股市投资者参与股指期货交易，并熟练运用这一工具对冲风险和谋取差价。随着全球化和金融创新的进一步深化，借助于信息技术的不断革新，股指期货正日渐完善和壮大，在世界金融衍生品市场中发挥越来越重要的作用。

一、股票指数期货概述

（一）股票指数

股票价格指数是用以表示多种股票平均价格水平及其变动并衡量股市行情的指标。不同的股票市场都有自己的股票指数，同一股票市场也可有多个股票指数。

在股票市场上，成百上千种股票同时进行交易，各种股票价格各异，因此，需要有一个总的尺度标准衡量股市价格的涨落，观察股票市场的变化。用股票价格平均数指标来衡量整个股票市场总体价格变化，能够比较正确地反映股票行情的变化和发展趋势。股票价格指数一般是由一些有影响的金融机构或金融研究组织编制并及时公布的。不同股票指数的编制方法即抽样和计算方法各有不同。在编制股票指数时，首先要从上市股票中选取一定数量的样本股票，然后选择一种计算简便、易于修改并能保证统计口径一致性和连续性的计算工具作为编制工具。通常的计算方法有算术平均法、加权平均法和几何平均法。在此基础上，确定一个基期，并将基期的股票指数确定为某一整数（如 100，1 000）。根据基期以后某时点的股票价格与基期股票价格的对比，计算出升降百分比，即可得出该时点的股票指数。

股票指数期货合约所代表的指数必须是具有代表性的权威性指数。目前，由期货交易所开发成功的所有股票指数期货合约都以权威的股票指数为基础。权威性股票指数的基本特点是具有客观反映股票市场行情的总体代表性和影响的广泛性。这一点保证了股指期货具有较强的流动性和广泛的参与性，是股指期货成功的先决条件。

世界上较有影响的股票价格指数有，道·琼斯股票价格指数、标准普尔 500 指数、道·琼斯欧洲 STOXX50（DJ Euro STOXX50）指数、伦敦金融时报指数、香港恒生指数、纽约证券交易所综合指数等。

（二）股指期货交易及特点

股票指数期货（简称股指期货），股指期货交易是指在交易所进行的以某一股票价格指数作为标的物，由交易双方订立的，约定在未来某一特定时间以约定价格进行股价指数交割结算的标准化合约的交易。

股指期货交易的特征与流程与普通商品的期货交易基本相同。它们都是订立某一标的物的未来买卖的标准化合约。但由于股指期货买卖的标的是经过统计处理的股票价格指数，因此它又与股票市场有关，投资者可将其对整个股票市场价格指数的预期风险转移至期货市场。股指期货具有四个基本特点。

第一，股指期货的交割方式采用现金结算，而不是实物（股票）交割。这是股指期货与其他种类期货合约的最大区别。股价指数是一种抽象化的资产，本身并没有与之对应的具体实物。一般商品期货和其他金融期货的交易对象都有与其合约规定所对应的实物，合约到期时，通常以该指定物品完成交割。但由于股票价格指数没有具体的实物形式，合约到期时，以股票市场收市时的股价指数作为结算的标准，合约持有人只须交付或收取按购买合约时的股价指数的点数与到期的实际指数的点数所计算出的点数差折合成的现金数，即可完成交收手续。

第二，股票价格指数期货合约的价格是人主观赋予的。股票价格指数是若干股票价格变动的综合反映，是用指数化的点数来计量，它本身并没有价格，不能直接进行买卖。所以，进行股指期货交易，首先要采取某种方法主观规定指数期货合约的价值。相应的，合约的价值由于规定和计算方法的不同而不同，一般的，指数期货合约的价值采用指数乘以代表每一指数点的一定的货币金额来表示。例如，标准普尔 500 种股票指数期货合约每一指数点代表 250 美元，其合约价值为指数乘以 250 美元；恒生指数期货合约每一指数点代表 50 港币，其价值为指数乘以 50 港币。这样股票指数每日的点数波动就表现为价格波动，对这个虚拟的商品才可以进行期货交易。

第三，双重虚拟性。股指期货交易是以股票价格指数这一虚拟资产作为标的物，使股指期货市场完全脱离实物资本运动而无限扩张，远超现货市场规模价值，从而具有双重虚拟性。

第四，既有利于防范系统性风险，又有利于防范非系统性风险。股票市场的风险分为系统性风险和非系统性风险两部分。系统性风险由宏观性因素决定，对所有股票都产生影响，作用时间长，很难预计，难以通过分散投资加以规避。非系统性风险由公司内部微观因素决定，针对特定的个别股票而产生影响，投资者通常可采取分散化的投资组合加以防范。当发生系统性风险时，各种股票的市场价格会朝着同一方向变动，单凭分散投资显然无法规避价格整体变动的风险。为避免这种系统性风险的影响，人们从商品期货的套期保值中受到启发，开发设计出股票指数期货。

由于股票价格指数以一组经过选择的股票代表整个股市的走向，所以，股指期货本身就是一种组合投资，可以用来防范非系统性风险。不仅如此，利用股指期货进行套期保值，投资者还可以对冲股票市场上的系统性风险。所以，它既是一级市场上股票承销商的避险工具，又能为二级市场上广大投资者转移风险，带来收益。

(三) 股票指数期货的功能与作用

1. 价格发现功能

期货市场由于所需的保证金低和交易手续费便宜，因此流动性极好。一旦有信息影响大家对市场的预期，会很快地在期货市场上反映出来，并且可以快速地传递到现货市场，从而使现货市场价格达到均衡。

2. 风险转移功能

股指期货的引入，为市场提供了对冲风险的途径，期货的风险转移是通过套期保值来实现的。如果投资者持有与股票指数有相关关系的股票，为防止未来下跌造成损失，可以卖出股票指数期货合约，即股票指数期货空头与股票多头相配合时，投资者就避免了总头寸的风险。

（四）股指期货与股票的关系

股指期货作为一种衍生金融工具，其发展的基础是股票市场的完善与壮大，两者之间是相辅相成的。股指期货是国际资本运作高效的风险管理工具，没有股指期货交易的股票市场是不完善的市场，难以与国际金融市场接轨；而有了股指期货交易，可以引导投资者在交易时进行理性交易，避免借助内幕消息的短线投资行为，促进股价合理波动，充分发挥股市经济晴雨表的作用。因此，股指期货在一定程度上又是对股票市场的发展。

但股指期货与股票又是两种截然不同的金融工具，两者之间的区别主要体现在六个方面。

第一，股指期货可以进行卖空交易。对于股票投资而言，基本以低价买入股票后伺机高抛的方式获利，即只能单向做多。即使在允许做空的股票市场上，一般对于股票卖空交易都设有较严格的条件。而进行股指期货交易则不然，投资者既可以买入合约做多头，也可以卖出合约做空头。当预期未来股市的总体趋势将呈下跌态势时，投资人可以主动出击而非被动等待股市见底，使投资人在下跌的行情中也能有所作为。

第二，股指期货的交易成本较低。相对现货交易，股指期货交易的成本是相当低的，在国外只有股票交易成本的1/10左右。股指期货交易的成本包括：交易佣金、买卖价差、用于支付保证金的机会成本和可能的税项。美国一笔期货交易（包括建仓并平仓的完整交易）收取的费用在30美元左右。

第三，股指期货具有较高的杠杆效应。较高的杠杆效应也即股指期货收取保证金的比例较低。在英国，对于一个初始保证金只有2 500英镑的期货交易账户来说，进行的金融时报100种（FTSE-100）指数期货的交易量可达70 000英镑，杠杆比率为28∶1。

第四，股指期货具有较高的市场流动性。有研究表明，股指期货市场的流动性明显高于股票现货市场。如在2009年，芝加哥商业交易所的标准普尔500指数的迷你股指期货（E-mini S&P 500 Index）合约的交易量为5.56亿张，如果标准普尔500指数以1 100点计，则成交合约价值高达30多万亿美元。

第五，股指期货实行现金交割方式。股指期货市场虽然是建立在股票市场基础之上的衍生市场，但股指期货交割是以现金形式进行的，即在交割时只计算盈亏而不转移实物，在股指期货合约的交割期，投资者完全不必购买或者抛出相应的股票来履行合约义务，避免了在交割期股票市场出现"挤市"的现象。

第六，一般说来，股指期货市场是根据对宏观经济形势的预测进行买卖，而股票现货市场则需要更多地研究某个上市公司的状况进行买卖。

二、股票指数期货合约

(一) 股指期货合约的主要内容

股指期货合约作为一个标准化的期货合约,同样也具有通常期货合约的一般内容,如合约的规格、保证金、最小变动价位、涨跌停幅度限制、交割结算方式、合约月份等,具体内容如下。

1. 合约乘数和合约价值

股指期货的合约价值以一定的货币金额与标的指数的乘积表示。股指期货标的指数的每个点代表固定的货币金额,这个固定的货币金额称为合约乘数。因为金额固定,所以期货市场以该合约标的指数的点数报出期货合约的价格,合约价值的大小既与标的指数的高低有关,也与规定的乘数大小有关。比如,标准普尔500股指在1994年之前最高不过400多点,即使当时乘数尔500美元,合约价值也不超过25万美元,而2007年标准普尔500股指突破了1 500点,虽然在2008年的金融危机后走弱,但仍在1 000点左右徘徊,因而尽管芝加哥商业交易所在1997年11月将原乘数500美元缩小为250美元,但合约价值仍能轻易超过25万美元。又如,我国香港的恒指期货于1986年5月推出,当时的指数从未超过2 000点,乘数为50港元,意味着每张合约价值不超过10万港元。然而现在恒生指数已是在20 000点甚至更高的水平上运行,如2010年3月1日恒生指数近月合约结算价为20 983点,则此时该合约价值为20 983×50 = 1 049 150港元。这样,每张合约的价值就上升到100万港元。正是鉴于指数上升导致合约价值过高的原因,芝加哥商业交易所于1997年9月又推出了E-mini S&P500指数期货及期权交易,它们与原有的S&P500指数期货及期权合约之间的差别就在于前者的乘数仅为50美元,也就是说,其合约价值只是后者的1/5。同样,香港期货交易所在2000年10月9日也推出小型恒生指数期货合约交易,该合约的乘数为10港元,其合约价值也是恒生指数期货合约的1/5。交易所通过合约乘数大小的不同规定,可以达到有效控制合约价值大小的目的。

2. 最小变动价位

股票指数期货的最小变动价位是由交易所规定的行情变化的最小值决定的,由于股指期货合约以标的指数的点数进行报价,因此最小变动价位也以点数表示,而且报价必须是交易所规定的最小变动单位的整数倍。香港恒生指数期货的最小变动价位为1个指数点,而合约的乘数为50港元,因此一张恒指合约的最小变动价位为 50 港元。从全球市场主要股指期货合约的规定看，股指期货中的最小变动价位通常远大于现货指数的最小变动价位。最小变动价位较小，将降低对投机者的影响力并降低合约流动性；最小变动价位较大，则期货合约价格难以反映市场的真实走势。一般而言，最小变动价位的确定可视合约乘数大小和交易成本而定，乘数越小，交易成本越小，则最小变动价位可相应较小。

3. 每日价格波动限制

每日价格波动限制就是涨跌停板，为控制价格大幅波动和市场操纵，限制单日内过大的交易损失，减少违约事件的发生，自 1987 年 10 月股灾以后，大多数交易所对上市的股价指数期货合约规定了每日价格波动限制。股票价格波动的限制方式最初有涨停、跌停板制和熔断机制，通常以前一交易日的结算价为基准进行计算。但并不是每个股指期货都设置涨跌停板，例如，恒生指数期货就没有价格波动限制。

4. 合约月份

合约月份是指股指期货到期的月份。各交易所规定的股指期货合约月份有所不同，一般来说，大多数国家和地区的股指期货的合约月份有 3 月、6 月、9 月及 12 月，或者近期月份合约为主加远期季月。恒生指数期货的合约月份是现月、下月及接下来的两个季月。例如，2010 年 3 月 1 日，共有 3 月、4 月、6 月、9 月四个期货合约。合约月份的确定，需要权衡有利于长期合约的因素（展期交易成本、展期风险）和有利于短期合约的因素（由于红利和定价偏差导致的价差风险）的关系。此外期货的总交易量越大，可以支持的合约数量就越多。

5. 持仓限额

规定最大持仓限制的目的是为了防止少数资金实力雄厚者凭借掌握超量持仓操纵及影响市场的企图。各交易所对会员与客户持仓限额的具体数量不尽相同。如我国为了防止股指期货的价格操纵，在《交易规则及其实施细则修订说明（征求意见稿）》中将股指期货持仓限额标准由 600 手降为 100 手。明确对于结算会员的限仓标准为按照每日结算后某一合约单边的总持仓量计算，进行套期保值交易和套利交易的客户号的持仓按照交易所有关规定执行。超出的持仓或未在规定时限内完成减仓的持仓，交易所可以强行平仓。

6. 交割结算方式

股指期货采用现金交割和结算方式，在现金结算方式下，每个未平仓合约将于到期日自动结算。最终结算价主要有两种确定方式：一种是以最后交易日次一日的开盘价作为合约的最后结算价，如美国、日本；另一种是以最后交易日内一段时间的价格平均数作为最后结算价，如英国、法国。香港恒生指数期货的最后结算价，是以最后交易日每五分钟股价指数的平均值，按最小变动价位取整后作为结算价，属于第二种结算方式。

（二）国际上有代表性的股票指数合约

1. **标准普尔 500（S&P500）指数期货合约**

标准普尔 500 股指由在纽约股票交易所上市的 400 家工业企业、40 家公用企业、40 家金融企业和 20 家运输企业的股票组成，企业的股票价值占纽约股票交易所上市股票总价值的 80% 左右（见表 8-1）。标准普尔 500 股指期货是美国最成功的一只股票指数期货，目前的标准普尔 500 指数期货的迷你合约（合约价值为 \$50×S&P500 指数）日成交量超过了 200 万手，其中全球电子交易占绝大多数，该合约的成交量占美国所有股指期货每日总成交量的一半以上。

表 8-1　CME 标准普尔 500 指数期货合约

上市时间	1982 年 4 月 21 日	
合约价值	\$250×S&P500 指数期货报价	
最小变动价位	单边交易	0.10 个指数点 = \$25
	跨期套利	0.05 个指数点 = \$12.5
交易时间 （美国中部时间）	人工喊单	周一至周五：8：30am～3：15pm
	全球电子盘	周一至周四：3：30pm～8：15am（每天 4：30pm～5：00pm 停盘半个小时），周日：5：00pm～隔天 8：15am
合约月份	人工喊单	连续 8 个季月（3 月、6 月、9 月、12 月）
	全球电子盘	最近的一个季月（3 月、6 月、9 月、12 月）
最后交易时间	人工喊单	截至合约月份第三个周五前一交易日 3：15pm
	全球电子盘	在展期日（通常是人工喊单的最后交易日前 8 个交易日）近月合约下市，之后的季月上市
最终结算方法	现金结算，结算价是合约月份第三个周五早上给出的标准普尔成分股的特别开盘价	
持仓限额	所有月份的单边净持仓不能超过 20 000 手	

2. **道·琼斯工业平均指数期货合约**

道·琼斯工业平均指数期货合约由芝加哥期货交易所推出。它的期货合约标的物为世界上最早的股价指数道·琼斯工业指数。该指数于 1884 年创立，初期只有 12 只股票，1896 年起，由《华尔街日报》编制，1928 年至今，道·琼斯指数以 30 只成份股作为指数组成元素。

芝加哥期货交易所交易的道·琼斯工业平均指数期货合约分为大型、中型及小型合约，中型合约即是最早推出的道·琼斯工业平均指数期货合约（见表 8-2），之后为了满足不同交易者的需求，分别于 2002 年 4 月 5 日及 2006 年 3 月 20日推出了小型合约和大型合约，从交易的活跃程度看，以小型（迷你）合约最为活跃。

表 8-2　CBOT 道·琼斯工业平均指数期货合约

上市时间	1997 年 10 月 6 日	
合约价值	$10×道·琼斯工业平均指数期货报价	
最小变动价位	1 个指数点 = $10（中型合约）	
交易时间 （美国中部时间）	人工喊单	周一至周五：8：30am～3：15pm
	全球电子盘	周一至周四：3：30pm～8：15am（每天 4：30pm～5：00pm 停盘半个小时），周日：5：00pm～隔天 8：15am
合约月份	人工喊单	连续 4 个季月（3 月、6 月、9 月、12 月）
	全球电子盘	连续 4 个季月（3 月、6 月、9 月、12 月）
最后交易时间	人工喊单	截至合约月份第三个周五前一天 3：15pm
	全球电子盘	截至合约月份第三个周五的 8：15am
最终结算方法	现金结算，结算价是合约月份第三个周五早上给出的道·琼斯工业平均指数的特别开盘价	
持仓限额	大型道·琼斯期货合约（$25）+中型道琼斯期货及期权合约（$10）+小型道·琼斯期货及期权合约（$5）各个月份的总价值不超过 5 万手中型期货合约的总价值量	

3. 香港恒生指数期货合约

恒生指数，是由香港恒生银行全资附属的恒生指数服务有限公司编制，以香港股票市场中的 43 家上市股票为成份股样本，以其发行量为权数的加权平均股价指数，反映香港股市价格趋势最有影响的一种股价指数。该指数于 1969 年 11月 24 日首次公开发布，基期为 1964 年 7 月 31 日。基期指数定为 100。恒生指数的成份股具有广泛的市场代表性，其总市值占香港联合交易所市场资本额总和的90% 左右。鉴于香港股市日益受到瞩目，其相关对冲工具的需求亦不断上升，香港期货交易所于 1986 年 5 月推出恒生指数期货合约，随后于 1993 年 3 月又推出恒生指数期权合约。1997 年，恒生指数期货的成交量达世界第六位。合约具体内容见表8-3。

表8-3 恒生指数期货（HSI）合约表

合约价值	恒生指数报价×50 港元
合约月份	即月、下月及最近两个季月（季月指3月、6月、9月、12月）
最小变动价位	一个指数点（即每张合约50 港元）
每日价格波动限制	无
开市前时段	9：15am～9：45am，2：00pm～2：30pm
交易时间	9：45am～12：30pm，2：30pm～4：15pm（到期月合约在最后交易日4：00pm 收盘）
最后交易日	合约月份的最后工作日之前一个交易日
最终结算价	最后交易日恒生指数每隔5分钟报价的平均值
持仓限额	持有恒指期货及期权以所有合约月份计，经 delta 调整后的多头合约或空头合约不能超过10 000 张
大额持仓申报	每个会员公司账户及每个客户账户，任何合约月份多头或空头持仓超过500 张时便须申报

4. 韩国 KOSPI200 股指期货合约

1996 年5 月，韩国股票交易所推出 KOSPI200 的股指期货交易（表8-4），次年7 月，又推出股指期权交易。2000 年时，韩国股指期货与期权总交易量为9 714 万手，比1998 年高出93.48%。1999 年4 月，为加强期货交易的专门管理，韩国政府成立了韩国期货交易所，并于2004 年把 KOSPI200 股指期货与期权交易从韩国股票交易所转移到韩国期货交易所，现在韩国股票交易所与期货交易所业已合并，进一步促进了韩国在国际金融衍生品交易中的地位。

表8-4 韩国 KOSPI200 股指期货合约

合约价值	KOSPI200 股指期货报价×500 000 韩元
合约月份	四个季月（指3月、6月、9月、12月）
最小变动价位	0.05 个指数点＝25 000 韩元
每日价格波动限制	上一交易日结算价的±10%
交易时间	周一至周五：9：00am～15：15pm，最后交易日：9：00am～14：50pm
最后交易日	合约月份的第二个周四
结算方法	现金结算

5. 中国金融期货交易所沪深 300 指数期货合约

2010 年 4 月，中国金融期货交易所正式推出的沪深 300 股指期货，是以沪深 300 指数为标的物的期货品种。沪深 300 指数是由沪深 A 股中规模大、流动性好、最具代表性的 300 只股票，组成样本编制而成的成份股指数，覆盖了沪深市场七成左右的市值，具有良好的市场代表性。与上证指数不同的是，沪深 300 指数是按照流通市值加权，让各个股票在指数中的权重大幅降低，这样就很难通过少量的几只股票来引导整个市场。再加上沪深 300 指数期货的合约乘数为 300、保证金比例为 12%，这两个数据相对于其他市场都设置得较高，抬高了股指期货的门槛，进一步增强了该指数期货的抗操纵性。另外投机头寸限仓制度要求投资者单个合约单方向持仓均不得超过 100 手，降低了大户利用资金优势操纵股指期货合约的可能性。沪深 300 股指期货合约细则见表 8-5。

表 8-5 中国金融期货交易所沪深 300 指数期货合约

合约标的	沪深 300 指数
合约乘数	每点 300 元
报价单位	指数点
最小变动价位	0.2 点
合约月份	当月、下月及随后两个季月
交易时间	上午 9：30~11：30；下午 13：00~15：00
每日价格最大波动限制	上一个交易日结算价的±10%
最低交易保证金	合约价值的 8%
最后交易日	合约到期月份的第三个周五，遇国家法定假日顺延
交割日期	同最后交易日
交割方式	现金交割
交易代码	IF
上市交易所	中国金融期货交易所

三、股指期货的套期保值交易

根据证券组合理论，股票市场的风险可以分为系统性风险和非系统性风险。系统性风险是指由宏观因素变化所引起的对整个股票市场的所有股票都产生影响的风险。它涉及面广，作用时间长，通常会使整个股市或一组股票发生剧烈的价格波动。因这类风险难以通过分散投资的方式加以规避，所以又称不可控风险。

非系统性风险则是由微观因素变化引起的针对特定的个别股票产生的风险。投资者可以采取分散化的投资组合方式将风险程度降到最低，因此又称为可控风险。

股指期货的出现为投资者提供了规避股市系统性风险的金融工具。投资者可在持有股票或者交易所指数交易型基金（ETF）的同时卖空股指期货合约，利用股票价格和股指期货价格的联动作用达到规避风险和锁定利润的目的。对套期保值者来说，重要的不是在股指期货合约交易中获得利润，而是通过持有股指期货合约，以增加其对股票现货仓位价值的确定性。套期保值交易具体操作包括买入套期保值、卖出套期保值和交叉套期保值。

（一）最佳套保比率

套保比率是持有股票指数期货合约的价值与所需保值的股票价值之比。对股票套保的最佳比率来说，只要计算出最佳套期保值合约份数即可。在股票投资中，其风险主要是价格波动风险，通常由 β 系数来确定。β 系数表明一种股票的价格相当于大市上下波动的幅度，即当大市变动 1% 时，该股票预期变动的百分率。如 β 系数为 0.5，说明股市价格每上升或下降 1% 时，该种股票的价格将上升或下降 0.5%；β 系数也可为负，如果 β 系数为负，表明股票价格与股市价格变动方向相反。几种股票组合的 β 系数为其各种股票的 β 系数的简单加权平均数，其权数等于投向某种股票的资金与总资金之比。

$$\beta_p = \sum_{t=1}^{n} X_i \beta_i$$

式中：X_i——某种股票权数；

　　　β_i——某种股票的 β 系数。

最佳套期保值合约份数 N 可用下式计算：

$$N = \frac{V}{m \times p} \times \beta_p$$

式中：V——股票组合的总价值；

　　　m——股价指数每一点代表的价值（货币乘数）；

　　　p——股价指数的点数；

　　　β_p——股票组合的 β 系数。

该式的意义是套保比等于股票价值乘以 β 系数，再除以期货合约价值。

【例 8-1】 若股票组合总价值为 1 250 000 美元，且该股票组合 β_p 系数等于 1.2，当时 S&P500 股票价格指数为 1 000 点，则最佳套期保值合约份数为：

$$N = \frac{1\ 250\ 000}{250 \times 1\ 000} \times 1.2 = 6\ （份）$$

当股市看涨，投资者希望持有一些 β 系数大的股票；当股市看跌，则希望持有一些 β 系数小的股票。投资者可以用买卖股票指数期货代替调整股票构成以增加或减少股票（或股票组合）的 β 系数。计算方法如下：

当预料股价下跌时，即要求 β 减少，$\beta > \beta^*$ 时，则需要卖出期货合约，其份数为：

$$N = \frac{V}{m \times p} \times (\beta - \beta^*)$$

当预料股价上涨时，即要求 β 增大，$\beta < \beta^*$ 时，则需要买进期货合约，其份数为：

$$N = \frac{V}{m \times p} \times (\beta^* - \beta)$$

式中：β——原投资组合的系数；

β^*——目标投资组合的系数。

（二）买入套期保值

股指期货的买入（多头）套期保值是指交易者为了规避股票价格上涨的风险，通过在股指期货市场买入股票指数的操作，在股票现货市场和股指期货市场之间建立盈亏冲抵机制。进行买入套期保值的适用对象是：投资者计划在未来买进股票组合，担心股票大盘上涨而使股票入货成本上升。为了控制购入股票的成本，可以先在股指期货市场买入期指合约，等资金到位再进行股票投资。

【例 8-2】 2010 年 8 月底，某投资者计划将 3 个月后收回的资金 8 000 000 元按照 1：1：2 的比例投资于 A，B，C 三种股票，即 A，B，C 三种股票投资额分别为 2 000 000 元、2 000 000 元和 4 000 000 元。9 月 1 日的市场行情为：A 股票 16 元/股、B 股票 20 元/股、C 股票 25 元/股。按此行情 8 000 000 元资金可同时买入 A 股票 125 000 股、B 股票 100 000 股和 C 股票 160 000 股。假定三只股票的 β 系数分别为 1，1.2，0.9。为避免届时股市上扬，该投资者通过股指期货的买入套期保值规避风险，应首先计算需要买入的股指期货合约数。

三只股票组合的 β 系数为 $1 \times 1/4 + 1.2 \times 1/4 + 0.9 \times 1/2 = 1$

$$应买入股指期货合约数 = \frac{8\ 000\ 000}{2\ 666 \times 300} \times 1 = 10\ （张）$$

9月1日该投资者买入1月份的沪深300合约10张，成交价为2 666点，则这份合约价值为2 666×300×10＝7 998 000元。3个月后，股市上涨。到12月1日，股票现货指数上涨了10%，A，B，C三种股票市值分别升至17.5元、22.5元和27元，涨幅分别为9.375%，12.5%，8%。以此价格买进A，B，C三种股票，将产生资金缺口757 500元。在股指期货市场上，12月1日，沪深300指数涨至2 930点，涨幅为9.9%，这时平仓卖出原来买入的股指期货合约，合约价值为8 790 000元，期货市场的盈利可以用来弥补现货市场的亏损。套期保值的过程和结果见表8-6。

表8-6　股指期货买入套期保值实例

日期	现货市场	期货市场
9月1日	8 000 000元按照1∶1∶2的比例买入A，B，C三种股票 A股票：16元，β系数1 2 000 000元可买入125 000股 B股票：20元，β系数1.2 2 000 000元可买入100 000股 C股票：25元，β系数0.9 4 000 000元可买入160 000股 共计3 850 00股，8 000 000元	建仓买入10手沪深300股指1月合约 合约价值为： 2 666×300×10＝7 998 000（元）
12月1日	买入A，B，C三种股票，价格上涨 A股票：17.5元×125 000＝2 187 500（元） B股票：22.5元×100 000＝2 250 000（元） C股票：27元×160 000＝4 320 000（元） 385 000股共计支出8 757 500（元）	平仓卖出10手沪深300股指1月合约 合约价值为： 2 930×300×10＝8 790 000（元）
结果	盈亏： 8 000 000－8 757 500＝－757 500（元） （资金缺口）	盈利： （2 930－2 666）×300×10＝792 000（元）
	净盈利792 000－757 500＝34 500（元）	

可见，期货市场的盈利抵消了现货市场损失，尽管12月时三只股票价格均上涨，股票现货入货成本提高了757 500元，但期货市场上沪深300股指合约的盈利792 000元完全弥补了现货市场成本损失，达到了套期保值的目的。

如果12月份股票现货市场和期货市场不升反跌，则期货市场亏损，但股票现货市场买入成本降低，盈亏相抵后，也能将股票买入成本锁定在目标水平。但同时放弃了以更低的价格买入股票现货的机会。

（三）卖出套期保值

股指期货卖出（空头）套期保值是指交易者为了规避股票价格下跌的风险，通过在股指期货市场卖出股票指数的操作，在股票现货市场和股指期货市场之间建立盈亏冲抵机制。即在期货市场上先建仓卖出股指期货合约，待下跌后再买入平仓的交易行为，因此又称为"空头保值"或"卖空保值"。

卖出套期保值者通常是持有现货股票的投资者，在对未来的股市走势没有把握或预测股价将会下跌的时刻，为了防止股市下跌给股票现货造成的损失，卖出股指期货合约进行保值。此外，券商也可利用股指期货规避股票一级市场中的发行风险。

【例8-3】某美资基金经理持有一组由50只美国公司股票组成的股票投资组合，1月9日总市值是1 000万美元。该基金经理分析美国整体经济形势后，认为股市可能即将面临一个较长的下调期，而根据该基金的总体投资计划，必须在股市中保留上述投资组合作长期策略性投资。为避免股市整体下调产生的股票市值损失，该基金经理在S&P500股指期货市场进行了空头套期保值。其股票组合与S&P500股票指数的β系数为1.1，假定1月9日时的现货指数为1 010.5点，9月到期的S&P500股指期货合约为1 120点，基金经理首先应计算最佳套保比率，即套期保值所需卖出S&P500股指合约数量。

$$应买入股指期货合约数 = \frac{10\ 000\ 000}{1\ 120 \times 250} \times 1.1 \approx 39（张）$$

假定6月1日时，基金持有的股票现货组合市值缩水为8 850 000美元，同时，9月到期的期指跌至998.5点，跌幅为10.84%。该基金经理将期货空头部位平仓，该基金的损益情况为：股票现货市值缩水1 150 000美元，期货市场盈利1 184 625美元，盈亏相抵后净盈利134 625美元，达到了套期保值的目的。具体操作过程和结果见表8-7。

表8-7　股指期货卖出套期保值实例

日期	现货市场	期货市场
1月9日	持有某股票投资组合， 总市值10 000 000美元。 S&P500股票现货指数1 010.5	建仓卖出39张9月到期的S&P500股指期货合约，成交价为1 120点 合约价值： 1 120×250×39 = 10 920 000（美元）

续表

日期	现货市场	期货市场
6月1日	因股市整体下跌，该投资组合的总市值缩水11.5%，即市值为8 850 000美元。S&P500股票现货指数跌至905.5点，跌幅为10.39%	平仓买入39张9月到期的S&P500股指期货合约，成交价为998.50点。期指跌幅为10.85%，合约价值：998.5×250×39＝9 735 375（美元）
结果	盈/亏：8 850 000-10 000 000＝-1 150 000（美元）	盈/亏：（1 120-998.5）×250×39＝1 184 625（美元）
	净盈利：1 184 625-1 050 000＝134 625（美元）	

如果到了6月份，现货股指与期指均上涨，结果是期货市场亏损，但现货市场股票升值，盈亏相抵后，也能避免股票现货市值缩水。但同时放弃了不做套期保值可能带来的股票升值的机会。

四、股指期货的期现套利交易

(一) 概念及原理

股指期货期现套利是指当股指期货和现货指数之间的合理价差出现偏离时，交易者在两个市场上同时进行反向交易，利用价差的变化而获利的行为。

股指期货价格是基于股票现货指数价格产生的，股指期货和现货指数之间关系密切，二者的价差（或者期现比）应该保持在一个合理的区间内，在市场实际运行中，股指期货的市场价格将围绕其理论价格上下波动，一旦市场价格偏离了这个理论价格且偏离程度超过了交易成本，就会产生套利机会，即利用股指期货合约到期时交割月份合约价格和标的指数现货价格趋于拟合的原理，进行期现套利。投资者可以同时买入被低估的一方，卖出被高估的一方，并在股指期货到期日或到期日前股指期货回到合理价差（期现比）区间内时，进行反向交易，从中套取利润。

对于沪深300股指期货市场的期现套利而言，现货价格是指沪深300现指的点数，期货价格则对应着沪深300股指期货的4个市场合约的点数。

【例8-4】假设9月1日沪深300指数为2 600点，而10月份到期的股指期货合约价格为2 700点（被高估），某套利者借款108万元（借款年利率为6%），在买入沪深300指数对应的一篮子股票（假设这些股票在套利期间不分红）的同时，以2 700点的价格开仓卖出1张沪深300股指期货合约（合约乘数为300元/

点）。假设当沪深 300 股指期货合约到期时，指数为 2 680 点，则

套利者在股票市场可获利：1 080 000×（2 680/2 600）-1 080 000=33 230（元）。

由于股指期货合约到期时是按交割结算价（交割结算价按现货指数依一定的规则得出）结算的，其价格也近似于 2 680 点，则

股指期货合约平仓（或交割）盈利：（2 700-2 680）×300＝6 000（元）。

两个月期的借款利息为：1 080 000 元×6%×2/12＝10 800（元）。

期现套利交易共获利：33 230+6 000-10 800＝28 430（元）。

期现套利对股指期货市场和股票市场均具有重要的意义：一方面，因为股指期货市场和股票市场之间可以套利，股指期货的价格不会脱离股价指数而出现较大的偏离。另一方面，套利行为有助于提高股指期货市场和股票市场的流动性，有利于投资者的正常交易和套期保值操作的顺利实施。

（二）股指期货合约的理论价格

在判断是否存在期现套利机会时，依据现货指数确定股指期货理论价格非常关键。理论上，期货价格与现货价格的价差主要是由持仓费决定的。对于股票这种基础资产而言，由于它不是有形商品，所以不存在仓储成本。但其持有成本也是由两部分组成的：一是资金占用成本；二是在股票持有期内可能得到的股票分红。而股票分红是持有资产的收入，所以当把它看作成本时，就表现为负值成本。

股指期货理论价格（theoretical price）实际上就是考虑资产持有成本的远期合约的"合理价格"。有关学者借助一个无风险套利组合建构了在完美市场假设下的持有成本定价模型，其基本思想是：期货价格是由期货市场上延迟购买标的与在现货市场上立即购买标的并持有到期两者之间的相对成本决定的。在无套利条件下，t 时点买入指数期货 F_t 和买入指数现货成分股投资组合持有到 T 时点 ［在此过程中股利收入为 $D(t, T)$］ 两种投资方式的未来收益现金流量应该相等，即

股指期货理论价格的计算公式可表示为：

$$F(t,T) = S(t)+S(t)\times(r-d)\times(T-t)/365 = S(t)[1+(r-d)\times(T-t)/365]$$

其中：T 表示交割时间；

t 表示时间变量；

$T-t$ 表示 t 时刻至交割时的时间长度，通常以天为计算单位；

$S(t)$ 为 t 时刻的现货指数；

$F(t, T)$ 表示 T 时交割的期货合约在 t 时的理论价格（以指数表示）；

r 为年利息率；

d 为年指数股息率，

持有期利息公式为：

$$S(t) \times r \times (T-t)/365$$

持有期股息收入公式为：

$$S(t) \times d \times (T-t)/365$$

持有期净成本公式为：

$$S(t) \times r \times (T-t)/365 - S(t) \times d \times (T-t)/365 = S(t) \times (r-d) \times (T-t)/365$$

【例8-5】设 $r=5\%$，$d=1.5\%$，9月30日为9月期货合约的交割日，7月1日、8月1日、9月1日及9月30日的现货指数分别为2 600点、2 620点、2 665点及2 640点，这几日的期货理论价格计算如下：

7月1日至9月30日，持有期为3个月，即3/12年，

$F(7月1日,9月30日) = 2\ 600 \times [1+(5\%-1.5\%) \times 3/12] = 2\ 622.75(点)$；

8月1日至9月30日，持有期为两个月，即2/12年，

$F(8月1日,9月30日) = 2\ 620 \times [1+(5\%-1.5\%) \times 2/12] = 2\ 635.28(点)$；

9月1日至9月30日，持有期为1个月，即1/12年，

$F(9月1日,9月30日) = 2\ 665 \times [1+(5\%-1.5\%) \times 1/12] = 2\ 672.77(点)$；

9月30日至9月30日，持有期为0年，

$F(9月30日,9月30日) = 2\ 640 \times [1+(5\%-1.5\%) \times 0/12] = 2\ 640(点)$。

例8-6是通过股票现货价格和持有成本计算远期合约的理论价格并以指数表示的方法。

【例8-6】买卖双方签订一份3个月后交割的一揽子股票组合的远期合约，该一揽子股票组合与香港恒生指数构成完全对应，现在市场价值为500 000港元，即对应于恒生指数10 000点（恒指期货合约的乘数为50港元）。假定市场年利率为6%，且预计一个月后可收到5 000元现金红利，该远期合约的合理价格计算过程是：

资金占用500 000港元，相应的利息为：

$$500\ 000 \times 6\% \times 3/12 = 7500\ (港元)$$

一个月后收到红利5 000港元，再计剩余两个月的利息为 $5\ 000 \times 6\% \times 2/12 = 50$ 港元，本利和共计为5 050港元；净持有成本 $= 7\ 500 - 5\ 050 = 2\ 450$ 港元；该远期合约的合理价格应为 $500\ 000 + 2\ 450 = 502\ 450$ 港元。

如果将上述金额用指数点表示，则为：500 000港元相等于10 000指数点；

利息为 10 000×6%×3/12＝150 点；红利 5000 港元相等于 100 个指数点，再计剩余两个月的利息为 100×6%×2/12＝1 个指数点，本利和共计为 101 个指数点；净持有成本为 150－101＝49 个指数点；该远期合约的合理价格应该为 10 000+49＝10 049 点。

(三) 交易成本与无套利区间

无套利区间是指考虑交易成本后，将期指理论价格分别向上移和向下移所形成的一个区间。在这个区间中，套利交易不但得不到利润，反而将导致亏损。

假设 TC 为所有交易成本的合计数，则无套利区间的上界应为：

$$F(t,T)+TC=S(t)[1+(r-d)\times(T-t)/365]+TC$$

而无套利区间的下界应为：

$$F(t,T)-TC=S(t)[1+(r-d)\times(T-t)/365]-TC$$

相应的无套利区间应为：

$$S(t)[1+(r-d)\times(T-t)/365]-TC, S(t)[1+(r-d)\times(T-t)/365]+TC$$

【例 8-7】基本数据如 8.5-2，又假定：①借贷利率差 $\triangle r=0.5\%$；②期货合约买卖手续费双边为 0.2 个指数点，同时，市场冲击成本也是 0.2 个指数点；③股票买卖的双边手续费及市场冲击成本各为成交金额的 0.6%，即合计为成交金额的 1.2%，如以指数点表示，则为 $1.2\%\times S(t)$。

7 月 1 日、9 月 1 日的无套利区间计算如下。

7 月 1 日：股票买卖的双边手续费及市场冲击成本为：2 600×1.2%＝31.2（点）；

期货合约买卖双边手续费及市场冲击成本为 0.4 个指数点；

借贷利率差成本为：2 600×0.5%×3/12＝3.25（点）。

三项合计：$TC=31.2+0.4+3.25=34.85$（点）。

无套利区间上界为 2 622.75＋34.85＝2 657.6 点，无套利区间的下界为 2 622.75－34.85＝2 587.9 点；无套利区间为［2 657.6，2 587.9］；上下界幅宽为 2 657.6－2 587.9＝69.7 点。

9 月 1 日：

股票买卖的双边手续费及市场冲击成本为：2 665×1.2%＝31.98（点）；

期货合约买卖双边手续费及市场冲击成本为 0.4 个指数点；

借贷利率差成本为：2 665×0.5%×1/12＝1.11（点）；

三项合计：$TC=31.98+0.4+1.11=33.49$（点）。

无套利区间上界为 2 672.77＋33.49＝2 706.26 点，无套利区间的下界为

2 672.77−33.49=2 639.28 点；无套利区间为 [2 706.26，2 639.28]；上下界幅宽为 2 706.26−2 639.28=66.98 点。

借贷利率差成本与持有期的长度有关，它随着持有期缩短而减小，当持有期为零时，借贷利率差成本也为零；而交易费用和市场冲击成本却是与持有期的长短无关的。因而，无套利区间的上下界幅宽主要是由交易费用和市场冲击成本所决定的。

(四) 股指期货期现套利操作

股指期货合约实际价格恰好等于股指期货理论价格的情况比较少，多数情况下股指期货合约实际价格与股指期货理论价格总是偏离的。当前者高于后者时，称为期价高估 (overvalued)；当前者低于后者时，称为期价低估 (undervalued)。

1. **期价高估与正向套利**

当股指期货被高估即股指期货价格高于理论价格时，套利者可以卖出股指期货，同时买入相同价值的指数现货 (与指数对应的股票组合或该指数对应的ETF)，当期现价格比回落到无套利区间或持有到期之后，对期货和现货头寸同时平仓了结获取套利收益，即正向套利。

【例 8-8】假定数据同例 8-6，但实际恒生期指为 10 120 点，高出理论指数10 049 点 71 点。这时交易者可以通过卖出恒指期货，同时买进对应的现货股票进行套利交易。步骤为：

(1) 卖出一张恒指期货合约，成交价为 10 120 点，同时以 6% 的年利率贷款500 000 港元，买进相应的一揽子股票组合。

(2) 一个月后，将收到的 5 000 港元股息收入按 6% 的年利率贷出。

(3) 到交割期，将恒指期货对冲平仓，同时将一揽子股票卖出 (交割日期、交割价格是一致的)。

表 8-8 列出了交割时指数的 3 种不同情况：情况 A 的交割价 10 150 点高于原期货实际成交价 10 120 点，情况 B 的交割价等于原期货实际成交价 10 120 点。情况 C 的交割价 9 910 点低于原现货实际成交价 10 120 点，显然，不论最后的交割价是高还是低，该交易者从中可收回的资金数都是相同的 (506 000 港元)，加上收回贷出的 5 000 港元的本利和为 5 050 港元，共计收回资金 511 050 港元。

(4) 还贷。500 000 港元 3 个月的利息为 7 500 港元，须还本利共计 507 500港元，而回收资金总额与还贷资金总额之差 511 050−507 500=3 550 港元即是该交易者获得的净利润。这笔利润正是实际期价与理论期价之差：(10 120−10 049)×50=3 550 港元。

表 8-8　期价高估时的套利实例

	情况 A	情况 B	情况 C
交割价	10 150 点	10 120 点	9 910 点
期货盈亏	10 120 - 10 150 = - 30（点），即亏损 1 500 港币	10 120 - 10 120 = 0（点），即盈亏 0 港元	10 120 - 9 910 = 210（点），即盈利 10 500 港元
现货盈亏	10 150 - 10 000 = 150（点），即盈利 7 500 港元，共可收回 507 500 港元	10 120 - 10 000 = 120（点），即盈利 6 000 港元，共可收回 506 000 港元	9 910 - 10 000 = - 90（点），即亏损 4 500 港元，共可收回 495 500 港元
净盈亏合计	120 点，即 6 000 港元，共可收回 506 000 港元	120 点，即 6 000 港元，共可收回 506 000 港元	120 点，即 6 000 港元，共可收回 506 000 港元

2. 期价低估与反向套利

当股指期货被低估时即股指期货价格低于理论价格时，买入股指期货并卖出相同价值的指数现货（与指数对应的股票组合或该指数对应的 ETF），在到期日或到期日前期现价格比回升到无套利区间时，同时了结期货与现货头寸获取套利收益，即反向套利。

3. 套利交易中的模拟误差

如果实际交易的现货股票组合与指数的股票组合不一致，势必导致两者未来的走势或回报不一致，从而导致一定的误差。这种误差，通常称为模拟误差（tracking error）

模拟误差来自两方面：一方面是因为组成指数的成份股太多。通常，交易者会通过构造一个取样较小的股票投资组合来代替指数，这会产生模拟误差。另一方面，即使组成指数的成份并不太多，但由于指数多以市值为比例构造，严格按照比例复制很可能会产生零碎股，而股市买卖通常的最小单位为手，这样也会产生模拟误差。

模拟误差会给套利者原先的利润预期带来一定的影响。这会增加套利结果的不确定性，因而，在套利交易活动中，套利者应该对模拟误差给予足够的重视。

4. 期现套利程式交易

程式交易系统由四个子系统组成，就是套利机会发觉子系统、自动下单子系统、成交报告及结算子系统以及风险管理子系统。

套利机会发觉子系统会及时发现市场是否存在套利机会，或及时发现对已有的套利头寸是否存在了结的机会，一旦产生机会，便会向交易者发出提示或按照预定的程序向自动下单子系统发出下单指令。

成交报告及结算子系统的作用是对成交情况迅速进行结算并提供详尽的报告。

风险管理子系统可以对模拟误差风险及其他风险进行控制。

5. 期现套利存在的技术障碍

（1）期货和现货交易制度的差异。第一，中国的股指期货实行 T+0 制度，而目前股票现货市场实行的是 T+1 交易制度。套利机会一般都很短暂，但是期货和现货交易制度的差异，使投资者不能适时灵活地进行对冲操作，将会在一定程度上扭曲市场价格和影响市场效率。第二，涨跌停板限制。股票和期货都设有涨跌停板限制，股票还有停牌的情况。这些情况会使市场单边或双边丧失流动性，如果发生在建仓和出清时，就会对套利的效果产生实质性影响。第三，股指期货价的确定方法导致现货出清的风险。沪深 300 股指期货采用现货指数最后两小时算术平均价作为到期合约最后结算价，但是期现套利的一个重要假设是期货价收敛于现货价，在此价格下交割结算期货和现货。按照现行规定，这一价格是无法准确预知的，只有等待接近收盘时才能较准确地测算结算价，而此时的市场价可能与结算价有一定出入，导致现货出清时无法确定欲锁定的价格目标，给期现套利带来风险。

（2）期现套利中现货组合的构建存在的风险。沪深 300 指数由于包含的个股达 300 只，如果采用股票完全复制的方法来构建现货组合，则由于个股太多导致交易成本过高，同时一些成份股的流动性较低，而且还不时有成份股停牌等事件的发生，实现完全复制现货的方法有相当的困难。因此，沪深 300 指数期货的期现套利的关键在于如何构建交易易于实现、拟合精度高、交易成本低的现货组合。

（3）期现套利过程中的等待成本和市场冲击成本不确定性风险。由于市场价格瞬息万变，下单后的成交价格未必就是察觉套利机会时的价格，这样所得的套利利润就会偏离持有成本模式引申的利润。成交价格所以有别于实际价，有两个原因：

一是成交延缓。成交延缓是指从下单到撮合成交的时间过长，速度过慢，使得市场价格在成交过程中出现变化。在流通量较高的市场，撮合成交的时间较短，成交延缓的情况也会较少。

二是流通量低，在交投淡静的市场，买盘和卖盘的数量有限，假如套利者突然下大笔买单，市场需求量大幅攀升，价格随即上扬，最后必然以高价才能完成交易。同理，突然下大笔卖单，也会把价格瞬间推低，最后只能在低价完成买卖。这种因本身买卖盘导致的不利效果，就是价格冲击成本。

（4）股利发放不确定的风险。在持有成本定价模型中，股利收益率的高低会影响股指期货的定价。股利发放不确定给股指期货的准确定价带来困难，从而影响无套利区间的确定，进而影响期现套利的效果。如果以一般意义的红利收益率代替，则无法完全模拟现实场景，因为在现实中，红利并不是一个全年均匀发生的现象。在国内的股票市场上，按分红月份看，股息率呈现明显的峰态分布，即中间的 5 月、6 月、7 月属于分红旺季，而两头的月份属于分红淡季。造成这种峰态分布的主要原因是，上市公司一般在 4 月份前公布年报并宣布分红预案，分红多发生在年报公布后的两个月内。在以往，中国上市公司分红相对较少，股利收益率对股指期货定价的影响相对较小，而在最近几年里，国内上市公司分红的积极性明显提高，股利收益率对股指期货定价的影响越来越大，对此我们应充分考虑。

第三节　外汇期货、利率期货及股票期货

一、外汇期货

（一）外汇基本知识

1. **外汇和汇率**

外汇具有静态和动态两层含义。外汇的动态含义是指将一国的货币兑换成另一国的货币，借以清偿国际间债务债权关系的专门性货币经营活动，亦称国际汇兑。外汇的静态含义则是指以外币表示的可以用作国际清偿的支付手段和资产。

在国际汇兑中，一国的货币并非可以兑换任何他国的货币，而只能兑换成各国都能接受的某种支付手段和信用工具，如外国货币、外币有价证券、外币支付凭证等。因此，国际货币基金组织规定：外汇是货币行政当局以银行存款、财政部证券、长短期政府证券等形式所持有的国际收支逆差时可以使用的债权。按照这一定义，外汇具有三个特点：第一，必须以外币表示的资产；第二，具有可兑换性；第三，必须是在国外能够得到偿付的货币债权。

1996 年 4 月 1 日，中国实施的《中华人民共和国外汇管理条例》规定的外汇范围包括：外国货币，包括纸币、铸币；外币支付凭证，包括票据、银行存款凭证、邮政储蓄凭证等；外币有价证券，包括政府债券、公司债券、股票等；特别提款权、欧洲货币单位；其他外汇资产。

外汇标价的方法有两种：直接法和间接法。直接标价法又称应付标价法，即以一定单位的外国货币为标准，折合若干单位的本国货币。间接标价法又称应收标价法。是以一定单位的本国货币为标准，来计算应收若干单位的外国货币。二者的区别是直接标价法是固定外币的数量，本币数量随汇率变动，而间接标价法是固定本币数量，外币数量随两币种汇率而变动。

2. 外汇风险

外汇风险是指以外币计价的资产或负债，因外汇汇率波动而引起的价值变化给持有者造成损失的可能性。

根据外汇风险的表现形式，可以划分为三类，即外汇交易风险、经济风险和储备风险。

（1）外汇交易风险是指一个经济实体在以外币计价的国际贸易、非贸易收支活动中，由于汇率波动而引起应收账款和应付账款的实际价值发生变化的风险。

（2）经济风险是指企业或个人的未来预期收益因汇率变化而可能受到损失的风险。潜在经济风险直接关系企业在海外经营的经济效果或投资收益。

（3）储备风险是指国家、银行或公司等经济实体持有的储备性外汇资产因汇率变动而使其实际价值减少的风险。

（二）外汇期货合约

外汇期货合约是期货交易所制定的一种标准化合约，合约对交易币种、交易金额、交易时间、交割月份、交割方式、交割地点等内容都有统一的规定。在外汇期货合约交易中，唯一变动的是价格。

在外汇期货合约中，不同币种的期货合约有关交易单位、最小变动价位、每日价格波动限制的规定不尽相同。如在占全球外汇期货交易量90%以上的芝加哥国际货币市场分部（IMM）中，以美元为基础的主要币种外汇期货合约规格见表8-9。

表8-9　芝加哥国际货币市场分部（IMM）以美元为基础的部分外汇期货合约

	澳元	英镑	加元	瑞士法郎	日元	欧元	墨西哥比索
交易单位	10万澳元	6.25万英镑	10万加元	12.5万瑞郎	1 250万日元	12.5万欧元	50万比索
报价单位	美元	美元	美元	美元	美元	美元	美元
最小变动价位	0.000 1，10美元	0.000 2，12.5美元	0.000 1，10美元	0.000 1，12.5美元	0.000 001，12.5美元	0.000 1，12.5美元	0.000 025，12.5美元

续表

	澳元	英镑	加元	瑞士法郎	日元	欧元	墨西哥比索
涨跌限制	150 点，每合约 1 500 美元	400 点，每合约 2 500 美元	100 点，每合约 1 000 美元	150 点，每合约 1 875 美元	150 点，每合约 1 875 美元	200 点，每合约 2 500 美元	200 点，每合约 1 000 美元
交割月份	3 月，6 月，9 月，12 月						
交易时间	芝加哥时间上午 7:20~下午 2:00						
最后交易日	交割日前两个交易日（当日上午 9:16 收盘）						
交割日	交割月份的第三个星期三						
交割地	清算所指定的货币发行国银行						

2006 年 8 月 27 日，芝加哥商业交易所推出了人民币兑美元的期货及期权交易，当年期货合约成交 8 179 张。表 8-10 是芝加哥商业交易所人民币期货合约规格。

表 8-10　芝加哥商业交易所人民币期货合约

合约月份	连续 13 个日历月再加上 2 个延后的季度月
交易单位	1 000 000 人民币元
最小变动价位	0.000 01 点，每合约 10 美元；价差套利最小价位减半
每日价格波动限制	无
交易时间	周日下午 3 点至周五下午 4 点（全球电子交易系统）
最后交易日	合约最后交易时间为北京时间第三个星期三之前的一个交易日（通常为周二）早上 9 点，相当于美国中部时间晚上 7 点或夏令时晚上 8 点
交割方式	现金交割，交割价格以中国人民银行于该合约最后交易日早晨 9:15（北京时间）公布的汇率为准
大户报告制度	每个交易者持有期货合约及期权合约头寸（包括所有月份）的净多或净空超过 6 000 张时，必须向交易所报告；现货月合约限制为 2 000 张

(三) 外汇期货交易

外汇期货交易分为套期保值、套利和投机三种交易策略。其原理与商品期货交易大致相同，但因标的不同，二者适应的范围有很大差别。

1. 外汇期货套期保值交易

外汇期货的套期保值交易，是指利用外汇期货交易规避由于汇率变动带来的损失。汇率和利率的大幅波动，使得外汇持有者、贸易厂商、银行、企业等均需要采用套期保值，将风险降至最低限度。在现汇市场上买进或卖出的同时，又在期货市场上卖出或买进金额大致相当的期货合约。在合约到期时，因汇率变动造成的现汇买卖盈亏可由外汇期货交易上的盈亏弥补。外汇期货套期保值可分为买入套期保值和卖出套期保值。

（1）多头（买入）套期保值。多头套期保值（long hedging）指在即期外汇市场上处于空头地位的人（外币负债人），为防止将来偿付负债时汇价上升，在期货市场买入外汇期货合约，从而在即期外汇市场和外汇期货市场之间建立盈亏冲抵机制，回避汇率波动风险。由于在外汇期货交易中，一般的期货合约均是美元兑某种货币的合约。当某种货币视为外汇时，多头套期保值者应该在期货市场首先买入某种货币对美元的期货合约。

【例 8-9】某一英国跨国公司设在美国的子公司，急需一笔美元做为期 3 个月的短期投资，在 2 月 2 日从母公司借入 125 万英镑，按 £1 = $1.510 0 的汇价卖出，获得 1 887 500 美元，该子公司担心 3 个月后英镑汇率上升，收回的美元贬值，换不到 125 万英镑，于是在期货市场买入 20 张 6 月份英镑期货合约（每张 6.25 万英镑），汇率为 £1 = $1.512 0。5 月 2 日现货市场英镑对美元的汇价果真上升到 £1 = $1.518 0，为了还贷，按此汇率买入 125 万英镑，同时又立即在期货市场按 £1 = $1.522 4 卖出 20 张 6 月份英镑期货合约平仓。具体操作如表 8-11 所示。

表 8-11　外汇期货多头套期保值

日期	现货市场	期货市场
2 月 2 日	£1 = $1.510 0 卖出 £125 万，得 $1 887 500，现汇头寸：$1 887 500	买入 20 张 6 月份英镑期货，成交价 £1 = $1.512 0，合约价值：$1 890 000
5 月 2 日	£1 = $1.518 0 买入 £125 万，支出 $1 897 500，现汇头寸：$1 897 500	卖出 20 张 6 月份英镑期货（平仓），成交价 £1 = $1.522 4，合约价值：$1 903 000
结果	$1 887 500 - $1 897 500 = - $10 000	$1 903 000 - $1 890 000 = $13 000
	总盈/亏 = $13 000 - $10 000 = $3 000	

通过买入套期保值，该子公司于三个月后收回投资兑换英镑时，由于英镑升值，在即期现汇市场上多付出 10 000 美元，但因该公司在 2 月份卖出英镑现汇时，同时在期货市场上做了多头套期保值，使期货市场的盈利在完全弥补了现汇市场上的损失后还有盈余。当然，如果到偿债期时英镑贬值，则期货市场的多头

头寸亏损，但即期外汇市场上减少的支出基本与期货的亏损相互冲抵，使该公司的实际兑换成本大致锁定在目标汇率水平。

（2）空头套期保值（short hedging）。指外币资产持有人在期货市场卖出一笔与即期外汇市场多头头寸金额相等的期货合约，以防止因现货市场外汇贬值而遭受损失的一种外汇套期保值交易方式。其目的是对外汇资产进行保值，即避免因汇率下降而引起持有的外币资产贬值的风险。

【例8-10】2月5日，一家美国出口商向英国企业出口了价值6.25万英镑的设备，6个月后收款，当时6个月远期汇率为£1＝$1.526 5。为防止英镑贬值而遭受损失，在期货市场卖出一张9月份英镑期货合约，成交价£1＝$1.528 0。到了8月2日英镑汇率下跌到£1＝$1.476 5美元，该出口商卖出6.25万英镑货物将不能如数收回资金而遭受损失。出口商立即按成交价£1＝$1.478 0买入1张9月份英镑期货合约平仓，用期货市场上的盈利抵补现货市场上的亏损。具体运作如表8-12所示。

表8-12　外汇期货空头套期保值

日期	现货市场	期货市场
2月5日	汇率为£1＝$1.526 5，出口价值6.25万英镑的设备，应收账款：$95 406.25	卖出1张9月份英镑期货合约，成交价£1＝$1.528 0，合约价值：$95 500.00
8月2日	汇率下跌到£1＝$1.476 5，实收货款：$92 281.25	买入1张9月份英镑期货合约，成交价£1＝$1.478 0，合约价值：$92 375.00
结果	$92 281.25－$95 406.25＝－$3 125	$95 500.00－$92 375.00＝$3 125
	总盈/亏＝$3 125－$3 125＝0（持平保值）	

通过卖出套期保值，该出口商于6个月后收回货款英镑时，由于英镑贬值，少收入3 125美元，但因出口商在2月份同时在期货市场上做了空头套期保值，使期货市场的盈利完全弥补了现汇市场上的损失。当然，如果半年后英镑升值，则期货市场的空头头寸亏损，但即期外汇市场上增加的收入基本与期货的亏损相互冲抵，使该出口商的实际收入基本锁定在目标售价水平。

由此可见，外汇套期保值交易，如同商品期货和其他金融期货的套期保值一样，其基本原则是"相等且相反"。"相等"是指品种和数量相一致，使之有可比性；"相反"则是指在期货市场应做与现货市场相反的交易，如，在现货市场买进则必须在期货市场上卖出等量或相等金额的期货合约；反之，在现货市场上卖出，则必须在期货市场上买进等量或相等金额的期货合约，以期货市场与现货部位的盈亏相互冲抵来规避风险。应当指出，在实际运作中，有时期货市场价格波动与预期相反，则会导致期货市场发生亏损，可以用现货市场上的盈利抵消期货市场上的亏损，同时也失去了只做现货，不做期货获得更多利润的机会，但却可以避免更大的亏损风险。

2. 外汇期货的套利交易

外汇期货套利交易是一种较为复杂的交易行为，它与商品期货套利相似，分为跨期套利、跨币种套利、跨市场套利三种类型。

（1）跨期套利是交易者根据对同一交易所内相同币种、不同交割月份的期货合约的价格走势的研究，买进某一交割月份的期货合约，同时卖出另一交割月份的同种货币期货合约的交易行为。通过买进近期合约、卖出远期合约进行套汇赚取利润的交易策略被称为牛市价差套汇（bull spread），而通过买进远期合约、卖出近期合约进行套汇赚取利润的交易策略被称为熊市价差套汇（bear spread）。在买入或卖出期货合约时，合约份数应一致。具体操作中，应按如下原则：第一，如果两种合约价格均上涨，买入预期涨幅较大的交割月份的期货合约，卖出预期涨幅较小的交割月份的期货合约。第二，如果两种合约价格均下跌，则卖出预期跌幅较大的交割月份的期货合约，买入预期跌幅较小的交割月份的期货合约。

（2）跨币种套利是指交易者通过对同一交易所内交割月份相同而币种不同的期货合约的价格走势的研究，买进某一币种的期货合约，同时卖出另一币种的相同交割月份的期货合约的交易行为。在买入或卖出期货合约时，金额应保持相同。具体操作过程中，一般的原则有四点：第一，有两种货币，若一种货币对美元升值，另一种货币对美元贬值，则买入升值的货币期货合约，同时卖出贬值的货币期货合约。第二，两种货币都对美元升值，其中一种货币升值速度较另一种货币快，买入升值快的货币期货合约，同时卖出升值慢的货币期货合约。第三，两种货币都对美元贬值，其中一种货币贬值速度较另一种货币快，卖出贬值快的货币期货合约，同时买入贬值慢的货币期货合约。第四，两种货币，其中一种货币对美元汇率保持不变，若另一种货币对美元升值，则买入升值货币的期货合约，同时卖出汇率不变的货币的期货合约；若另一种货币对美元贬值，则卖出贬值的货币期货合约，同时买入汇率不变的货币期货合约。

（3）跨市场套利指交易者根据自己对外汇期货合约价格走势的研究，在一个交易所买入期货合约，同时在另外一个交易所卖出同种外汇期货合约的行为。在买入或卖出期货合约时，它们的金额应保持相同。在操作过程中，一般的原则有两点：第一，如两个市场均处于牛市状态，其中一个市场的涨幅高于另一个市场，则在涨幅大的市场买入，涨幅小的市场卖出。第二，如两个市场均处于熊市状态，其中一个市场的跌幅大于另一个市场，则在跌幅大的市场卖出，跌幅小的市场买入。

3. 外汇期货投机交易

外汇投机交易是指在预期汇率将要上涨时先买后卖，在预期汇率将要下跌时先卖后买以赚取差价利润的一种交易方式。

（1）外汇期货卖空投机。在期货市场上，当投机者预测某种外币将贬值或汇率将大幅度下跌时，趁未跌前的高价位先行卖出，如果未来价格果然下跌，就在低价位补进赚取差价利润的一种行为。如果预测与实际正好相反，则发生亏损。

【例 8-11】3 月 1 日某投机者预测英镑兑美元的期货价格将下跌，于是卖出 1 张 6 月份到期的英镑期货合约，成交价为 £1 = \$1.52，合约价值 \$95 000，5 月 3 日，平仓买入 1 张 6 月份的英镑期货合约，成交价下跌至 £1 = \$1.5。具体结果见表 8-13。

表 8-13　卖空投机

日期	期货市场
3 月 1 日	建仓卖出 1 张 6 月份到期的英镑期货合约，成交价：£1 = \$1.52，合约价值：\$95 000
5 月 3 日	平仓买入 1 张 6 月份的英镑期货合约，成交价：£1 = \$1.50，合约价值：\$93 750
结果	总盈/亏 = \$95 000 - \$93 750 = \$1 250（盈利）

（2）外汇期货买空投机。在期货市场上，当投机者预测某种外币将升值或汇率将大幅度上涨时，趁未涨前的低价位先行买进，若未来价格果然上涨，就在高价位卖出，赚取差价利润的一种行为。如果预测与实际相反，则发生亏损。

【例 8-12】3 月 1 日某投机者在国际货币市场（IMM）预测未来日元期货价格将上涨，买入 1 张 6 月份日元期货合约，成交价为 1 日元 = 0.011 5 美元。到了 6 月 1 日，日元期货合约价格果然上涨至 1 日元 = 0.011 6 美元，立即卖出 6 月份日元期货合约平仓。具体结果见表 8-14。

表 8-14　买空投机

日期	期货市场
3 月 1 日	建仓买入 1 张 6 月份日元期货合约（1 250 万日元），成交价：1 日元 = 0.011 5 美元，合约价值：$143 750
6 月 1 日	平仓卖出 1 张 6 月份日元期货合约（1 250 万日元），成交价：1 日元 = 0.011 6 美元，合约价值：$145 000
结果	总盈/亏 = $145 000 - $143 750 = $1 250（盈利）

二、利率期货

(一) 利率期货及其特点

利率期货是以货币市场和资本市场的各种利率工具为标的物的期货合约，由于利率工具的价格与利率水平息息相关，交易双方的盈亏会随利率的变动不断变化，因而称为利率期货。

利率期货有两个特点：

第一，利率期货价格与实际利率成反方向变动，即利率越高，债券期货价格越低；利率越低，债券期货价格越高。

第二，利率期货的交割方法特殊。利率期货主要采取现金交割方式，有时也有现券交割。现金交割是以银行现有利率为转换系数来确定期货合约的交割价格。

(二) 利率期货合约

利率期货的种类繁多，分类方法也有多种。通常，按照合约标的物的期限，利率期货可分为货币市场（短期）利率工具期货和资本市场（长期）利率工具期货两大类。

短期利率期货是指期货合约标的的期限在一年以内的各种利率期货，即以货币市场的各类债务凭证为标的的利率期货均属短期利率期货，包括各种期限的商业票据期货、短期国库券期货、可转让定期存单及欧洲美元定期存款期货等。短期国债期货和欧洲美元期货是两种最普遍的短期利率期货。

长期利率期货是指期货合约标的物的期限在一年以上的各种利率期货，即以资本市场的各类债务凭证为标的的利率期货均属长期利率期货，包括各种期限的中长期国库券期货和市政公债指数期货等。

在美国，目前所有重要的、交易活跃的利率期货都集中在两个交易所：芝加哥期货交易所和芝加哥商业交易所（国际货币市场分部）。这两个交易所分别以长期利率期货和短期利率期货为主。在中长期利率期货中，最有代表性的是芝加哥期货交易所5年期、10年期和30年期国库券期货，短期利率期货的代表品种则是芝加哥商业交易所的3个月美国短期国库券期货、3个月欧洲美元定期存款期货和泛欧交易所的3个月期欧洲银行间欧元利率（EURIBOR）期货。

1. 短期国债期货合约

短期国债的付息方式通常采用贴现方式，到期按照面值进行兑付。例如，100万美元面值的1年期国债，按照6%的年贴现率发行，其发行价为94万美元，到期兑付100万美元，6万美元相当于利息，而投资收益率应为6万/94万即6.38%，大于贴现率6%（6万/100万）。如果是3个月期国债，按照6%的年贴现率发行，则3个月的贴现率为1.5%，其发行价应为98.5万美元，到期兑付100万美元，1.5万美元相当于利息，而投资收益率应为1.5万/98.5万即1.52%，年化收益率为6.1%，大于贴现率6%。短期国债期货合约见表8-15。

表8-15 CME13周的美国国库券期货（13-week T-bills）

合约单位	面额为100万美元的三个月美国国库券（13-week T-bills）
报价方式	100-不带%的年贴现率
最小变动价位	1/2个基点，0.005点=12.5美元
涨跌幅度限制	60个基点，即0.6点=1 500美元
交割月份	3月、6月、9月、12月
交易时间	场内交易时间：周一至周五7:20AM~2:00PM（芝加哥时间） 电子交易时间：周一至周四5:00PM~4:00PM，星期天节假日5:00PM~4:00PM
最后交易日	交割月的第三个星期三
交割方式	现金交割
契约代码	TB

短期国债期货合约的细则大致包括六个内容。

（1）交易单位。短期国债期货合约代表着一定数量的短期国债，美国芝加哥商业交易所规定每份短期国债期货合约代表的是100万美元的91天（13周）期的短期国债。

（2）报价方式。由于短期国债采用贴现方式发行，价格与贴现率具有反向关系，即：贴现率上升，则国债价格下降；价格越高，贴现率越低，也即收益率越低。这与投资者习惯的低价买入、高价卖出的法则正好相反。为弥补这一缺陷，芝加哥商业交易所在短期国债期货报价时，采用指数式报价方式，即用100减去不带百分号的年贴现率方式报价，从而使短期国债期货报价与债券价格变动方向相同。例如，当面值为100万美元的3个月期国债的成交指数为92时，意味着年贴现率为8%（100%-92%）。则3个月的贴现率为2%（8%×90/360）。也即意味着以100万美元×（1-2%）=98万美元的价格成交100万美元面值的国债。

（3）最小变动价位。由于以指数方式报价，最小变动价位以指数表示为1/2个基本点。一个基本点是指数的1%点，即0.01个指数点，一个基本点代表25美元，因而最小变动点为1/2基点即为0.005点，合12.5美元。

（4）涨跌停板。芝加哥商业交易所对短期国债期货合约价格的涨跌幅度做出了规定，涨跌停板为60个基点，即当日报价不得超过前一交易日结算价的±60个基点，合1 500美元（60×25）。

（5）交割月份。短期国债期货合约的交割月份为每个季度的最后一个月，即每年的3月、6月、9月、12月。

（6）交割方式。芝加哥商业交易所的短期国债期货合约以前曾采用实物交割的方式，但现在已经采用现金交割方式。最终结算价是根据最后交易日（合约月份第三个星期三）当天现货市场上3个月期国债拍卖贴现率的加权平均计算的。用100减去加权平均拍卖贴现率，就是最终结算指数。

2. 欧洲美元期货合约

欧洲美元是指在美国境外的所有美元存款。从20世纪60年代中期到70年代初，欧洲美元市场作为人们逃避美国联储存款准备金要求和利率上限法规的一种手段而迅速发展起来。目前，尽管这些管制已经失去效力，但欧洲美元市场作为美国银行系统以外借贷短期美元资金的渠道一直保留了下来。在欧洲美元的存款中，欧洲美元存单通常是特指有固定存款期限的大额美元存单，其存款期限一般为3个月或6个月。欧洲美元市场的利率被称为伦敦银行同业拆借利率（London Interbank Offered Rate，LIBOR）。欧洲美元存款账户的管理费用相对较低，因此存款利率要高于美国银行发行的定期存单（CDs），不过大多数欧洲美元存款是不可转让的，所以流动性要比定期存单差一些。

表8-16是国际货币市场欧洲美元期货合约。即3个月欧洲美元定期存款利率期货。合约价值与短期国债期货合约的价值相同即100万美元。该合约报价方式与芝加哥商业交易所短期国库券期货合约相似，也以指数方式报价。当成交指数为94.00时，其含义为买方在交割日将获得1张3个月存款利率为（100%-

94%)/4＝1.5%的存单。指数越高，意味着买方获得的存款利率越低。需要注意的是，3 个月期欧洲美元期货的指数与 3 个月期国债期货的指数没有直接可比性。例如，当指数同为 92 时，3 个月欧洲美元期货对应的含义是买方到期获得一张 3 个月存款利率为（100%－92%）/4＝2%的存单；而在 3 个月期国债期货中，买方将获得一张 3 个月的贴现率为 2%的国库券。但这张贴现率为 2%的国库券的实际收益率大于 2%，而是 2%÷（1－2%）＝2.04%。

表 8-16　CME3 个月欧洲美元期货合约

合约单位	1 000 000 美元面值的 3 个月欧洲美元定期存单
报价方式	100－不带%的年利率
最小变动价位	1/2 个基点，0.005 点＝12.5 美元； 现货月合约：1/4 个基点，0.002 5 点＝6.25 美元
涨跌幅度限制	无
交割月份	3 月、6 月、9 月、12 月
交易时间	场内交易时间：周一至周五 7：20AM～2：00PM（芝加哥时间） 电子交易时间：周一至周四 5：00PM～4：00PM，星期天节假日 5：00PM～4：00PM
最后交易日	交割月份第 3 个周三往回数第 2 个伦敦银行营业日
交割方式	现金交割
契约代码	ED

3 个月欧洲美元期货合约采用现金交割方式（由于 3 个月欧洲美元定期存单不可转让，不可能进行实物交割），交割结算价的确定方式是：合约最后交易日伦敦时间上午 11：00 的伦敦银行同业拆借利率抽样平均利率，用 100 减去抽样平均利率得到最后结算交割指数。所有到期未平仓的合约都按照最后结算交割指数平仓。

3. 中长期国债期货合约

偿还期在 1 年以上的国债称为中长期国债。在美国，通常将偿还期在 1 至 10 年的国债称为中期国债，而将偿还期在 10 年以上的国债称作长期国债。中长期国债通常是附有息票的附息国债，付息方式是在债券期满之前，按照票面利率每半年付息一次，最后一笔利息在期满之日与本金一起偿付。例如，10 年期国债的票面利率为 10%，面值为 10 万美元，则债券持有人每半年可得 5 000 美元的利息，期满时，在得到最后一笔利息的同时收回 10 万美元本金。芝加哥期货交易所主要中长期利率期货见表 8-17。

表 8-17　芝加哥期货交易所主要中长期利率期货

标的物	30 年期美国长期公债期货（US）	10 年美国中期债券（TY）	5 年美国中期债券（FV）	2 年美国中期债券（TU）
报价方式	以点数报价，1 点＝1 000 美元			
最小变动价位	1/32 点（1 滴）（31.25 美元）	1/64 点（1/2 滴）（15.625 美元）	1/64 点（1/2 滴）（15.625 美元）	1/128 点（1/4 滴）（7.812 5 美元）
交易单位	10 万美元	10 万美元	10 万美元	20 万美元
交易时间	口头喊价：7:20AM～2:00PM 电子交易：5:30AM～2:00PM			
交易月份	3、6、9、12 月			

美国政府中长期债券期货合约的规格有四个方面。

（1）交易单位。美国芝加哥商业交易所大部分的中长期债券期货合约的交易单位都为 10 万美元，只有两年期的为 20 万美元。

（2）报价方式。美国中长期国债期货的报价方式采用价格报价法，如芝加哥期货交易所的 10 年期长期国债期货合约面值为 100 000 美元，合约面值的 1% 为 1 个点，即 1 点合 1 000 美元，1/32 点称为 1 "滴"，即 31.25 美元（1/32×1 000＝31.25）。报价以点和多少 1/32 点的方式进行。例如，98-160，意即 98 "点"另加 16 "滴"，或表示该期货合约的金额等于实际交割数额的 0.985 0 倍 [（98+16/32）%]，则 98-160 可换算为 98×1 000+16.0×31.25＝98 500 美元或（98+16/32）%×1 000＝98 500 美元。

（3）最小变动价位。最小变动价位为 1/32 点的一半，即 15.625 美元，由于美元的最小单位为美分，所以对美分以下的尾数采取四舍五入方法。价差套利的最小变动点为 1/32 点的 1/4，即 7.812 5 美元。

（4）交割方式。中长期债券期货采用实物交割方式。由于可交割的中长期债券有许多种，而它们的票面利息各有不同，交易所乃规定，用于交割的债券以 8% 的息票利率为基础计算，为了把各种各样的符合交割要求的债券价值统一于 8% 的票面利率标准，芝加哥商业交易所计算出不同债券之间的价值转换因子并予公布。

【例 8-13】假定投资者持仓的 10 年期国债期货需要在 2010 年 6 月进行交割，如果以 2008 年 2 月 15 日发行、2018 年 2 月 15 日到期、票面利率为 4% 的国债进行交割，转换因子为 0.910 0。假定 10 年期国债期货 2010 年 6 月合约交割价为 123～160，相当于 123.5 点，则 6 月 30 日交割时，卖方将 2008 年 2 月发行的面值为 10 万美元的 10 年期国债交付，买方支付金额为 123.5×0.910 0×1 000＝112 385（美元）。

由于中长期债券持有者是按一定的期限取得利息收入，在交割时，债券的持有者或空头要向买入债券的人收取从上次票息支付后到交割日的持有债券的利息收入（积累利息）。积累利息＝债券票面额×息票年利率×N/360（其中，N 是从上次票息支付之日到交割日时的天数。）因此，买方付出的积累利息应为：

$$100\ 000×4\%×135/360＝1\ 500（美元）$$

买方实际付出总金额应为 112 385 美元＋1 500 美元＝113 885 美元。卖方给买方开出发票的金额，称为发票金额。

中国利率期货品种发展至今，已推出了 2 年期国债期货、5 年期国债期货和 10 年期国债期货三个品种，它们均为中长期国债期货品种。表 8-18 是中国中长期利率期货合约。

表 8-18　中国中长期利率期货合约

合约名称	2 年期国债期货合约	5 年期国债期货合约	10 年期国债期货合约
合约标的	面值为 200 万元人民币、票面利率为 3% 的名义中短期国债	面值为 100 万元人民币、票面利率为 3% 的名义中期国债	面值为 100 万元人民币、票面利率为 3% 的名义长期国债
可交割国债	发行期限不高于 5 年，合约到期月份首日剩余期限为 1.5～2.25 年的记账式附息国债	发行期限不高于 7 年、合约到期月份首日剩余期限为 4～5.25 年的记账式附息国债	发行期限不高于 10 年、合约到期月份首日剩余期限不低于 6.5 年的记账式附息国债
报价方式	百元净价报价		
最小变动价位	0.005 元		
合约月份	最近的三个季月（3 月、6 月、9 月、12 月中的最近三个月循环）		
交易时间	9：15-11：30，13：00-15：15（最后交易日交易时间为 9：15-11：30）		
每日价格最大波动限制	上一交易日结算价的 ±0.5%	上一交易日结算价的 ±1.2%	上一交易日结算价的 ±2%
最低交易保证金	合约价值的 0.5%	合约价值的 1%	合约价值的 2%
交割方式	实物交割		
交易代码	TS	TF	T

(三) 利率期货交易

1. 套期保值交易

对于持有固定收益利率工具的投资者来说，当市场利率发生变化时，会影响到其持有的利率工具的价值。利率工具的价值与市场利率水平呈反方向变动，即：市场利率提高，则利率工具价值下降；市场利率下降，则利率工具价值提高。因此，利率的变动将导致利率工具的价值出现相应的变动，从而引致规避利率风险的客观需求。利用利率期货合约的套期保值交易可以回避利率变动风险。

(1) 多头套期保值。利率期货的多头套期保值是指承担按固定利率计息债务的交易者，或者未来将持有固定收益债券或债权的交易者，为了防止市场利率下降而导致的债务融资相对成本上升或未来买入债券或债权的成本上升 (或未来收益率下降)，而在期货市场买入相应的合约，从而在两个市场建立盈亏冲抵机制，规避因利率下降而出现损失的风险。

【例8-14】2月10日，投资者打算将5月10日到账的一笔美元收入以 LIBOR 利率存入银行。该笔美元数量为 10 000 000 美元。但投资者预期利率可能在5月10日前会有下调，为避免因利率下降引起的利息收入损失，该投资者对此进行套期保值，具体操作过程见表8-19。

表8-19　具体操作过程

日期	现货市场	期货市场
2月10日	3个月 LIBOR 利率为8%	建仓买入10份6月到期的欧洲美元合约，价格92.00
5月10日	3个月 LIBOR 利率降为 7.5%，收到 10 000 000 美元，以此利率存入	平仓卖出10份6月到期的欧洲美元合约，价格92.50
结果	现货市场盈亏： 10 000 000 × (7.5% – 8%) × 90/360 = –12 500 (美元)	期货市场盈亏： (92.50–92.00)%×1 000 000×10×90/360 = 12 500 (美元)
	总盈/亏：12 500–12 500 = 0	

例8-14中，由于存款利率下跌，投资者减少了利息收入 12 500 美元，但在期货市场上的盈利也是 12 500 美元，弥补了现货市场的损失。从收益率来看，投资者所得利息收入为 10 000 000×7.5%×1/4 = 187 500 美元，加上期货市场盈利 12 500 美元，实际总收益为 200 000 美元，因此其实际收益率为 200 000/ 10 000 000×4 = 0.08 = 8%，与原来的预期相同，完全规避了利率下降的风险。

当然，如果利率不跌反升，则期货市场会出现亏损，但同时现货市场利息收入增加，相互冲抵后实际收益率基本可以维持在目标利率水平。

（2）空头套期保值。利率期货的空头套期保值是指持有固定收益债券或债权的交易者，或者未来将承担按固定利率计息债务的交易者，为了防止市场利率上升而导致的债券或债权价值下跌（或收益率相对下降），或未来融资利息成本上升的风险，通过在期货市场卖出相应的合约，从而在两个市场建立盈亏冲抵机制，以规避利率上升的风险。

【例 8-15】假定某投资基金经理持有 2010 年 2 月到期、年利率为 10%、总面值为 1 000 万美元的美国 10 年期长期国债。假定该债券 6 月份时的现货市场价格为 98-00。基金经理担心，近期内利率可能大幅度提高，从而引起债券价格下跌。为规避利率提高带来的债券市值损失，基金经理决定在期货市场进行套期保值。他以 87-00 的价格卖出 100 张 9 月份债券期货合约。如其所料，2 个月后由于利率上升，该笔债券的现货市场价格跌至 92-00 水平。但由于已经在期货市场做了卖出套期保值，当 9 月份债券期货价格跌到 81-16 时，基金经理以此价格对冲其手中的空头部位，以期货市场的盈利弥补债券现货市场的损失，交易过程及结果见表 8-20。

表 8-20　卖出套期保值

日期	现货市场	期货市场
6 月 1 日	持有 1 000 万美元国债，价格为 98-00	以 87-00 的价格建仓卖出 100 张 9 月到期的国债期货合约
8 月 5 日	债券价格下跌到 92-00	以 81-16 的价格平仓买入 100 张 9 月到期的国债期货合约
结果	债券市值损失 60 万美元 (98-92)%×1 000 万	盈利 55 万美元 (5.5×32×31.25×100)

从以上套期保值的过程可以看出，由于利率提高引起债券价格下跌，导致基金持有的长期国债市值损失 60 万美元，但同时期货市场获利 55 万美元，基本上弥补了现货市场的损失。

当然，如果利率不升反跌，则期货市场会出现亏损，但同时现货市场债券价格也会上涨，与期货亏损冲抵后基本可以达到债券保值避险的目的。

2. 投机交易

投机者不以现货市场为基础，仅在期货市场运作，如果预测准确，将会盈利；反之，预测失误，则会发生亏损。与其他的期货投机一样，利率投机分为两种类型，即空头投机和多头投机。空头投机是通过"高进低出"而获利，而多头投机则是通过"低进高出"来获利。

（1）卖空投机。投机者预测未来利率水平将提高，国债期货价格将要下跌，在尚未下跌之前先在高价位卖空，如果价格果真下跌，则在低价位买进，以获取差价利润，其卖空投机运作见表8-21。

表8-21 卖空投机

日期	期货市场
8月1日	在94-200$\left(94\dfrac{20}{32}\right)$，建仓卖出1张9月份长期国库券期货合约
9月5日	在92-080平仓买入1张9月份长期国库券期货合约
结果	获利2×\$1 000+12×\$31.25 = \$2 375

（2）买空投机。投机者预期未来利率要降低，国债期货价格将要上升，在尚未上升之前先在低价位买空，等到价格果真上涨时，则在高价位卖出，以获取差价利润。其买空投机运作如表8-22。

表8-22 买空投机

日期	期货市场
5月2日	在92-200$\left(92\dfrac{20}{32}\right)$，建仓买入1张6月份长期国库券期货合约
6月3日	在94-080$\left(94\dfrac{8}{32}\right)$，平仓卖出1张6月份长期国库券期货合约
结果	获利2×\$1 000-12×\$31.25 = \$1 625

三、股票期货

（一）股票期货的含义

单一股票期货（single stock future，SSF）也称个股期货或股票期货（往往也将单一股票期权包含在内），是以单只股票作为标的的期货期权合约；其实质是投资者将其对单只股票市场价格的预期风险转移至期货市场。作为从股票现货衍生出来的金融产品，它与股指期货等其他金融衍生产品一样具有价格发现、规避风险和资产配置等基本功能，可以用来对冲股票现货的风险、投机、套利和资产配置，能够有效完善证券市场的功能与机制。相对于股指期货有利于机构投资者组合投资回避市场风险而言，单一股票期货趋利避险的特征更为明显，也更适合包括机构投资者在内的所有投资者。

金融衍生工具的不断创新，是资本逐利和风险控制的必然产物，适应了金融全球化的迅速发展。相对于 20 世纪 80 年代蓬勃发展的利率期货、90 年代的股指期货来说，21 世纪初最引人注目的则是单一股票期货的崛起。从 1999 年以来，单一股票期货成为全球金融衍生产品中增长最快的品种。

(二) 股票期货与股指期货的关系

从字面上说，股票期货是以单只股票作为标的的期货合约；而股票指数期货（简称股指期货）是以某一股票指数作为标的的期货合约。

1. 股票期货与股指期货的界定

实践中，美国的证券期货监管机构把股票指数分为两类：窄基和宽基。美国期货交易委员会（CFTC）和证券交易委员会（SEC）将窄基股票指数期货和单只股票期货定义为股票期货。对应的，股票指数期货指的是宽基股票指数期货。但在目前全球尚无窄基股票指数期货上市。

宽基股票指数定义为：如果股票指数期货合约的标的满足两个条件之一，该指数被认为是宽基指数，其期货由美国期货交易委员会监管。

条件一：宽基指数定义为：含 10 只或更多个股票；单个成份股权重不超过 30%；权重最大的 5 只股票累计权重不超过指数的 60%；平均日交易额处于最后 1/4 的成份股累计的平均日交易额超过 5 000 万美元，如果指数至少有 15 只股票则超过 3 000 万美元。

条件二：宽基指数也可定义为：含 9 只或更多只股票，单只成份股权重不超过 30%，每只成份股均为大盘股（按照市值和平均日交易量都排入前 500 家的股票）。

不满足上述两个条件的指数被认为是窄基指数，窄基指数和单只股票期货被定义为股票期货，接受美国商品期货委员会（U. S Commodity Futures Trading Commission，CFTC）和美国证券交易委员会（U. S Securities and Exchange Commission，SEC）的联合监管。

2. 股票期货和股指期货的联系

首先，两类产品都是从股票现货衍生出来的金融产品（股票类衍生产品还包括股票选择权、股指期权等），两者都和股票现货市场有着密切的关系，股票期货的价格和单只股票现货的价格有互动关系，股票指数是由成份股的报告期股价与基期股价相比较得到的，因此股指期货的价格是与单只成份股股价的总体表现有互动关系。

其次，在功能上，股票期货和股指期货都是期货的一种，因此，它们也具有期货的一般功能，如套期保值、价格发现，可以用来对冲现货股票的风险、投机、套利、资产配置等，但具体操作场合有所不同。

最后，在合约条款上，也有许多类似的地方，如合约月份、到期日、结算价和交割价的计算方法等。

3. 股票期货和股指期货的区别

首先，从两种期货对冲风险的性质来说，股指期货是对冲股票的系统风险，股票期货则是对冲单只股票的总体风险，包括系统风险和与个股相关的非系统风险。

其次，从两种期货的应用场合来说，股指期货对于被动式指数化投资来说对冲效果较好，而股票期货对于通过选择股票希望跑赢大市的主动式投资对冲效果更好。

最后，从两种期货市场的发展程度看，股指期货诞生于 20 世纪 80 年代初，在各主要金融市场交易都很活跃；股票期货则由于美国监管机构的管辖权冲突一直难于在美国问世，受其影响，西欧、日本等主流金融市场在 2001 年以前基本没有股票期货交易，只有北欧、南欧和东欧以及香港地区、澳大利亚等一些市场有交易，且流动性无法和股指期货相比。近年西班牙和英国推出了股票期货且交易逐渐活跃，美国监管机构也达成了协议，于 2002 年 11 月 8 日正式开始股票期货交易。

(三) 股票期货合约

各交易所的股票期货合约大同小异，这里以伦敦国际金融期货交易所为例进行说明。

2001 年 1 月 29 日，伦敦国际金融期货交易所首次推出 25 只 SSF（伦敦国际金融期货交易所将其称为全球性股票期货，universal stock future，因为其选择的现券样本不局限于本国企业）。伦敦国际金融期货交易所首次选中的 25 只股票均为全球范围内非常知名的公司，主要从事通信、科技、石油、制药以及银行业。其中芬兰 1 只、法国 3 只、德国 3 只、意大利 2 只、荷兰 2 只、西班牙 2 只、英国 5 只、美国 7 只。伦敦国际金融期货交易所推出的全球性股票期货大受投资者欢迎，发展迅猛，短短 1 年时间股票期货归入的个股已发展到了 97 家（截至

2002 年 1 月底），这些个股涵盖了英国、美国、德国、瑞典等 11 个国家的公司，市值超过了 7 万亿欧元。

由于伦敦国际金融期货交易所的股票期货是从全球范围内选择个股，其所选股票包括多国公司，交易规则各不相同，因此，单一股票期货合约的内容也不尽一致。这里我们只简单介绍香港交易所股票期货合约的主要内容（见表 8-23）。

表 8-23　香港交易所股票期货合约细则

项目	合约细则
相关股票及 HKATS 代码	请参考股票期货名单[①]
合约乘数（股数）	一手正股[②]
合约价值	立约成价乘以合约乘数
最低价格波幅	港币 \$0.01
合约月份	现月，下两个月，及之后的两个季月
交易时间	上午 9：30-中午 12：00 下午 1：00-下午 4：00
最后交易日	该月最后第二个营业日
最后结算日	最后交易日之后的第一个营业日[③]
最后结算价	相关股票于最后交易日当天的联交所报的正式收市价
结算方法	以现金结算
交易费用及征费	交易所费用类别一：港币 3.0；类别二：港币 1.0；类别三：港币 0.5 证监会征费港币 0.10 佣金商议 （除盈富基金及恒生中国企业指数上市基金期货之外，由 2018 年 3 月 1 日至 2018 年 12 月 31 日〈包括首尾两天〉豁免所有其他股票期货交易费用)[④]

注：①截至 2019 年 2 月，香港交易所可供买卖的股票期货共 78 种。

②有关个别股票期货的合约乘数可参考股票期货名单。见香港交易所网站：https://www.hkex.com.hk/products/listed-derivatives/single-stock/stock-futures?sc_ lang=zh-hk。

③从 2018 年 7 月 3 日开始，最后结算价的厘定方法将修改为相关股票于最后交易日当天的联交所报的正式收市价。

④从 2018 年 7 月 3 日开始。将推出新三级收费类别。有关收费类别参考香港交易所网站：https://www.hkex.com.hk/-/media/HKEX-Market/Services/Circulars-and-Notices/Participant-and-Members-Circulars/HKFE/2018/MKD_ EQD_ 16_ 18_ c.pdf?la=zh-HK。

（四）股票期货的优点

股票期货相对于股票（现货）交易而言，主要的优势是：成本低、效率高、交易便利和投资效果显著，可以给投资者提供更多的投资工具和投资获利机会，从而提高了他们证券投资组合的业绩。具体来讲，股票期货的优点有七点。

（1）为投资者提供快速简捷的投资工具。投资者可以通过期货交易，方便地买空或卖空，从而增加或减少某只股票的投资头寸。投资者如判断股价下跌，则可通过卖空股票期货合约获利。通常情况下，在股票（现货）交易中，不同国家或地区对投资者做空股票的条件有严格限制，如香港联交所只认可 227 家股票可做空，且在做空前必须借到股票。然而，在期货市场上建空仓，却是相当简单、灵活的。

（2）保值者可以利用股票期货对冲单一股票的风险，投机者能够进行单一股票的套利交易。

（3）提高投资者的资金运用效率。由于期货交易的杠杆效应，投资者只需按合约价值交付一小部分的保证金（通常为 7%～15% 或稍高，根据股票波动率进行调整），从而完成 100% 的交易。通过下面的例子，能明显看出股票期货交易能提高资金运用效率。从例可以看出，由于股票期货交易的保证金水平通常较现货股票交易的保证金水平低得多，从而令投资者资金效应大为提高。当然，如果交易者判断失误，A 股票价格不升反跌 $1，那么交易者承受的投资损失率也相应为 10%，20%，50%。

假设某一投资者认为公司 A 的股价在短期内会上升，那么，他可以按当前股价，假设 $10/股买进 A 股票，当 A 股票价格升至 $11/股时卖出，实现收益 $1/股。如该投资者进行的是实盘交易，则其投资回报率为 10%；如该投资者进行的是 50% 杠杆水平的现货交易，则只需投资 $5，就能买进一股价格为 $10 的股票，其投资回报率为 20%；如该投资者在期货市场以 20% 的保证金水平完成交易的话，买进每股价格为 $10 的股票只需投资 $10 \times 20\% = \$2$，此时投资回报率为 50%。

（4）为投资者提供低成本的投资方法。有些交易所（如伦敦国际金融期货交易所、香港期交所等）采用现金交割制，从而避免了交割现券股票时发生的费用和不便。此外，股票（现货）交易需要缴纳印花税，而股票期货交易不需缴纳印花税。

（5）为投资者提供改变投资组合的灵活手段。投资者在不用更改其现货股票投资组合的前提下，可以方便地利用期货头寸的变换达到调整整体投资组合的目的。比如，基金经理可买空构成某个特定股票指数的成份股票的期货合约，建立符合自己要求的指数系统。也可以通过买空或卖空不同行业的股票期货合约，中和或调整某一特定股票指数的成份取向，即增加或消弱某一类股票的投资比重。另外，可以对现有股票指数中未包括的新兴产业的股票期货投资。股票期货还是投资者的股票期权头寸的有效对冲和保值工具。

（6）投资者可通过基差交易和套利交易等投资策略扩大收益。投资者既可以从相同股票不同月份间、不同市场间（现货、期货市场）的价格差异中获利，也可以从不同股票之间的相对表现获利（如买入一个股票期货同时卖空另一个股票期货）。股票期货还对投资者实施投资风险管理策略有帮助。比如，前面提到的基差和套利交易策略，投资者可同时买进一家英国公司股票（Vodafone）期货合约，卖出一家德国公司股票（Deutsche Telekom）期货合约；也可以从个股相对于大盘走势的差异中获利，例如，买入某只成份股票期货的同时卖空该股票指数期货。

（7）当同属一个产业集团的几家公司的股票分别在不同国家的股票交易所上市时，自然要受到不同的司法体系的监管，但当这些公司的股票期货同时在一家期交所内开通时（以伦敦国际金融期货交易所的全球股票期货 USF 为例），其期货合约只受一套交易规则的约束。与此同时，投资者也可在同一个交易平台上交易这些股票的期货合约，并统一通过伦敦清算所进行清算，避免了跨境清算带来的烦琐与不便。

第九章　期权交易

学习目的与要求

通过本章的学习，掌握期权交易的基本概念、期权交易的分类、期权交易的特点，了解期权价格决定及期权交易与期货期权的关系等，并熟悉期权交易方法与策略。

第一节　期权交易概述

期权交易作为期货交易向纵深发展和推进的产物，既是期货交易的延伸，同时又有自己独特的、固有的交易特性。期权是一种可供投资者转移风险、获取杠杆效果以及增加收益的金融工具。并且，通过近 40 年的迅速发展，期权已成为世界各主要金融市场的重要组成部分。

一、期权的概念

期权（option）是指买卖某种标的资产的选择权，期权交易实质上就是买卖标的资产权利的交易，即能在未来某特定时间以特定价格买入或卖出一定数量的某种特定资产的权利。期权的买方在向期权的卖方支付一定数额的权利金后，得到一种权利，即拥有了在一定时间内以一定价格向对方买入或卖出一定数量的某种资产的权利，但不承担必须买进或卖出的义务；而期权的卖方在获取了买方支付的一定数额的权利金后需承担一种义务，即有义务应期权买方的要求，以期权合约规定的价格卖出或买入相关的商品或金融产品，期权的卖方除了收取权利金外，只有义务没有权利。因此，期权交易是一种权利的买卖。

二、期权的基本要素

（一）权利金

权利金（premium）是期权的买方为获得期权合约所赋予的权利而必须支付

给卖方的费用。权利金是期权合约中的唯一的变量，是由买卖双方在期权交易中通过竞价产生的。由于权利金是由买方负担的，是买方在出现最不利的价格变动时所承担的最高损失金额，因此权利金也称作"保险费"。因它是买进或卖出权利的成交价格，故又称权价、期权费或期权价格。

期权的买方可以把可能会遭受的损失控制在权利金金额的限度内；对于卖方来说，卖出一份期权立即可以获得一笔权利金收入，而不需要马上进行标的物（如股票、期货合约等）的交割，这是非常有利可图的。但它同时使卖方面临一定的市场风险，即无论期货市场上的价格如何变动，卖方都必须做好履行期权合约的准备。当然，卖方可以在被要求履约前将期权平仓。

（二）期权的标的物

期权的标的物，即合约签订时确定的未来买卖的资产或现金交割时确定的结算依据，如股指期权的标的物是股票指数。常见的期权标的物有股票、股指、期货、外汇、利率、债券等。

（三）期权的执行价格

期权的执行价格（exercise price）是指期权合约被选择履约时所买入或卖出标的资产的价格，也称为敲定价格、履约价格或协议价格。具体地说，它是指看涨期权的买方得以依据期权合约的规定买进相关期权合约标的物的价格，或看跌期权的买方得以依据期权合约规定卖出相关期权合约标的物的价格。

执行价格是由交易所统一设定的，通常期权合约的每个标的物都有数种以阶梯形式给出的不同的执行价格。投资者在进行期权交易时，必须选择其中的一个价格。原则上，执行价格在期权合约的存续期间内不能改变。执行价格是交易所以对应的标的物价格为基准，并考虑标的物价格的波动幅度来设定的。如芝加哥期货交易所长期国库券期货期权合约的执行价格规定，按每张 T-Bond 的期货价格为 86-00，其期权合约的执行价格有 80-00，82-00，84-00，88-00，90-00，92-00 等。可见，期货期权的执行价格是在当时的期货价格基础上，向上或向下变动而设定的。

（四）期权的到期日

期权的到期日（expiration）又称期满日或失效日，是指期权合约中所规定的履行权利期间的最后一天。一般的，是指在最后交易日之后的某个具体日子。在这一天，一个已预先做买卖声明的期权合约必须履行交割，未做声明的则无需交割。过了这一天，买方所拥有的期权失效。期货期权的到期日一般在相关期货合约交割日期之前一个月的某一时间，因为在买方行使期货期权合约时买入或卖出期货合约，期权卖方卖出或买入的期货合约还需要有一定的时间在期货市场上进行对冲平仓，使期权卖方有机会避免他可能不愿进行的到期交割局面的出现。

（五）期权的执行方式

期权的执行方式主要有两种：现货交割和现金交割。如看涨股票期权如果是现货交割，则执行时由期权买方向卖方支付执行价格，期权卖方将股票交付给买方；如果是现金交割，则由期权卖方向买方支付股票价格和执行价格之差。

期权执行时还涉及执行时间的选择。如果是欧式期权，则只能在到期日执行；如果是美式期权，则可以在到期日和到期日之前任何一天执行。而从期权合约生效日起至最终交割日或到期日的时间内的任何一个工作日，就称为履约日（delivery date），期权合约生效日起至到期日止的时间，称为权利期间。

（六）期权的执行方向

期权的执行方向即是指期权的选择权，是买入还是卖出标的物。如，看涨期权在行权时，买方有权以事先确定的价格买入标的物，卖方有义务出售该标的物；而看跌期权在行权时，买方有权以事先确定的价格卖出标的物，卖方有义务买入该标的物。

需指出的是，期权投资者常称"开首"或"结清"他们的交易。"开首"即是开始初始交易。购买1个期权是开首交易，这时持有者掌握了一个多头的未清算的交易额；售出1个期权也叫开首交易，这时出售者被认为创造了一个空头的未清算的交易额。结清交易是减少开首的期权交易额。结清购进是减少了前面的开首出售；结清出售则是减少了前面的开首购进。

三、期权的分类

按不同的标准，期权可以分为四类。

（一）按期权赋予的权利不同划分

按期权赋予的不同权利可将期权分为看涨期权、看跌期权和双向期权。看涨期权和看跌期权是交易者在交易时必须选择的。

1. 看涨期权

看涨期权（call option），又称买权、多头期权、买方期权或认购期权、买入选择权等，是指期权的买方向期权卖方支付一定数额的权利金后，即拥有在期权合约有效期内或特定时间，按执行价格向期权卖方买进特定数量的标的物的权利，但不负有必须买进的义务。

在看涨期权中，期权的买方同时也是标的物的买方，期权的卖方同时也是标的物的卖方。看涨期权的买方预测相关资产的价格会上涨，所以买进以这种资产为标的物的看涨期权；卖方则预测相关资产的价格不会上涨或可能下降，所以卖出看涨期权。

例如，ABB 的股价为每股 50 美元，甲投资者预测 ABB 的股价近期内还将上涨，而乙投资者则预测 ABB 的股价不会上涨，还可能下降。于是，甲向乙购买一份股票期权，该期权规定甲可在 12 月以前以每股 50 美元的价格从乙手中购买 1 000 股 ABB 公司股票。在期权有效期内，甲可以行使买权，也可以不行使买权。如果在期权有效期内 ABB 公司股票价格涨至每股 50 美元以上，甲执行买权，按每股 50 美元的执行价格向乙购买 1 000 股 ABB 公司股票，可以获利或可以用盈利冲抵一部分或全部在购买期权时支付的期权费；相反，如果 12 月以前 ABB 公司股票价格一直没有上涨，甲可以不行使买权。在甲行使选择权的过程中，作为这一期权的卖方乙是完全被动的，只能被动地等待甲的履约或弃约，在甲要求执行买权时不能因股票市价已高于执行价格而拒绝向甲出售；更不能在甲决定弃约时因股票市价低于执行价格而强迫甲购买。过了 12 月，如果甲未执行买权，此期权就会自动失效，甲也就无权再要求乙按协议条件出售股票了。

2. 看跌期权

看跌期权（put option），又称卖权、空头期权或卖方期权或认沽期权、卖出选择权等，是指期权的买方向期权卖方支付一定数额的权利金后，即拥有在期权合约有效期内或特定时间，按执行价格向期权卖方卖出特定数量的标的物的权利，但不负有必须卖出的义务。

在看跌期权交易中，期权的买方预测相关资产的价格可能会下跌，所以买入以这种资产为标的物的看跌期权；而期权的卖方则预测价格不会下跌还可能上涨，所以卖出看跌期权。可见，在看跌期权交易中，期权买方之所以买入看跌期权，是为了防止期货价格下跌可能造成的损失。例如，交易者甲预测股票价格将要下跌，想卖出手中 ABB 股票，但立即卖出又怕卖出后价格会上涨，于是甲便向乙买入 ABB 股票的看跌期权。甲即拥有了在权利期间或特定时间按执行价格卖出或不卖出 ABB 股票的权利（而不是义务）。在此期间，如果 ABB 股价下跌，甲将会执行期权，而如果 ABB 股价上涨或不变，甲就会弃约。

3. 双向期权

双向期权（double option），又称双重期权，指期权买方在同时、按相同的执行价格和数量购买同一标的物的看涨期权和看跌期权。当人们预测某种标的物的价格会有大幅度波动，但又很难预测价格变动方向时，为避免损失和风险，往往购买双向期权，这样，只要价格发生大幅度波动，无论是上涨还是下跌，双向期权的购买者总有一种期权可获利。所以，购买双向期权所花的期权费要高于购买某种单向期权的期权费。相反，双向期权的卖方预测相关标的物的价格不会发生大幅度波动，因而出卖双向期权，以获取更多的期权费。

(二) 按行使期权合约的期限不同划分

1. 美式期权

美式期权（American options）是指赋予期权合约的买者在期权合约权利期间内任何一个交易日都可以行使权利的期权。

2. 欧式期权

欧式期权（European Options）是指赋予期权合约的买者在合约到期日方可行使权利的期权。

从以上定义可以看出，美式期权与欧式期权的区别在于：美式期权的买方可以在买进期权合约日起至到期日止的任何时点要求卖方履行交割，只要买方认为履行期权合约对自己有利；而欧式期权则不同，买方只能在期权到期日当天才能要求卖方履行交割。所以，美式期权给予买方以更大的灵活选择权利和获利机会。因此，美式期权的购买者一般需支付更高的权利金。可见，欧式期权和美式期权的分类与地域概念毫无关系，在美国，场外交易的外汇期权大都是欧式期权。近年来，无论是在欧洲还是美国及欧美以外的市场，美式期权已经占据主流。

(三) 按交易场所的不同划分

1. 交易所交易期权

交易所交易期权也叫场内交易期权（Floor Traded Options），一般在交易所大厅中以正规的方式进行交易。所交易的期权合约都是标准化的，即由交易所预先制定每一份合约的交易规模、执行价格、通知日、到期日、交易时间等，合约的唯一变量是权利金。

交易所期权采用类似股票交易的做市商制度，每种期权在交易厅中都有具体的位置，某一确定的期权由特定的做市商负责。投资者的经纪人可向做市商询问买价和卖价。做市商可以增加场内期权市场的流动性，他本身从买卖价差中获利。

2. 柜台交易期权

柜台交易期权也叫场外交易期权（Over-The-Counter），是卖方为满足某一购买者特定的需求而产生的。它并不在交易大厅内进行交易，因此没有具体的交易地点。成交额、执行价格、到期日等由买卖双方自行协商。

（四）按期权合约标的物的不同划分

现货期权即标的物为现货商品、金融产品的期权，而期货期权即是"期货合约的期权"，是标的物为商品期货合约或金融期货合约的期权。对于商品现货期权，卖方行权时，按执行价格交割标的商品；对于金融现货期权，卖方行权时，一般进行现金交割。对于期货期权，买方行权时是以执行价格交割商品期货合约或金融期货合约，而不是期货合约所代表的商品或金融产品。

期权的种类分为：现货期权和期货期权。现货期权分为商品期权和金融期权：农产品、金属、能源等大宗商品期货期权；股票、指数、利率、外汇等期权。期货期权也分为商品期权和金融期权：农产品、金属、能源等期货期权；股票、指数、利率、外汇等期货期权。

四、期权的类、属、种

在同一时间内，对于同一标的物，可能有不同的期权合约同时在交易，如对某一股票，如果具有四种到期日和五种执行价格的期权在同时交易，而且每个到期日和每个执行价格都有看涨和看跌期权在进行交易，则这只股票共有 40 种不同的期权合约。按照惯例，同一标的物的所有看涨期权属于同一大"类"，所有的看跌期权属于同一大"类"。看涨期权中或看跌期权中具有同一到期日的属于同一"属"。在同一"属"的期权中，还可按期权的执行价格不同分为不同的"种"。从表 9-1 中可以看出期权的类、属、种的内涵及其相互关系。

表 9-1　期权的类、属、种

	类	属	种
看涨或看跌期权	同一标的物的看涨期权或同一标的物的看跌期权	—	—
到期日	—	同一标的物、相同到期日的看涨期权或同一标的物、相同到期日的看跌期权	—
执行价格	—	—	同一标的物、相同到期日、同一执行价格的看涨期权或同一标的物、相同到期日、同一执行价格的看跌期权

五、期货期权交易与期货交易的比较

(一) 期货期权交易和期货交易的区别

1. 交易对象不同

期权交易是一种以特定权利为买卖对象的交易，期货期权交易的对象是一种选择权，即行使或放弃按照执行价格买入或卖出相关期货合约的选择权。而期货交易的对象是代表具体商品或资产的标准化期货合约。

2. 交易双方的权利义务不同

在期货期权交易中，期权赋予买方享有在有效期内按照执行价格买进和卖出特定数量的某种期货合约的权利，但不负有必须买进或卖出的义务；而期货期权的卖方却只负有当期权买方要求行权时卖出或买进特定数量的期货合约的义务。而在期货交易中，期货合约的交易双方都被赋予了相同的权利和义务，即或者在合约到期日之前实行对冲，或者在合约到期日之后进行实物交割。

3. 交易中的履约保证金不同

在期货期权交易中，买方不需要交纳履约保证金，因为买方可能遭到的最大损失就是其购买期权时已经支付的期权权利金，而这种风险是有限的、预知的，并且已经支付了；期货期权的卖方则不然，其在期权交易中所面临的风险损失与期货交易中的风险一样很难准确预测，为此必须交纳一笔保证金以表明其具有履约的财力，并与期货交易一样将其维持在一定水平。而在期货交易中，交易双方都要根据交易所的规定，交纳一定数额的交易保证金，在持仓过程中，如果由于价格发生对任何一方不利的变化使其保证金水平不足时，应随时追加保证金作为履约保证。

4. 交易中的市场风险不同

在期货期权交易中，买方的亏损是有限的，最大亏损额就是购买期权时已经支付的期权权利金；而期货期权卖方的亏损可能是无限的（在出售看涨期权的情况下），也可能是有限的（在出售看跌期权的情况下）。而在期货交易中，交易双方潜在的亏损都是无限的，因而所承担的风险损失都是无限的。

5. 交易中的盈利机会不同

在期货期权交易中，由于买方具有行使买进或卖出期货合约的决定权，所以盈利的可能是无限的（在购买看涨期权的情况下），也可能是有限的（在购买看跌期权的情况下）；对期权的卖方来说，其盈利是有限的，即期权买方支付的期权权利金。而在期货交易中，交易双方潜在的盈利都是无限的。

（二）期货期权交易与期货交易的联系

第一，期货期权交易是在期货交易所内进行的、以买进或卖出某种期货合约的权利为交易对象的一种交易方式。因此它以期货交易、期货合约为基础，是期货交易的延伸、发展。

第二，期货期权合约与期货合约一样，都是标准化合约，二者都是在期货交易所内通过公开竞价的方式进行交易，都通过结算所统一结算。

第三，期货期权交易和期货交易，都可以用来作为防止市场价格风险的避险工具，并给予某些交易者提供利用价格差的变动获取风险收入的机会。

六、期货期权与现货期权的比较

期货期权与现货期权相比，具有四个优点。

第一，资金使用效益高。在行使现货期权时，必须有充足的资金交付整个行使价格，而期货仅需保证金支付，从这个意义上讲，期货期权可以用较少的资金完成交易，因而也就提高了资金的使用效益。

第二，流动性强。现货期权要受到现货供应量的限制，而期货期权没有这一限制，其标的物期货的供应可自由创造，因而克服了现货期权因资产短缺所引起的流动性不足问题。

第三，交易方便。期货期权的标的物是标准化期货合约，具有较高的流动性，便于进行交易。

第四，信用风险小。由于期货期权交易通常是在交易所进行的，交易的对方是交易所清算机构，因而信用风险小。

与现货期权相比，期货期权也有明显的缺点，其最大缺点为由于是在交易所进行交易，上市的商品种类有限，因而协议价格、期限等方面的交易条件不能自由决定。就优势而言，如果交易者在期货市场上做保值交易或投资交易时，配合使用期货期权交易，可以在降低期货市场风险性的同时提高现货市场套期保值的成功率，而且还能增加盈利机会。

七、期权合约

因期权交易分为现货期权和期货期权，相应的，期权合约分为现货期权合约及期货期权合约。

（一）期货期权合约

期货期权合约囊括了期货合约的所有标准化要素，即合约名称、交易单位、报价单位、最小变动价位等 15 个要素；同时，期权合约另有三项要素是期货合约所没有的，即权利金、执行价格及合约到期日。

1. 国际主要商品期货期权合约

商品期货期权合约的种类很多，但其格式却大同小异。国际主要农产品期货期权合约，如表 9-2 所示；国际主要金属、能源、期货期权合约如表 9-3 所示。

表 9-2 国际主要农产品期货期权合约一览表

名称	大豆	小麦	玉米	豆油	豆粕
交易所	CBOT	CBOT	CBOT	CBOT	CBOT
合约月份	1 月、3 月、5 月、7 月、8 月、9 月、11 月	3 月、5 月、7 月、9 月、12 月	3 月、5 月、7 月、9 月、12 月	1 月、3 月、5 月、7 月、8 月、9 月、10 月、12 月	1 月、3 月、5 月、7 月、8 月、10 月、12 月
合约单位	5 000 蒲式耳	5 000 蒲式耳	5 000 蒲式耳	60 000 磅	100 吨
执行价格间距	20 美分的整数倍/蒲式耳	10 美分的整数倍/蒲式耳①	10 美分的整数倍/蒲式耳	1 美分的整倍数/磅	5 美元的整数倍/吨；10 美元的整倍数/吨
最小变动价位	6. 25 美元/张	6. 25 美元/张	6. 25 美元/张	3 美元/张	5 美元/张
停板额	±1 500 美元/张	±1 000 美元/张	±500 美元/张	±600 美元/张	±1 000 美元/张
交易时间	公开叫价：周一至周五上午 9:30~下午 1:15（芝加哥时间） 电子交易：周日至周五下午 6:00~上午 6:00（芝加哥时间） 到期合约的交易时间与标的期货合约最后交易日时间（下午 12:00）相同				
最后交易日	期权合约前一月距最后一个营业日至少两个营业日前的最后一个星期五，如最后一个星期五为非交易日，则提前至前一个交易日				
合约到期日	最后交易日之后的第一个星期六上午 10 点（芝加哥时间）				
交易代码	CZ 买权/PZ 卖权	WY/WZ	CY/PY	OY/OZ	MY/MZ

①前两个月为 5 美元/蒲式耳；其他月份为 10 美分/蒲式耳。在交易开始时，设置一个接近平值期权的执行价和 5 个实值期权、5 个虚值期权。

表 9-3 国际主要金属、能源期货期权合约一览表

名称	白银	高级铜	轻质低硫原油	纽约港 2 号取暖油
交易所	CBOT	COMEX	NYMEX	NYMEX
交割月份	2 月、4 月、6 月、8 月、10 月、12 月	3 月、5 月、7 月、9 月、12 月	6 个连续月份	6 个连续月份

名称	白银	高级铜	轻质低硫原油	纽约港 2 号取暖油
合约单位	1 000 盎司	25 000 磅	1 000 桶	42 000 美制加仑
执行价格	25 美分，50 美分及 1 美元	1，2，5 美分/磅	1 美元/桶	2 美分/每加仑（所有执行价格只能为偶数）
最小变动价位	1 美元/张	12.5 美元/张	10 美元/张	0.000 1 美元/加仑
停板额	±1 000 美元/张	无	无	无
最后交易日	注①	相关期货合约月份的前 1 个月的第二个周五		
合约到期日	注②	到期日下午 4：30 以前		
交易代码	AC/AP	HG	CL	—

①距相关期货合约第一通知日至少 5 个营业日前的最后一个星期五。

②最后交易日之后的第一个星期六上午 10 点。

2. 国际主要金融期货期权合约

金融期货期权主要有指数、利率和外汇期货期权。国际主要金融期货期权合约见表9-4。

表9-4　国际主要金融期货期权合约一览表

类型	指数期货期权	利率期货期权			外汇期货期权
名称	S&P500 股票指数	3 个月期欧洲美元期权	10 年中期国库券 T-NOTES	长期国库券 T-BONDS	英镑
交易所	CME（IOM）	CME（IOM）	CBOT	CBOT	CME（IOM）
交割月份	所有月份	3 月、6 月、9 月、12 月	3 月、6 月、9 月、12 月	3 月、6 月、9 月、12 月	全年
合约单位	500 美元×指数	100 万美元	10 万美元	10 万美元	£ 62 500
执行价格	以相关期约表示，间隔为 5 点	间隔 2.5 美分	相关期约价 1 点（1 000 美元）的整数倍	相关期约价 2 点（2 000 美元）的整数倍	间隔 2.5 美分（美元/英镑）
最小价位	5 个指数点 5Pt.= 25 美元/张	25 美元/张	1/64 点，15.63 美元/张	1/64 点，15.63 美元/张	£ 12.5/张
停板额	当相关期货触及日限时，则停止交易	无	±3 点，3 000 美元/张	±3 点，3 000 美元/张	±0.04 英镑开市 15 分钟后无限价

续表

类型	指数期货期权	利率期货期权			外汇期货期权
最后交易日	交割月份的第三个周五	从合约月份第三个星期三往回数的第二个伦敦银行工作日	相关期约交割月份前一个月		—
合约到期日	—	—	最后交易日之后的第一个周六上午10：00		
交易符号	SP	—	TC/TP	CG/PG	BP

此外，指数期货期权还有芝加哥期货交易所市政公债券指数、香港恒生股票指数（HSI）、NYSE 股票综合指数期权、芝加哥商业交易所指数期权、日经 NK-225 平均股票指数期权、IOM 的英国伦敦金融时报股票指数 FT-SE100 等；利率期货期权有芝加哥期货交易所抵押证券期货期权等；外汇期货期权还有 IMM 的加拿大元（CD）、IMM 的澳元（AD）等，总之，金融期货期权种类繁多，在此不一一列举。

（二）现货期权合约

一般所说的期权通常是指现货期权，现货期权的标的物是现货商品。现货期权亦分为商品期权和金融期权，金融期权按标的物的不同可分为股票、利率、指数及外汇期权。股票期权是最早出现的期权产品，早在 20 世纪 20 年代，美国便出现了场外交易形式的股票期权交易。股票期权，从其字面意思即知，其标的物是股票，是买方在交付了期权费后而取得在合约规定的到期日或到期日以前按协议价买入或卖出一定数量相关股票的权利。这里主要以香港股票期权为例，介绍股票期权合约，如表 9-5 所示。

表 9-5 香港股票期权合约规格

项目	合约细则
代码	参考股票期权名单①
期权类别	认沽及认购②
合约股数	有关个别股票期权的合约股数及期权类别，可参考股票期权名单①
合约价值	权利金乘以合约股数

续表

项目	合约细则		
合约月份	即月、随后三个历月、随后三个季月（交易所可按需要于个别股票期权类别增加其他更长的到期月份）		
最低价格变动	港币 0.01 以下 6 只股票期权系列的最低价格变动为港币 0.001：①中国银行股份有限公司；②中国建设银行股份有限公司；③中国工商银行股份有限公司；④中国农业银行股份有限公司；⑤中国邮政储蓄银行股份有限公司；⑥中国铁塔股份有限公司		
权利金	以指定最低价格变动港元报价		
执行价格	相关股票价格		间距
	由（港元）	至（港元）	（港元）
	0	2	0.05
	2	5	0.10
	5	10	0.25
	10	20	0.5
	20	50	1
	50	100	2.5
	100	200	2.5
	200	300	5
	300	500	10
交易时间	上午 9：30~中午 12：00 及下午 1：00~下午 4：00		
到期日	到期月份最后营业日之前一个营业日		
行使方式（美式）	期权持有人可于任何营业日（包括最后交易日）的下午 6 时 45 分之前随时行权		
行权费用	港币 $2.00		
交收	期权行权时以正股交收，交收期如下： T+1（缴付所有权利金）或 T+2（行权后交收股票）		
交易费用	第一类　　　　港币 3.00 第二类　　　　港币 1.00 第三类　　　　港币 0.50 经纪佣金　　　可商议		

资料来源于 http：//www.hkex.com.hk。

①股票期权名单参考香港交易所网站。https：//www.hkex.com.hk/Products/Listed-Derivatives/Single-Stock/Stock-Options?sc_lang=zh-HK。

②认沽期权即是看跌期权；认购期权即指看涨期权。

第二节 期权价格

一、期权价格的构成

根据持有成本理论，期货理论价格是由标的物现货价格和持有成本决定的。期权价格也受标的物价格的影响。期权执行价格与标的物现行市场价格的关系常用内含价值表示，与标的物未来价格的关系则用时间价值表示。期权价格主要由内含（Intrinsic Value）价值和时间价值（Time Value）构成。

（一）内含价值

内含价值指期权买方立即行权所能获得的总利润，相当于期权的溢价部分。内含价值是由期权合约的执行价格与标的物现行市场价格决定的。按照执行价格与标的物市场价格的关系，期权可以分为实值期权、虚值期权和平值期权。

1. 实值期权

实值期权（In-the-money Option）是指具有内含价值的期权。当看涨期权的执行价格低于标的物现行市场价格时该看涨期权具有内含价值，为实值期权；当看跌期权的执行价格高于标的物现行市场价格时，该看跌期权具有内含价值，为实值期权。当内含价值很大时，称为极度实值期权（Deep In-the-money）。

2. 虚值期权

执行价格高于标的物现行市场价格的看涨期权和执行价格低于标的物现行市场价格的看跌期权为虚值期权（Out-of-the-money Option），当看涨期权的执行价格远高于标的物现行市场价格，或看跌期权的执行价格远低于标的物现行市场价格时，称为极度虚值期权（Deep Out-of-the-money）。

3. 平值期权

平值期权（At-the-money Option）也称两平期权，是指看涨期权或看跌期权的执行价格与标的物现行市场价格相等或接近的期权，平值期权也不具有内含价值。

实值、平值、虚值期权的执行价格与市场价格关系见表9-6。

表9-6 期权价格内含价值的执行价格与市场价格关系

	看涨期权	看跌期权
实值期权	执行价格<标的物市场价格	执行价格>标的物市场价格
虚值期权	执行价格>标的物市场价格	执行价格<标的物市场价格
平值期权	执行价格≈标的物市场价格	执行价格≈标的物市场价格

如果某个标的物的看涨期权处于实值状态，则与其执行价格相同的看跌期权一定处于虚值状态，反之亦然。

(二) 时间价值

期权的时间价值又称外含价值，它是指随着时间的延长，相关标的物市场价格的变动有可能使期权增值时，期权买方愿意为买进这一期权而支付的权利金金额。时间价值还可反映出期权卖方所愿意接受的期权价格或卖价。因此，期权时间价值的确定，是期权买方和卖方依据对未来时间内期权价值增减趋势的不同判断而相互竞价的结果。

期权权利金是时间价值与内含价值之和，而期权内含价值与期权权利金之差可被视为时间价值。即：

$$时间价值=权利金-内含价值$$

一般来说，期权的时间价值与期权的有效期成正比。期权的剩余有效期越长，其时间价值越大。这是因为，对于期权的买方来说，期权的有效期越长，其获利的机会和可能性就越大；而对于卖方来说，期权的有效期越长，买方要求履约的风险也就越大，因而卖方所要求的权利金也就越高。期权的时间价值如同意外灾害保险费一样，投保期越长，投保人提出索赔的可能性就越大，保险公司的理赔风险也越高，就会因面临更大的风险而增加保险金额和保险费率。

期权价值与期权有效时间衰减成函数关系（见图9-1）。当期权临近到期日时，在其他条件不变的情况下，其时间价值由高到低，且衰减速度加快。这是因为可导致期权转向实值的时间减少所致。进入到期日时，期权不再具有时间价值，如果认为该期权仍具有价值，那只能是内含价值。图9-1显示了期权时间价值衰减趋势，纵轴表示期权价值，横轴表示期权合约剩余的有效时间（月份），随着时间的推移，期权价值逐步逼近于零。

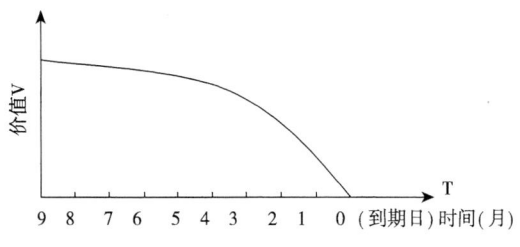

图9-1 期权时间价值衰减图

二、影响期权价格的基本因素

影响期权价格的因素主要有六个：标的物市场价格、执行价格、距离到期日前剩余的时间、标的物价格波动幅度、无风险利率和股票分红（对股票期权有影响）。

（一）标的物市场价格与执行价格

期权执行价格和标的物市场价格直接影响权利金的大小，是在期权交易中首先要考虑的因素。这两种价格的相互关系决定了期权是实值、平值还是虚值，并决定了内含价值的大小。对于看涨期权来说，市场价格超过期权执行价格越多，内含价值越大；当市场价格等于或低于执行价格时，其内含价值为零。而对于看跌期权而言，市场价格低于期权执行价格越多，内含价值越大；当市场价格等于或高于执行价格时，其内含价值为零。

在标的物价格一定时，执行价格决定了期权的内含价值。对看涨期权而言，执行价格越高，期权的内含价值越小，而执行价格越低，内含价值越大。比如，当玉米期货价格为3.58美元/蒲式耳时，在其他条件相同的情况下，执行价格为3.60美元/蒲式耳的看涨期权的权利金比执行价格为3.50美元/蒲式耳的看涨期权的权利金要低。因为前者是虚值期权，后者是实值期权。看跌期权则与之完全相反。

期权执行价格与标的物市场价格的关系也直接影响到期权的时间价值。一般来说，执行价格与市场价格的差额越大，则时间价值就越小；反之，差额越小，则时间价值就越大。当一种期权处于极度实值或极度虚值时，其时间价值趋向于零；而当期权处于平值期权时，其时间价值达到最大。因为对实值期权而言，若市价偏离执行价格很远时，市价偏离更远、继续增加其内含价值的可能性已很小，而使它减少内含价值的可能性很大，因而人们都不愿意为买入该期权并持有它而付出比当时的内含价值更高的权利金。相反，对于虚值期权来说，若市价离执行价格很远，则人们会认为其转为实值的可能性很小，因而也不愿为买入这种期权而支付权利金，因此其时间价值也会很小，甚至为零。只有在平值期权时，市场价格的变动才最有可能使期权增加内含价值，人们因而最愿意为买入这种期权而付出等于时间价值的权利金，所以此时的时间价值为最大。

（二）标的物市场价格波动幅度

标的物市场价格的波动幅度是影响期权价格水平的重要因素之一。

标的物价值的波动性增加，加大了期权向实值方向移动的可能性，因此期权权利金也会相应增加。例如，若玉米期货价格为 3. 60 美元/蒲式耳，并预期在其后一年内可能保持该价格水平（价格波动性很小），那么卖出一个执行价格为 4.0 美元/蒲式耳的玉米看涨期权面临的风险就很小，卖方要求的权利金也少。但是，如果价格波动性增大，如波动于 3.50 美元/蒲式耳与 4.2 美元/蒲式耳之间，买方履行合约的可能性也随之增加，卖方风险加大，要求的权利金也高。

（三）无风险利率

与期货交易不同的是，期权权利金在成交时以现金支付，因此，短期利率反映了期权买方的融资成本，交易者交易时，自然会把短期利率考虑进去。当利率提高时，期权的时间价值会减少；反之，当利率下降时，期权的时间价值会增高。但总的说来，利率对期权价格的整体影响是十分有限的。另外，无风险利率的变化，也会引起股票价格的变动，进而使股票期权的内含价值改变。

（四）距离到期日前剩余时间长短

在期权的时间价值中起最大作用的是期权的有效期即距离到期日前剩余时间的长短。期权有效期越长，其时间价值越大。因为有效期越长，买方获利的可能性和卖方亏损的可能性越大，所以权利金越高；而有效期越短，标的物价格出现大幅波动甚至逆转的可能性越小，权利金也相应减少。因此，期权的时间价值大小与期权合约有效期长短成正比。如果其他因素相同，随着时间向到期日趋近，期权的时间价值也趋于减少。在到期日时，时间价值为零。

（五）股票分红

股票分红主要是对股票期权的价格有影响，股票的价格是随着红利支付日期的变化而变化的。随着红利支付日期的临近，股价趋于上升，股票看涨期权的内含价值趋于升高，而看跌期权的内含价值则趋于减少。当红利支付日期过后，人们预期股票价格会降低，因此，看涨期权价格会降低，看跌期权价格会升高。

第三节　期权交易

一、交易指令

期权交易指令包括：市价或限价（权利金）；买入或卖出；开仓或平仓；数量；合约到期月份；执行价格；标的物（如小麦期货、大豆期货、股票、股票指数等）；期权种类（看涨期权或看跌期权）。

例如，客户甲第一次进行小麦期权交易，但他认为小麦价格将上涨，则发出指令（见图 9-2）：

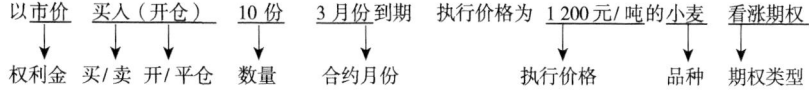

图 9-2 小麦期权交易指令

交易者发出交易指令时，最重要的是选择执行价格权利金的出价。选择执行价格的重要依据是交易者对后市的判断。对于买进看涨期权来说，执行价格越高，看涨预期越大。对于买进看跌期权来说，执行价格越低，看跌预期越大。

二、撮合与成交

期权交易与期货交易一样，按照价格优先、时间优先的原则，由计算机进行撮合成交。同品种、同期权类型、同执行价格、同一到期月份的期权，期权买方所出权利金高者、时间早者优先成交，期权卖方愿意接受的权利金低者、时间早者优先成交。

【例 9-1】 客户甲发出指令：以市价开仓买入 10 手 3 月份到期执行价格为 2 450 元/吨的小麦看涨期权。

客户乙发出指令：以 20 元权利金卖出 10 手 3 月份到期执行价格为 2 450 元/吨的小麦看涨期权。

甲乙的指令通过计算机就会撮合成交。

如果甲出价 20 元，乙出价 24 元，则二者不会成交；如果甲先出价 24 元（买方所出权利金高者、时间早者），乙后出价 20 元，则二者会按 24 元价格成交；如果乙先出价 20 元（卖方愿意接受的权利金低者、时间早者），甲后出价 24 元，则二者会按 20 元价格成交。

当然，交易所也可能规定买卖报价要与前一成交价比较，目前，中国的三家期货交易所的期货交易撮合原则就是如此：

交易所计算机自动撮合系统将买卖申报指令以价格优先，时间优先的原则进行排序。当买入价大于、等于卖出价则自动撮合成交，撮合成交价等于买入价（bp）、卖出价（sp）和前一成交价（cp）三者中居中的一个价格。

当 $bp \geqslant sp \geqslant cp$，则：最新成交价 = sp

当 $bp \geqslant cp \geqslant sp$，则：最新成交价 = cp

当 $cp \geqslant bp \geqslant sp$，则：最新成交价 = bp

【例 9-2】 权利金买入报价为 24 元，卖出报价为 20 元，而前一成交价为 21

元，则成交价为 21 元（24>21>20）；如果前一成交价为 19 元，则成交价为 20 元（24>20>19）；如果前一成交价为 25 元，则成交价为 24 元（25>24>20）。

三、期权部位的了结

（一）对冲平仓

期权的对冲平仓方法与期货基本相同，都是将先前买进（卖出）的合约对冲卖出（买进）。在平仓时，除了权利金和买卖方向外，指令的其他内容都与建仓时的指令相同。如果建仓时买进看涨期权，则通过卖出相同执行价格、相同到期日的看涨期权对冲平仓。如果建仓时卖出看涨期权，则通过买进相同执行价格、相同到期日的看涨期权对冲平仓。如果建仓时买进看跌期权，则通过卖出相同执行价格、相同到期日的看跌期权对冲平仓。如果建仓时卖出看跌期权，则通过买进相同执行价格、相同到期日的看跌期权对冲平仓。在期权合约有效期内的任何交易时间，买方和卖方均可以将在手的未平仓期权部位予以对冲平仓。

【例 9-3】客户甲以 20 元/吨买入（建仓）10 手 3 月份到期，执行价格为 2 500 元/吨的小麦看涨期权。如果小麦期货价格上涨，那么权利金也上涨，比如上涨到 30 元/吨，那么客户甲发出如下指令：以 30 元/吨卖出（平仓）10 手 3 月份到期，执行价格为 2 500 元/吨的小麦看涨期权。

（二）行权了结

期权的买方在合约规定的有效期限内的任一交易日闭市前，均可通过交易下单系统下达执行期权指令，交易所按照持仓时间最长原则指派并通知期权卖方，期货期权买卖双方的期权部位在当日收市后转换成期货部位。

对于看涨期权多头，按照执行价格获得多头期货部位；对于看涨期权空头，按照执行价格获得空头期货部位。对于看跌期权买方，按照执行价格获得空头期货部位；对于看跌期权卖方，按照执行价格获得多头期货部位。买卖双方履行期货期权后所处的期货市场交易部位见表 9-7。

表 9-7　期货期权买卖双方履约后转入的期货市场交易部位

	看涨期权	看跌期权
买方承担	多头期货部位	空头期货部位
卖方承担	空头期货部位	多头期货部位

【例 9-4】执行价格为 2 500 元/吨的 3 月小麦看涨期权执行后，买方获得 2 500 元/吨的 3 月份小麦期货多头部位；卖方获得 2 500 元/吨的 3 月份小麦期货

空头部位。期权买方已经持有开仓价格为 2 560 元/吨的 3 月小麦空头期货合约，也可用执行看涨期权获得的多头期货部位与已经持有的空头期货部位平仓，获利 60 元/吨。

（三）放弃权利了结

如果期权合约到期时，期权没有对冲平仓，也没有提出执行，在当日结算时，投资者的期权持仓就会被自动了结。按照惯例，在期权到期时，实值期权会被自动执行。因此，买方放任到期的一般为虚值期权。

根据需要，期权买方可以不执行期权，让期权到期。而期权卖方除对冲平仓和应买方要求履约外，只能等待期权到期。

四、期权结算

期权结算是期权交易不可缺少的一环。由于买方的最大风险是成交时所交的权利金，因此对于买方没有每日结算风险。但卖方的风险与期货交易一样依然存在，因此交易所要对卖方进行每日结算。

期权结算与期货结算都是对保证金进行结算。目前国外期权的保证金制度虽然五花八门，但仔细分类，可分为传统制度、Delta 制度与 SPAN 制度。这里仅以传统制度为例对每日结算进行介绍。

传统的期权保证金制度以纽约商品期货交易所（COMEX）为代表，每张卖空期权保证金为下列两者较大者：

权利金+期货合约的保证金−虚值期权价值的一半；

权利金+期货合约保证金的一半。

（一）卖方持仓保证金结算

卖方的保证金要根据交易所规定的保证金公式计算。

【例 9-5】若一投资者 3 月 5 日卖出一张（136 吨）执行价格为 2 100 元/吨的 7 月小麦看跌期权，权利金为 30 元/吨（立即划入其账户），当日期货结算价格为 2 125 元/吨（前日为 2 114 元/吨），期货交易保证金按 5% 收取，当日权利金结算价为 28 元/吨（1 蒲式耳小麦 = 0.027 216 吨）。

$$当日成交时的权利金划入 = 30 \times 136 = 4\ 080(元/张)$$

$$当日成交时的交易保证金划出 = 权利金 + 昨日期货交易保证金 − 虚值期权价值的一半 =$$

$$[30 + 2\ 114 \times 5\% − (2\ 114 − 2\ 100) \div 2] \times 136 = (30 + 105.7 − 7) \times 136 = 17\ 503.2(元/张)$$

$$当日结算时的交易保证金 = 权利金 + 当日期货交易保证金 − 虚值期权价值的一半 =$$

$$[28 + 2\ 125 \times 5\% − (2\ 125 − 2\ 100) \div 2] \times 136 = (28 + 106.25 − 12.5) \times 136 = 16\ 558(元/张)$$

当日结算时需要再划入其结算准备金账户 17 503.2−16 558 = 945.2（元/张）。由于其成交时收取了 4 080 元的权利金，所以，投资者卖出的看跌期权实际占用的资金只有 16 558−4 080 = 12 478（元/张）。

【例9−6】 若3月6日期货价格下跌到 2 107 元/吨，权利金上涨到 36 元/吨，则

$$当日持仓的交易保证金 = [36+2\ 107×5\%−(2\ 107−2\ 100)÷2]×136$$
$$= (36+105.35−3.5)×136 = 18\ 747.6(元/张)$$

结算部门从其结算准备金账户划出资金 2 189.6 元/张（18 747.6−16 558）。这其中包括权利金的增加 = (36−28)×136 = 1 088元/张和期货价格的下跌所引起的期货交易保证金的减少 = (2 107−2 125)×5\%×136 = −122.4（元/张），以及虚值一半的减少所引起的交易保证金的增加 = [(2 125−2 100)÷2−(2 107−2 100)÷2]×136 = 1 224（元/张）。

（二）卖方当日开仓当日平仓结算

【例9−7】 3月6日某投资者以 36 元/吨卖出一张执行价格为 2 100 元/吨的 7 月小麦看跌期权，当日期货结算价为 2 125 元/吨（前日为 2 114 元/吨）。

成交时 36 元/吨的权利金划入其结算准备金账户，共划入资金 = 36×136 = 4 896 元/张。同时从其结算准备金账户上划出交易保证金 = 权利金+按昨日期货结算价计算的交易保证金−虚值期权价值的一半 = [36+2 114×5\%−(2 114−2 100)÷2]×136 = 134.7×136 = 18 319.2/张 ［卖方实际占用资金 = (134.7−36)×136 = 13 423.2元/张］。

如果当日平仓价为 30 元/吨，则结算准备金账户上划入资金 = 交易保证金−权利金平仓价 = 18 319.2−30×136 = 18 319.2−4 080 = 14 239.2（元）。

成交时划入权利金为 4 896 元/张（36×136），划出的交易保证金为 18 319.2，平仓后划入的资金为 14 239.2，则总的盈亏 = 4 896+14 239.2−18 319.2 = 816（元）。简单地说，36 元/吨卖出，30 元/吨平仓，则盈亏 = (卖价−买价)×交易量 = (36−30)×136 = 816(元)。

（三）卖方历史持仓结算

如果卖方当日没有平仓，而是隔日平仓，则平仓时划入资金 = 已经收取的保证金−权利金平仓价。

【例9−8】 例9−3−4中的投资者在3月6日以 36 元/吨平仓，则结算时将昨日结算时收取的保证金退回其账户，并从其账户扣除 36 元/吨，即实际划入资金 = 16 558−36×136 = 16 558−4 896 = 11 662（元）；3月5日实际支付的资金为

12 478 元，而如今只划入了 11 662 元，则亏损 816 元。简单地说，他 30 元/吨卖出，36 元/吨买入平仓，则盈亏 =（卖价−买价）×交易量 =（30−36）×136 = −816（元）。

（四）买方权利金的结算

买方不进行每日结算。成交时支付的权利金是买方的最大亏损，买方一旦成交，其权利金全部从其账户上划出；一旦平仓，则按权利金平仓价全部划入其账户。

【例 9-9】买方成交时的权利金为 10 元/吨，则当日结算时从其账户上划出 10 元/吨；如果第二天买方以 20 元/吨平仓，则当日结算时划入其账户 20 元/吨。如果买方当日以 10 元成交，当日又以 20 元平仓，则成交时从其账户上划出 10 元（头寸占用），平仓时划入账户 20 元，实际盈亏 = 卖价−买价 = 20−10 = 10（元）。

（五）履约结算

作为美式期权，每天都可能有履约发生。如果买方提出执行权利，则交易所按照配对原则找出相应的卖方。配对后，当日各自的期权持仓自动消失，结算部门收取卖方的交易保证金也于当日自动划入卖方结算准备金账户。至于买方，因为成交当日的权利金已经划出，也不进行每日结算，所以执行权利后也没有权利金的划转问题。至于两者转换的期货部位可视为新建立了期货部位，按照期货的结算办法进行每日结算。

（六）权利放弃时的结算

最后交易日闭市后，虚值和平值期权以及提出不执行的实值期权将自动失效，其持仓在最后交易日后随着合约的到期也自然消失。

权利放弃时，买方不用结算。期权卖方所支付的交易保证金全部划入其结算准备金账户。

（七）实值期权自动结算

实值期权自动结算是指在到期日闭市后，所有没有提出权利执行的实值期权将由结算部门自动结算。

是否只要有实值，哪怕只有 1 个最小变动价位（比如⅛美分/蒲式耳）就自动结算呢？如果是部位的转换，则不是。这里要扣除各项手续费以后还有一定利润的情况下，实值期权才会自动结算。至于实值多少，要看交易所或结算公司的规定了。如果不是部位的转换而是现金结算，则只要有一个最小变动价位就应自动结算。

第四节　期权交易的基本策略

与期货交易相比，期权交易具有投资小、风险小、获利大等特点，因而日益受到投资者的青睐。由于期权交易适应多种市场形式的交易需要，而且不仅可以运用不同策略进行期权交易，还可以与期货交易综合起来加以运用，因而成为重要的投资工具。

一、期权交易的风险与收益

任何交易行为都会存在风险，期权交易也不例外。在期权交易中，人们最为关心的风险便是价格风险。期权交易的产生，最初也是为了避免价格风险，以起到保值的作用。

期权交易的风险与期货交易的风险有所不同。在期货交易中，无论是多头还是空头，都面临极大的风险，而期权交易中，对买方来说只面临有限的风险。因为期权的买方最大的损失仅限于购买期权所付出的期权费。如果到期时，买方放弃这种权利，则只损失期权费，而无任何其他责任和偿付义务。因此，购买一手期权，完全可以不必像购买期货那样担心价格的不利变动。而当价格走势有利时，买方所能获得的收益是无限的（当然至到期日停止）。不过，对于期权的卖方而言，则完全相反。他所能得到的最大收益仅限于从买方手里得到的期权费，而承受的风险则是无限的。因而，期权费可以理解为在期权交易中卖方所承担的无限风险以获得有限收益的一种报偿。由此可见，在期权交易中，风险与收益是很不对称的。

而在期货交易中，风险与收益是对称的，无论是多头还是空头。多头期货持有者在期货价格上升时将盈利，而期货价格下降时会亏损；空头期货持有者在期货价格下降时则会盈利，而在期货价格上升时会亏损。在期货交易中，风险与收益完全对称地存在于买卖之间，一方的亏损就是另一方的盈利，数值相等，如图 9-3 所示；而在期权交易中，情况与期货交易全然不同（见图 9-4、图 9-5）。

（一）看涨期权的风险与收益结构

在看涨期权中，当相关市场价格大于执行价格时，则期权为实值期权；当相关市场价格小于执行价格，则期权为虚值期权；当相关市场价格等于或接近执行价格，则期权为平值期权。这样，买卖双方的潜在收益可用图 9-4 表示。

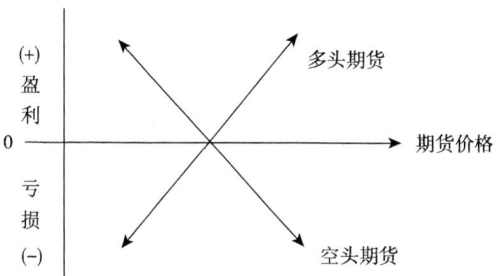

图9-3　期货交易的风险与收益

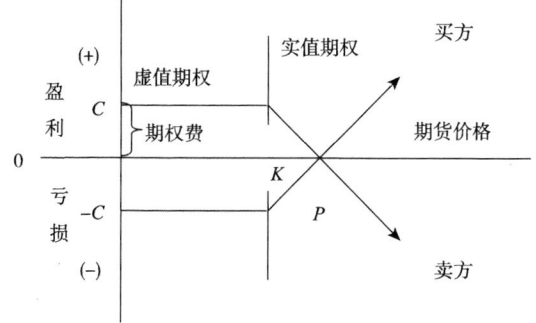

图9-4　看涨期权的风险与收益结构

(K 为执行价格，P 为盈亏平衡点的价格，C 为期权费，$P=K+C$)

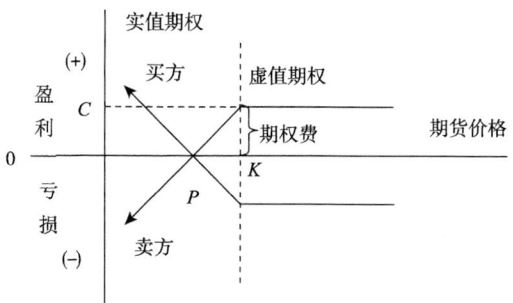

图9-5　看跌期权风险与收益结构

(K 为执行价格，P 为盈亏平衡点时的价格，C 为期权费，$P=K-C$)

从图 9-4 可知，买者的亏损仅限于期权费 C，而其收益是一条无限向右上方延伸的线；而卖者的收益仅限于期权费 C，但其亏损是一条无限向右下方延伸的线。当相关期货市场价格变至盈亏平衡点 P 时，买卖双方盈亏均为零。

（二）看跌期权的风险与收益结构

在看跌期权中，当相关市场价格大于执行价格，则期权为虚值期权；当相关市场价格小于执行价格时，期权为实值期权；当相关市场价格等于或接近执行价格时，期权为平值期权。这样买卖双方的潜在收益如图 9-5 所示。

从图 9-5 可见，买者的亏损仍仅限于期权费 C，而其收益是一条无限向左上方延伸的线；但卖方的收益仍仅限于期权费，而其亏损是一条无限向左下方延伸的线。只有当标的物市场价格变动到 P 点时（$P=K-C$），买卖双方的盈亏才均为零。

通过上述的分析，我们可以看出期权交易在风险管理方面要优于期货交易。

二、期权交易的基本策略

（一）期权套期保值交易策略

前面介绍的期货交易具有套期保值的功能，但只是对现货交易具有保值功能。而期权交易所具有的保值功能，既体现在对现货交易具有保值功能，又可为交易者所拥有的期货部位进行保值。

1. 相关市场行情看涨条件下的期权交易保值策略

当生产制造商、加工商、包储商、贸易商、证券商、投机商等预测相关市场行情看涨时，为了使现货商品或所持有的期货部位免受价格上涨造成的损失，可以运用两种期权交易保值策略。

（1）买进看涨期权。买进看涨期权意味着购买者享有买入或不买入相关期货的权利，但不是义务。这样，一旦价格如所预料的果然上涨，便可以要求卖方履行期权合约，以低于当时相关市场价格的期权执行价格买进期货合约，而自己又可以按上涨的市场实际价格抛出相关期货合约，于是便盈得了差价利润。如果差价利润大于事先支付购买看涨期权的权利金，就不仅是保值，而且还获得了余利。

当然，如果价格没有按预测的结果上涨反而下跌，购买者可以放弃或低价转让看涨期权，其事先支付的权利金的损失可以由低价购进现货的盈利弥补，同样起到了保值作用。

虽然期货套期保值交易也可以规避价格上涨的风险，但是当现货价格与期货价格没有按预料的方向上涨而是下跌时，套期保值者也要以低价在期货市场上将期货合约卖出平仓，从而形成期货市场上亏损的局面。价格下跌越多越快，这种亏损的结果就会越大。但是，期权交易可以弥补这个不足。当相关市场价格低于期权执行价格时，即出现与所预期的价格上涨相反的情况时，买者可以放弃期权权利，不承担必须履约的义务。这时买者与其他交易者一样，有同样的机会以较低的价格去购买相关现货商品或相关期货合约。可见，期权交易保值策略有期货交易保值策略所不具有的优点：当相关市场行情出现反转态势时，依然有机会获利（见例9-10）。

【例9-10】假定某加工企业在6月份预计10月份要购买原料铝锭若干吨，该企业担心，在其实际购买铝锭时市场价格会上涨，为避免成本提高带来的风险，企业决定买进看涨期权。假设6月份时铝锭的市价为2 040美元/吨，该企业以60美元/吨的期权费购买一张执行价格为2 040美元/吨的铝锭期货看涨期权合约。时至10月份，铝锭现货市场价格涨至2 150美元/吨，期货市场价格涨至2 200美元/吨，同时铝锭的看涨期权合约的权利金价格也上涨为150元/吨。此时，该企业决定履行看涨期权合约，以2 040美元/吨的执行价格买进铝期货合约，同时，以2 200美元/吨的价格卖出铝期货合约，获差价利润160美元/吨。弥补支付的60美元/吨的期权费后，还有盈利100美元/吨。这时到现货市场购买铝锭，实际进价为2 050美元/吨（2 150美元/吨-100美元/吨），仅比6月份市价2 040美元/吨成本提高10美元/吨。

该企业还可以通过出售看涨期权合约（期权的平仓），通过获取权利金差价利润来弥补现货市场购买铝锭的成本损失。从例9-10看，通过出售看涨期权合约，可获利90美元/吨。以此盈利弥补现货铝成本增加的损失，铝锭实际成本是2 060美元/吨。可见，这两种办法，都有效地防止了铝锭价格上涨造成的巨大损失。因此，可以通过盈利的比较，决定采用哪一种办法防止价格波动造成的损失。

与上面情形相反的是，假如铝锭现货市场与期货市场价格均出现下跌的情况，该企业可以放弃或低价转让看涨期权，以低于2 040美元/吨的价格购买铝锭，其最大的损失不过是已支付60美元/吨的权利金，这部分损失可以由低价购进的现货市场上的盈利来弥补，同样起到了保值作用。

例9-10是通过买入看涨期权为将来要买入的现货商品限定一个最高买入价，达到规避价格上涨风险的目的。买入看涨期权还可以与期货交易结合使用，使期权买方既可以同时规避价格上涨或价格下跌的风险，又可能获得更好的保值结果。例如，农场主的在粮食收获前为避免丰收后粮价下跌遭受损失，在期货市场卖出期货合约进行空头套期保值；但又担心粮价出现暴涨使空头期货头寸遭受损失，于是同时以空头期货合约成交价为执行价格买入该期货的看涨期权。届时，如果粮价下跌，则空头期货部位盈利，用以弥补价格下跌的损失；同时放弃看涨期权或将期权合约平仓，损失限定于期权费以内。而如果粮价上涨，则以看涨期权的执行价格行权买入该粮食期货合约，然后与已经建立的空头部位对冲平仓，因空头期货部位的价格与行权买入的多头期货部位价格相同，因而对冲后只亏损了期权费，而现货市场上可以以更高的价格将粮食售出——只要粮价上涨幅度超过了期权费支出，则保值结果就会出现净盈利，即农场主的现货粮食实际售价超过预期销售目标。

（2）卖出看跌期权。这种办法是通过看跌期权的出售，从买方收取权利金，为相关的交易进行保值。不过，这种办法所面临的风险比买进看涨期权所面临的风险要大得多。因为，一旦相关市场价格真的出现下跌现象，看跌期权空头就可能随时有被买方要求履约的风险。而一旦履约，就意味着承担损失。而且，损失额一般大于其收取的权利金金额。因此，看跌期权的卖方，必须有充分的根据预测相关市场价格会有所上涨或至少保持相对稳定，否则，不要轻易以卖出看跌期权的办法来为其相关交易行为进行保值。但如果投资者已经卖出标的物（期货、股票等），则卖出看跌期权所获得的权利金等于提高了卖价。如果标的物价格下跌，则投资者可以低价将手中的空头持仓对冲获利；如果标的物价格上涨，则所获得的权利金可以减少损失。但当价格大幅上涨，远超过权利金金额时，则将面临巨大风险。所以，当预测相关标的物市场行情看涨时，买入看涨期权应作为首选的保值策略。

2. 相关市场行情看跌条件下的期权交易保值策略

当生产制造商、加工商、包储商、贸易商、证券商、投机商等。预测相关市场行情看跌时，为了使现货商品或所持有的期货部位免受价格下跌所造成的损失，或同时又不愿放弃当价格出现反转呈上涨态势而出售现货商品或所持有的期货部位的获利机会时，可以运用两种期权交易策略。

（1）买进看跌期权。买进看跌期权，就意味着看跌期权的买者，拥有卖出或不卖出相关期货的权利，但不是义务。这样，一旦价格果真下跌时，买方便有权要求卖方履行期权合约，以事先达成的执行价格向卖方卖出相关标的物，从而获取一定的差价利润，进而为自己将要卖出的现货商品或所持有的期货多头头寸起到一定的保值作用。当获取的差价利润大于事先支付的权利金时，买进看跌期权，不仅可以保值，而且还有盈利。当获取的差价利润小于事先支付的权利金时，购买者也可以在一定程度上起到保值作用。简言之，价格下跌的越多越快，这种保值作用越明显。当然，如果市场价格不是按所预测的方向下跌，反而上升或维持不变，买方就会放弃履约或以较低的权利金将看跌期权对冲平仓。这样，对于买方而言，最大的损失不过是事先支付一笔权利金。而且，在价格上涨的情况下，通过出售现货商品或抛空期货合约，还可以用盈利来弥补权利金支付所造成的部分损失。例如，投资者在期货市场上以 F 价格建立了铝的多头头寸，为防止价格下跌的风险，应以不低于 F 的执行价格买进看跌期权，如果价格下跌，虽然铝的多头头寸会遭受损失，但买进的看跌期权可以通过高价对冲平仓获取盈利，也可以通过看跌期权的行权，以高于期货多头头寸建仓价 F 的执行价格行权卖出铝期货合约，并与持有的铝期货多头合约对冲，获取价差收益。从而保护手中的多头头寸避免价格下跌的风险。如果价格不跌反涨，则将看跌期权弃约，期权的最大损失只是期权费，而手中的铝期货多头头寸则会盈利。

（2）卖出看涨期权。这种办法是通过出售看涨期权，从买方手中收取权利金，为其相关的交易行为进行保值。这种办法有较大的风险。如前所述，售出看涨期权者，当相关市场价格真的出现上涨情形时，随时有可能被要求按事先达成的执行价格进行履约。而一旦履约，就意味着承担损失。因此，做看涨期权的卖方，必须充分地分析相关市场行情，只有当有很大把握判断市场行情下跌或维持不变时，才适宜做卖出看涨期权来为相关其他交易行为进行保值。但如果投资者已经买入标的物（期货、股票等）则卖出看涨期权所获得的权利金等于降低了成本。如果标的物价格上涨，则投资者可以高价将手中的多头持仓对冲获利；如果标的物价格下跌，则所获得的权利金可以减少损失。

例如，投资者甲几个月前以 30 元/股的价格买入 S 股票，目前 S 股价已经上涨到 58 元/股，为了保护已有的利润，甲可以用卖出 S 股票期货的方法锁定利润（假设股票期货价格同为 58 元/股），用股票期货高出递进的价差弥补股票现货的市值损失，把股价锁定在 58 元/股左右。但如果股价不跌反涨，期货空头头寸的风险难以避免，而且还把股价大幅上涨带来的更多盈利机会放弃了。如果以 58 元/股执行价卖出 S 股看涨期权，当价格下跌到 58 元/股以下时，卖出看涨期权的权利金可以弥补或部分弥补 S 股票市值损失；而当 S 股价格上涨至 58 元/股以上时，则用 30 元/股买入的 S 股票现货履约（以执行价格 58 元/股将 S 股票卖给看涨期权买方），则投资者甲的最终收益为（58 元/股至 30 元/股）＋权利金，超过了其锁定的利润 28 元/股（58 元/股至 30 元/股）。但是，如果股价跌幅远超期权费，则甲将面临收益缩水甚至净亏损的风险。

由此可见，当预测相关标的物市场行情看跌时，买入看跌期权应作为首选的保值策略。

3. 相关市场行情变化趋势不定条件下的期权交易保值策略

在相关市场行情变化趋势不确定的条件下，要防止价格波动造成的损失，最基本的保值策略就是做"双向期权"交易。"双向期权"交易前面已述，这里不再提及。

（二）期权投机交易策略

1. 买进看涨期权投机

当投机者通过对相关标的物价格的分析，认定标的物价格有大幅上涨的可能时，买入看涨期权，支付一定权利金。一旦标的物价格上涨，权利金也会上涨，此时可高价对冲看涨期权合约，获取价差收益。即使市场价格下跌，投机者的最大损失只限于权利金金额。

当市场上存在大量虚值期权，其权利金低于期货保证金，投机者会选择买进虚值看涨期权，利用高杠杆作用获利。即使期权始终没有转为实值期权，投机者也只损失小额权利金。

2. 卖出看涨期权投机

当投机者认定相关标的物价格会下跌，即使上涨，涨幅也很小时，卖出看涨期权，收取一定数额的权利金。经验丰富的投机者，会选择不同有效期、不同执行价格和适当的入市时机进行卖出期权投机。从国外实际的交易情况看，卖出看涨期权的收益并不低，甚至高于期权买方。

3. 买进看跌期权投机

当投机者认定相关标的物价格将要大跌或正在下跌时，买进看跌期权，支付一定数额的权利金。一旦标的物价格下跌，看跌期权价格上涨，此时可高价对冲看跌期权合约，获取价差收益。即使市场价格上涨，投机者的最大损失只是限于权利金金额。

当投机者预期相关标的物价格会大幅下跌时，会选择以很低的权利金买进虚值看跌期权，利用高杠杆作用获利。即使期权始终没有转为实值期权，投机者也只损失小额权利金。

4. **卖出看跌期权投机**

当投机者认定相关标的物价格已见底，后市将上涨，或即使下跌，跌幅也很小时，卖出看跌期权，收取一定数额的权利金。但是如果标的物价格大幅下跌，期权买方行权，卖方将因高价买进标的物而遭受超过权利金收入的巨大损失。所以，卖出期权一定十分慎重。

第十章　期货模拟交易

期货交易模拟实验学习目的

通过实验教学环节巩固课堂所学理论，提高理论学习的兴趣及在实践中的应用能力；在套期保值、投机与套利交易的操作中，加深对期货市场基本功能的理解及对期货市场的组织结构、规则制度、交易流程、交易技巧、上市品种、风险控制等基本知识的熟悉与掌握。

期货交易模拟实验要求

（1）制订一个套期保值或投机套利计划书，包括原则、操作流程及风险管理措施。

（2）对所交易品种的基本面和技术面进行分析，写出分析报告。

（3）在账户资金允许的范围内模拟开仓、平仓、查询等操作。

（4）写出实验报告，对实验过程进行分析总结。

第一节　申久金融投资实训平台简介

一、系统登录

用户在 Windows 系统中，通过浏览器输入网址 http://pub. quotedatas. com/ntrade/data/stu/login 登陆"申久金融投资实训平台"，弹出登录界面，如图 10-1 所示。

输入用户名称及密码，单击登录（一个用户名在同一时刻只允许一个登录。同一个用户名的第二个登录将被提示用户已在线）。

图 10-1　模拟交易系统登录界面

二、系统界面

登录成功后，系统进入“申久金融投资实训平台”主界面，如图 10-2 所示。界面上方深色区域为功能模块区，系统设有股票、期货、股指、债券、期权、外汇六个可选择的交易市场模块，以及自选股、个人中心、视频、题库、新手学堂、排行六个功能模块；功能模块区下方为操作区，显示每个功能模块对应的详细内容。登录系统之后操作区默认显示的是股票市场模块的详细内容。

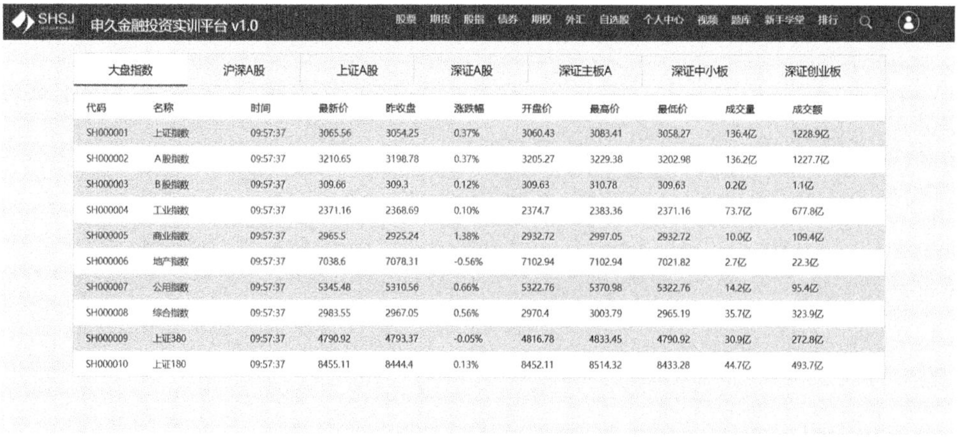

代码	名称	时间	最新价	昨收盘	涨跌幅	开盘价	最高价	最低价	成交量	成交额
SH000001	上证指数	09:57:37	3065.56	3054.25	0.37%	3060.43	3083.41	3058.27	136.4亿	1228.9亿
SH000002	A股指数	09:57:37	3210.65	3198.78	0.37%	3205.27	3229.38	3202.98	136.2亿	1227.7亿
SH000003	B股指数	09:57:37	309.66	309.3	0.12%	309.63	310.78	309.63	0.2亿	1.1亿
SH000004	工业指数	09:57:37	2371.16	2368.69	0.10%	2374.7	2383.36	2371.16	73.7亿	677.8亿
SH000005	商业指数	09:57:37	2965.5	2925.24	1.38%	2932.72	2997.05	2932.72	10.0亿	109.4亿
SH000006	地产指数	09:57:37	7038.6	7078.31	-0.56%	7102.94	7102.94	7021.82	2.7亿	22.3亿
SH000007	公用指数	09:57:37	5345.48	5310.56	0.66%	5322.76	5370.98	5322.76	14.2亿	95.4亿
SH000008	综合指数	09:57:37	2983.55	2967.05	0.56%	2970.4	3003.79	2965.19	35.7亿	323.9亿
SH000009	上证380	09:57:37	4790.92	4793.37	-0.05%	4816.78	4833.45	4790.92	30.9亿	272.8亿
SH000010	上证180	09:57:37	8455.11	8444.4	0.13%	8452.11	8514.32	8433.28	44.7亿	493.7亿

图 10-2　申久金融投资实训平台主界面

（一）交易市场模块

“申久金融投资实训平台”为用户提供了股票、期货、股指、债券、期权等可选择的交易市场模块，在此以“期货”模块为例，对交易市场模块进行简单介绍。

在主界面深色功能区单击“期货”模块，系统会弹出一个下拉菜单，菜单包括大连期货、上海期货、郑州期货三个选项。任选其一单击，操作区域将显示对应期货市场的详细品种及合约内容，如图 10-3 所示。

图 10-3 中，区域①为大连商品交易所经营的期货品种，区域②是不同期货品种下的具体期货合约。在该界面中单击区域①中的“豆一”期货品种，则对应在区域②显示不同到期月份的“豆一”合约，查看其他品种的具体合约可以依此进行。图 10-3 中右上角的放大镜图标为搜索栏，用户也可以通过代码搜索自己想要查看的期货合约品种。

代码	名称	时间	最新价	昨收盘	涨跌幅	开盘价	最高价	最低价	成交量	交易
A1903	豆一1903	21:22:51		3277					0	下单
A1905	豆一1905	10:05:40	3394	3391	0.09%	3390	3396	3368	72.6万	下单
A1907	豆一1907	10:04:36	3467	3454	0.38%	3471	3487	3461	220	下单
A1909	豆一1909	10:05:32	3462	3457	0.14%	3458	3465	3439	7.1万	下单
A1911	豆一1911	09:54:53		3453					0	下单

图 10-3　商品期货市场合约界面

通过上述方法，找到想要查看的具体合约后，单击该合约可以进入期货合约的行情界面。例如，在图 10-3 所示界面区域②中，单击具体期货合约"A1905"进入该合约的行情界面，如图 10-4 所示。

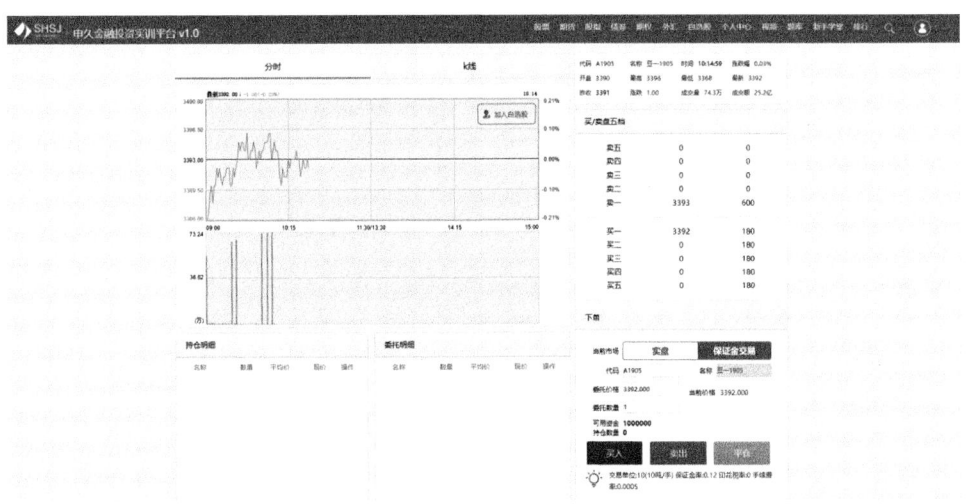

图 10-4　期货合约行情界面

(二) 自选股

在浏览个股及期货合约时，用户可以将较为看好的股票及合约加入"自选股"当中，通过"自选股"模块可以方便用户对这些股票及期货合约进行观察和研究。在图 10-4 的行情界面当中，系统为用户设置了将个股或期货合约加入自选股的选项。

（三）个人中心

在主界面深色功能区点击"个人中心"模块，进入个人中心界面。在个人中心界面中，用户可对自己的用户信息进行修改，同时可以查看自己在各模拟市场中所开设的交易账户的持仓、资金、交易及委托明细。

（四）视频

在"视频"功能模块中，系统为用户提供了与证券交易相关的在线视频，包括推荐、媒体、课堂、公司四个方面的内容，用户可以根据自己的需求进行观看。

（五）题库

"题库"模块为用户提供了与投资交易相关的试题，题型包括单选题、多选题、判断题及从业资格考试题，方便用户对课堂所学知识进行巩固。

（六）新手学堂

在该功能模块中，系统为新用户提供了部分证券交易的知识，用户可以通过进入这一模块中进行学习。该部分所包含的具体内容如图 10-5 所示。

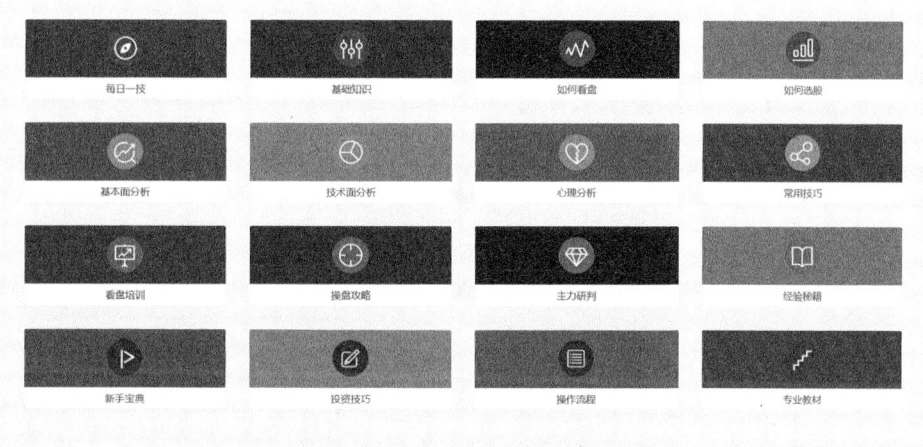

图 10-5　新手学堂界面

（七）排行

"排行"模块反映了参与模拟交易用户的交易成绩，包括成交总量、交易次数、成交额、总收益率的排名。用户可以通过点击该模块查看自己的排名。

三、系统退出

为确保用户的交易操作不被他人更改，每次用户使用完"申久金融投资实训平台"后，请务必点击系统界面最右上角的人形图案，安全退出系统。

第二节 模拟交易操作

一、商品期货模拟交易操作

（一）商品期货行情研究

"申久金融投资实训平台"为用户提供了商品期货行情界面，在商品期货合约界面点击任意合约品种即可进入行情界面，用户可以通过行情界面研究看好的商品期货合约并进行买卖操作（如图 10-6 所示）。

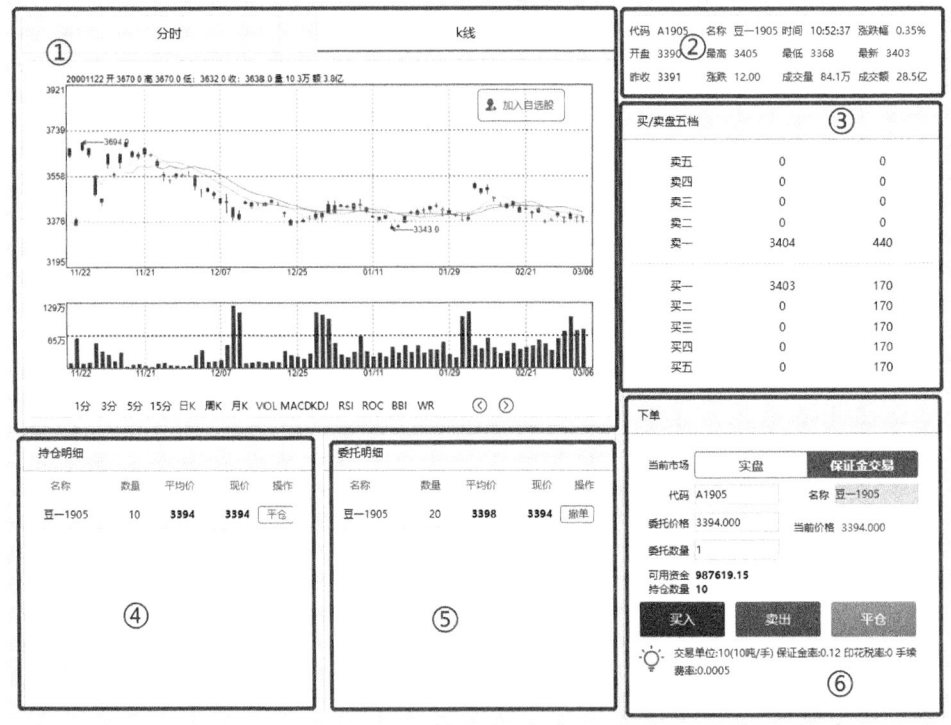

图 10-6　商品期货行情界面

"申久金融投资实训平台"行情界面包括六个部分。其中，①向用户提供了合约的分时图和 K 线图，并提供了常用的技术分析指标；②向用户提供了合约主要的行情信息；③向用户提供了买/卖盘五档报价情况；④提供了用户全部的合约持仓明细，不限于当前浏览的合约；⑤提供了用户全部的合约委托明细，不限于当前浏览的合约；⑥下单区，在该区域用户可以执行下单命令。

1. 分时图

"申久金融投资实训平台"行情界面默认的是分时图。图 10-7 为系统提供的期货合约分时图，在分时图界面，用户可以观察交易日当天商品期货合约价格及交易量的实时变动情况。

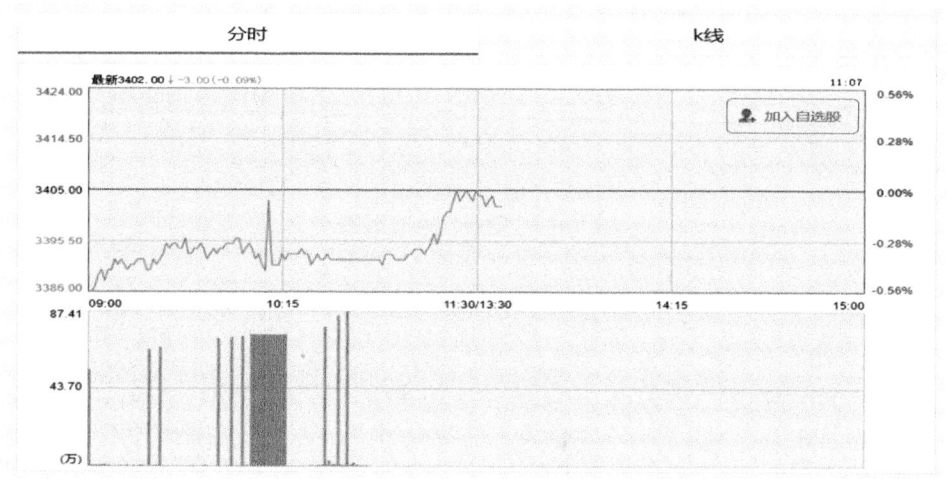

图 10-7　期货合约分时图

2. K 线图及技术分析指标

"申久金融投资实训平台"为用户提供了期货合约的 K 线图及常用技术分析指标，如图 10-8 所示。区域①为 K 线图区，分为 1 分钟 K 线、3 分钟 K 线、5 分钟 K 线、15 分钟 K 线、日 K 线、周 K 线、月 K 线 7 种，用户可以根据自己的需要进行选择，鼠标悬停在"1 分"位置单击即可切换 1 分钟 K 线图，切换其他 K 线图以此类推。区域②显示了 K 线图对应的成交量及常用技术分析指标，用户同样可以根据自身需要进行选择，以 WR 指标为例，单击"WR"，区域②切换为 WR 指标。

综合上述行情图及技术指标，用户可以对具体的商品期货合约行情进行分析，对于看好的合约可以通过"下单"进行购买或通过"加入自选股"选项进行收藏。

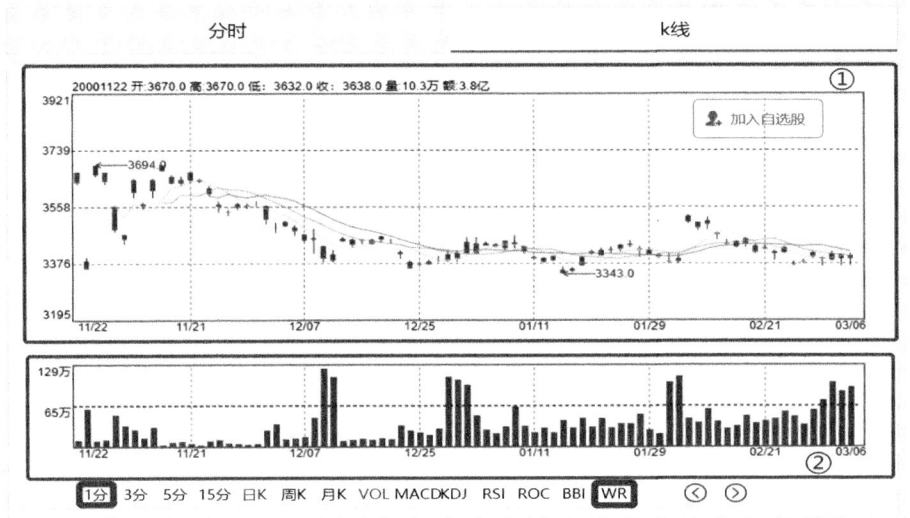

图 10-8　期货合约 K 线图

(二) 商品期货委托交易

1. 开仓

"申久金融投资实训平台"为用户提供了两个下单的选项，一是在"期货"模块，在具体的合约之后有下单选项，如图 10-9 所示；二是在合约的行情界面，详见图 10-7 中区域⑥。

豆一	豆二	铁矿石	棕榈油	焦炭	PVC	焦煤	豆油	豆粕	玉米	聚丙烯	玉米淀粉	鲜鸡蛋
代码	名称	时间	最新价	昨收盘	涨跌幅	开盘价	最高价	最低价	成交量	交易		
A1903	豆一1903	21:22:51		3277					0	下单		
A1905	豆一1905	13:51:26	3404	3391	0.38%	3390	3410	3368	116.0万	下单		
A1907	豆一1907	13:48:56	3467	3454	0.38%	3471	3487	3461	240	下单		
A1909	豆一1909	13:51:18	3469	3457	0.35%	3458	3476	3439	9.8万	下单		
A1911	豆一1911	13:51:18		3453					0	下单		

图 10-9　"期货"模块中下单选项

商品期货交易开仓下单操作流程如下：

（1）点击"下单"按钮弹出如图 10-10 所示的交易对话框，或在行情界面下单区域直接进行操作。

（2）在代码项目处，输入想要进行交易的商品期货合约代码。系统默认代码为当前选定合约的代码，如需交易其他合约用户可手动修改。

（3）在委托价格项目处，输入委托价格。系统默认的委托价格等于商品期货合约的当前价格，用户可根据需要设定自己想要的委托价格。

（4）在委托数量项目处，输入用户想要委托交易的手数。系统初始默认委托交易数量为1手。

（5）选择委托方向。仔细核对代码、委托价格、委托数量及相关费率后，用户需要根据自己对行情的判断选择买空还是卖空期货合约。如果选择买空期货合约，则点击图10-10中买入按钮，反之点选卖出按钮。

（6）下单成功后系统将会提示如图10-11所示对话框，否则会显示下单失败对话框，并给出失败原因，如图10-12所示。

图 10-10 委托下单界面

2. 委托明细查询

下单成功后用户可以进入委托列表中查看委托订单明细，有两种操作方法。

方法一：点击"个人中心"进入个人中心界面；在界面左侧选项栏中找到"期货账户"，并点击"期货账户"项目下的"委托明细"选项，进入委托明细查询，如图10-13所示。

方法二：点击"期货"功能模块，进入任意商品期货合约行情界面，便可以在行情界面的最下方看到自己的委托明细状况，如图10-14所示。

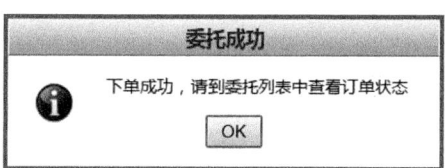

图 10-11 下单成功界面

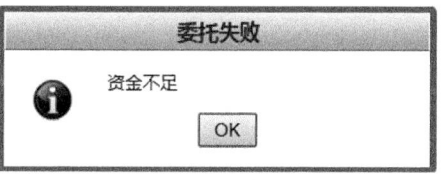

图 10-12 下单失败界面

3. 撤单

对于当日委托但未成交的订单，交易时间内用户可以选择撤单。在委托明细查询的界面中，每一笔委托中的交易后均有"撤单"选项，点击"撤单"按钮可以执行撤单操作。

图 10-13 委托明细查询方法一

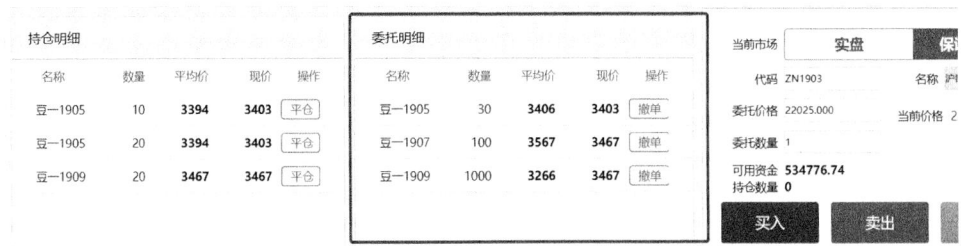

图 10-14 委托明细查询方法二

点击"撤单"后，系统会显示如图 10-15 所示的对话框，提示撤单成功。

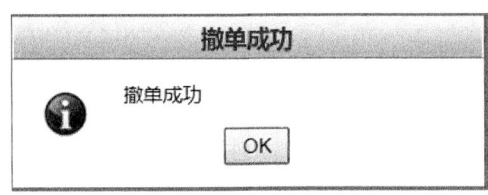

图 10-15 撤单成功提示界面

4. 持仓明细查询

持仓明细的查询方法与委托明细查询方法相同，用户可以进入"个人中心"模块进行查询，如图 10-16 所示；或通过"期货"模块进入任意商品期货合约行情界面进行查看，如图 10-17 所示。

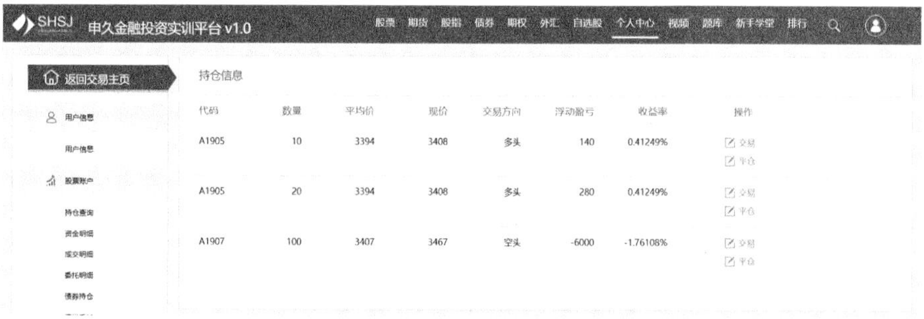

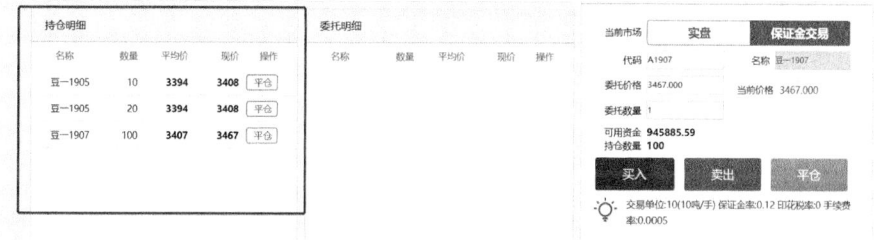

图 10-16 "个人中心"持仓明细查询

图 10-17 行情界面持仓明细查询

5. 平仓

在持仓明细查询界面用户可以对持有的商品期货合约进行平仓操作，点击图 10-16 或图 10-17 持仓明细中的平仓按钮，系统会弹出如图 10-18 所示的委托下单窗口，用户可指定相应的平仓委托价格，并点击"平仓"按钮进行平仓操作，操作成功后显示如图 10-19 所示的提示对话框。特别提示，平仓操作中系统强制用户不能对委托数量进行修改。

图 10-18 委托下单窗口

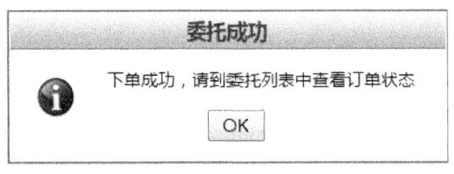

图 10-19　平仓下单成功界面

6. 补仓及减仓

对某一商品期货合约进行补仓或减仓，可以直接在图 10-18 所示的委托下单窗口中输入要进行补仓或减仓的期货合约代码，并设定相应的委托价格及数量。持有多头进行补仓点击"买入"按钮，减仓点击"卖出"按钮；持有空头进行补仓点击"卖出"按钮，减仓点击"买入"按钮。

7. 资金明细及成交明细

除了上述常用操作外，在"个人中心"模块的"期货账户"项目下，用户还可以进行资金明细及交易明细的查询，具体操作过程与委托及持仓明细查询方法类似。

二、金融期货模拟交易操作

金融期货与商品期货的交易操作高度相似，也包括了盯盘和交易指令的下达两部分。结合"申久金融投资实训平台"提供的模拟案例，在此简单介绍金融期货的行情研究及委托交易。

（一）金融期货行情研究

"申久金融投资实训平台"为用户提供了沪深 300 指数期货作为金融期货模拟交易的操作案例。用户可以点击"股指"功能模块进入股指期货合约界面，如图 10-20 所示。

代码	名称	时间	最新价	昨收盘	涨跌幅	开盘价	最高价	最低价	成交量	交易
IF1903	IF1903	15:25:14	3846.6	3822.8	0.62%	3629.4	3864.4	3784.4	9.3万	下单
IF1904	IF1904	15:25:14	3853	3831	0.57%	3847.6	3871.6	3793.6	7223	下单
IF1906	IF1906	15:25:14	3852.6	3836	0.43%	3840.2	3876	3796.4	1.4万	下单
IF1909	IF1909	15:25:14	3845.4	3823	0.59%	3830.4	3865	3788	2270	下单

图 10-20　股指期货合约界面

点击图 10-20 中任意合约即可进入该股指期货合约的行情界面，金融期货行情界面与商品期货完全一致，包括了合约的行情图、实时行情数据、买/卖盘五档价格、持仓明细、委托明细及下单，可参考图 10-6 商品期货行情界面。

行情界面中关于分时图、K线图及相关技术指标的切换等操作均与商品期货行情界面一致，用户可根据相应技术方法对股指期货的行情进行分析。

（二）金融期货委托交易

金融期货委托交易操作与商品期货委托交易操作相同，包括了开仓、平仓、补仓、减仓，以上操作均可通过委托下单窗口进行。用户可以在合约界面、行情界面及"个人中心"持仓明细界面点击唤出委托下单窗口，填写对应的合约代码、委托价格、委托数量，确认委托方向后发布下单指令，进行交易操作。

此外，系统同样为金融期货交易提供了持仓明细、委托明细、资金明细及成交明细的查询。在此需要指出的是，"个人中心"模块内的股指账户持仓明细相比股指期货行情界面的持仓明细更加全面，包括了交易方向、浮动盈亏、收益率等信息（如图10-21所示），更加方便用户操作。

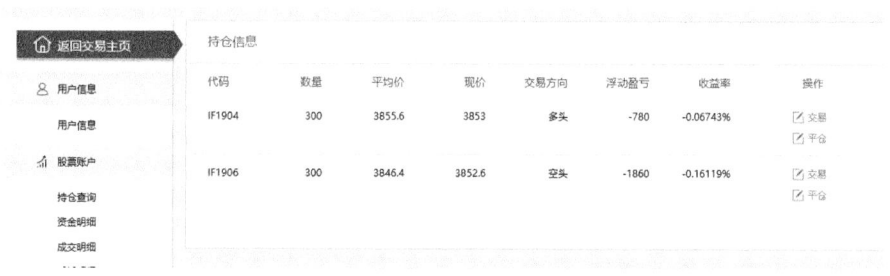

图10-21 "个人中心"股指期货持仓明细

三、期权模拟交易操作

（一）期权合约界面

通过点击深色功能模块区中的"期权"模块，用户可以进入如图10-22所示的期权合约界面。"申久金融投资实训平台"为用户提供了上证50ETF期权作为模拟交易的操作案例，通过向下滑动鼠标滚珠可以查看更多的50ETF期权合约。在期权合约界面中用户可以根据自己的需求点击"下单"买进不同到期时间、不同执行价格的认购期权或认沽期权，也可通过单击期货合约进入期权行情界面对期权价格走势进行研究。

为方便新用户交易操作，在此对合约名称进行简单解释。以"50ETF购3月2800"为例，该合约名称表示3月份到期、行权价为2.80元的50ETF认购期权合约。有时用户在购买期权过程中会发现名称为"50ETF购4月2500A"的期权合约，其中“A”表示标的50ETF是分红调整过的合约，实盘交易中一般此类合约的流动性较差。

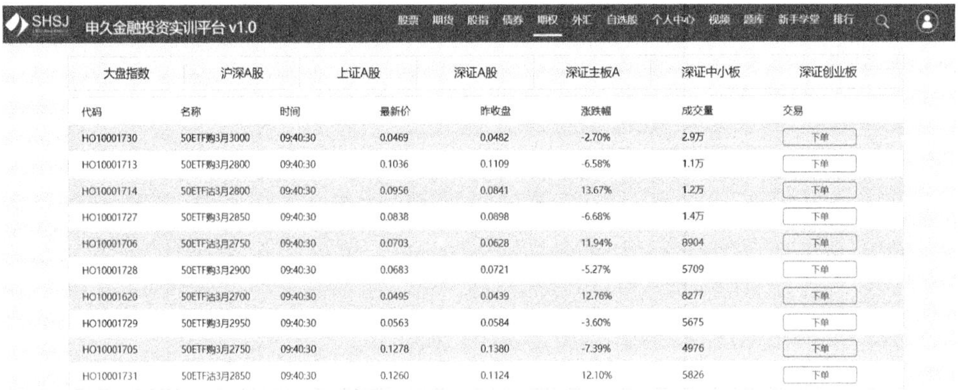

代码	名称	时间	最新价	昨收盘	涨跌幅	成交量	交易
HO10001730	50ETF购3月3000	09:40:30	0.0469	0.0482	-2.70%	2.9万	下单
HO10001713	50ETF购3月2800	09:40:30	0.1036	0.1109	-6.58%	1.1万	下单
HO10001714	50ETF沽3月2800	09:40:30	0.0956	0.0841	13.67%	1.2万	下单
HO10001727	50ETF购3月2850	09:40:30	0.0838	0.0898	-6.68%	1.4万	下单
HO10001706	50ETF沽3月2750	09:40:30	0.0703	0.0628	11.94%	8904	下单
HO10001728	50ETF购3月2900	09:40:30	0.0683	0.0721	-5.27%	5709	下单
HO10001620	50ETF沽3月2700	09:40:30	0.0495	0.0439	12.76%	8277	下单
HO10001729	50ETF购3月2950	09:40:30	0.0563	0.0584	-3.60%	5675	下单
HO10001705	50ETF购3月2750	09:40:30	0.1278	0.1380	-7.39%	4976	下单
HO10001731	50ETF沽3月2850	09:40:30	0.1260	0.1124	12.10%	5826	下单

图 10-22 期权合约界面

（二）期权行情研究

用户通过点击期权合约界面的任意合约进入期权行情界面（见图 10-23），期权行情界面与商品期货、金融期货行情界面基本一致，用户可以在此界面中通过技术指标对期权的走势进行分析，同时可以在该界面下单区执行下单操作。不同的是，期权行情界面不会显示用户的持仓明细及委托明细。

（三）期权委托交易

“申久金融投资实训平台”提供了期权的做多及做空功能，用户可以在系统中进行相应的交易。

1. 买入

买入期权可以在期权合约界面点击“下单”按钮进行，也可以在行情界面下单区域直接进行操作。用户在委托下单窗口中输入要购买的期权代码、委托价格、委托数量，核对好各项信息及费率后点击“买入”即可。委托下单窗口中代码一栏与之前期货交易一致，初始默认为当前合约代码，用户可根据需要手动输入其他合约代码。

2. 卖出

用户可以通过卖出，对期权进行做空交易。在没有持仓的情况下，通过委托下单窗口对选定的期权合约进行相应的委托价格、委托数量的设定后，点击卖出按钮即可实现期权的做空交易。

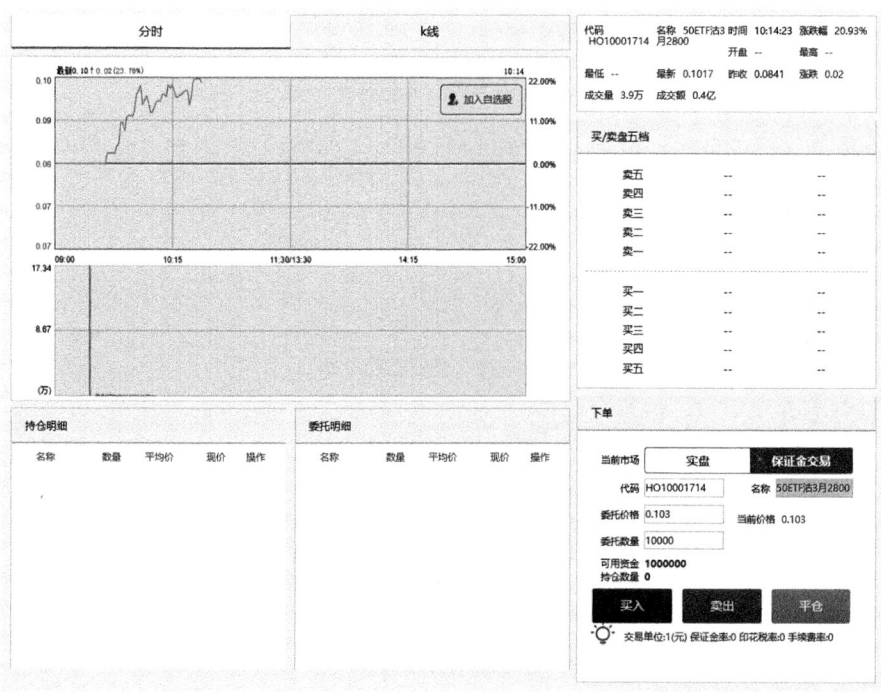

图 10-23　期权行情界面

3. 平仓

期权的平仓交易与期货一致，可在委托交易窗口中通过平仓按钮进行操作。此外，用户可以在持仓明细中，通过市价转让按钮以市价实现快速平仓的操作。

4. 委托撤单

对于委托中的期权交易指令，用户可以在委托明细中进行撤销。需要指出的是，在期权交易中行情界面并不会向用户提供期权的委托明细信息，用户需要到"个人中心"功能模块中进行操作。具体方法为：点击"个人中心"，在界面左侧选项栏中找到"期权账户"，点击期权账户项目下的"委托明细"，系统会弹出如图 10-24 所示的委托明细界面，对于想要撤销的委托指令直接点击"撤单"进行撤单即可。

3. 持仓查询

期权交易中的持仓查询与委托明细查询操作相同，用户需要进入"个人中心"，在界面左侧的"期货账户"中点击"持仓查询"，系统会弹出图 10-25 的持仓明细界面。在该界面中用户可以查看所持有的期权的数量、交易方向、交易类型等信息。

委托明细

代码	名称	交易方向	数量	价格	现价	浮动盈亏	操作
HO10001714	50ETF沽3月2800	买入	10000	0.018	0.1096	916	☑ 撤单
HO10001706	50ETF沽3月2750	买入	10000	0.072	0.0831	111	☑ 撤单
HO10001706	50ETF沽3月2750	买入	20000	0.062	0.0831	422	☑ 撤单

图 10-24　期权委托明细

持仓信息

代码	数量	平均价	现价	交易方向	类型	到期日	操作
HO10001791	10000	0.0605	0.0562	卖出	认购	20190526	☑ 市价转让
HO10001790	10000	0.0788	0.0811	卖出	认沽	20190526	☑ 市价转让
HO10001758	10000	0.088	0	买入	认购	20190518	☑ 市价转让
HO10001770	10000	0.0788	0	买入	认沽	20190518	☑ 市价转让

图 10-25　期权持仓明细

　　除上述操作外，用户还可以在"个人中心"中查询期权资金明细及成交明细，具体操作方法与持仓明细查询类似。

附录　期货风险案例及其分析

中国期货市场发展 20 余年来，历经波折。本附录通过重点介绍几个较为著名的案例，一方面回顾历史，另一方面总结教训。前事不忘，后事之师。希望对前期教训的总结会对后来的投资者有所帮助。本附录还根据相关资料对东南亚金融危机的过程进行了回顾，目的在于了解国外基金是如何利用期货交易手段进行立体投资的。

一、巴林银行事件

巴林银行是世界首家"商业银行"，是弗朗西斯·巴林爵士于 1763 年在伦敦创建的。由于经营灵活变通、富于创新，巴林银行很快就在国际金融领域获得了巨大的成功。20 世纪初，巴林银行荣幸地获得了一个特殊客户——英国皇室。由于巴林银行的卓越贡献，巴林家族先后获得了五个世袭的爵位。这可算得上一个世界纪录，从而奠定了巴林银行显赫地位的基础。然而，如此成功的一家银行却因为期货交易失误在 20 世纪 90 年代轰然倒塌。

（一）事件起因及经过

巴林银行倒闭的肇事者尼克里森于 1989 年正式就职于巴林银行，作为国际金融届的"天才交易员"，被任职为巴林银行驻新加坡巴林期货公司总经理、首席交易员。以稳健、大胆著称。在日经 225 期货合约市场上，他被誉为"不可战胜的里森"。

1994 年下半年，里森认为，日本经济已开始走出衰退，股市将会有大涨趋势。于是大量买进日经 225 指数期货合约和看涨期权。然而"人算不如天算"，1995 年 1 月 16 日，日本关西大地震，股市暴跌，里森所持多头头寸遭受重创，损失高达 2.1 亿英镑。

这时的情况虽然糟糕，但还不至于能撼动巴林银行。只是对里森来说已经严重影响其光辉的形象。里森凭其天才的经验，为了反败为胜，再次大量补仓日经 225 期货合约和利率期货合约，头寸总量已达 10 多万手。

由于这是以"杠杆效应"放大了几十倍的期货合约。当日经 225 指数跌至 18 500 点以下时，每跌一点，里森的头寸就要损失 200 多万美元。

"事情往往朝着最糟糕的方向发展。"这是强势理论的总结。

1995年2月24日，当日经指数再次加速暴跌后，里森所在的巴林银行期货公司的头寸损失已接近整个巴林银行集团资本和储备之和。融资已无渠道，亏损已无法挽回，里森畏罪潜逃。

巴林银行面临灭顶之灾，董事长不得不求助于英格兰银行，希望挽救局面。然而这时的损失已达14亿美元，并且随着日经225指数的继续下挫，损失还在进一步扩大。因此，各方金融机构竟无人敢伸手救助巴林，巴林银行从此倒闭。

(二) 教训及启示

一个职员竟然可以在短期内毁灭一家老牌银行，我们从中不难发现：造就这一"奇迹"的关键是期货巨大的"杠杆效应"。事件中，日经225指数每下跌1点，里森所持有的头寸就会损失200多万美元，而日经225指数的持续下挫，势必会压垮巴林银行。巴林银行的倒闭警示投资者要重视期货市场的杠杆作用，切忌以赌博的方式对待期货交易。

当然，除了对期货杠杆作用的重视之外，巴林银行的倒闭也告诫交易机构要注重对机构内部的管理和内部控制体制的完善。纵观整个事件，除了里森赌博式地购买股指期货外，巴林银行管理层对错误账户的忽视，对风险防控的淡薄以及财务数据的疏漏，都为里森的犯罪行为创造了良好的环境。里森曾经回忆说："有一群人本来可以揭穿并阻止我的把戏，但他们没有这么做。我不知道他们的疏忽与罪犯级的疏忽之间界限何在，也不清楚他们是否对我负有什么责任。但如果是在任何一家银行，我是不会有机会开始这项犯罪的。"

二、胶合板9607事件

1996年6月13日，上海商品交易所为控制胶合板9607合约的风险，决定对该合约实施强制性协议平仓，并提前摘牌，且不实施实物交割。最终空头以44.20元/张、多头按45.20元/张的价格平仓。由于多空双头协议平仓价格不同，其间差价由交易所动用交易所风险金弥补。

(一) 事件的简单经过

沪板9507合约在经历了巅峰炒作后，最终以多头用巨资接下20万手现货而告终。但这些货物一直堆放在交割仓库，预示着后期的交易一旦条件成熟，还会再显波澜。1995年12月10日，上海商品交易所推出胶合板9607合约和9609合约，在前期巨大现货压力影响下，价格从45元/张逐步下跌至41.9元/张，持仓量亦仅12万余手。1996年3月8日，中国证监会发出通知，停止苏交所红小豆期货合约交易。撤离苏州红小豆的大量资金便以该合约为主要投资对象。根据当时的交易规则,超过 60 万手后的新仓要缴纳 55%的保证金。在随后 3 周时间里,多空主力展开了占仓大战,迅速将 9607 合约持仓量扩大至 60 万手的边缘,而期价却一直维持在 42 元~43 元/张。5 月 31 日,空头主力巧借套保头寸仅收 5%保证金之优势肆意打压,散户多头纷纷平仓,价格迅速滑至跌停板,但主力多头并未平仓,持仓量仍维持在 60 万手以上。之后的数日,空头主力斥巨资以 55%的保证金继续大量放空,价格一度下滑至 39 元/张。较低的价格吸引了大量入市接现货的买方,多方新生力量开始增加。上海商品交易所于 6 月 6 日宣布取消持仓限制,发布了《对交易保证金按持仓量实施分段管理办法的通知》,多头利用新变化的规则大举发力,9607 合约于 6 月 7 日探底至 38.40 元/张后迅速被多头推上涨停板 40.80 元/张,此后连续三天无量涨停,空头连斩仓的机会都没有。交易所为了控制风险,不得不出面干涉。6 月 13 日,交易所果断停止了 9607 合约的交易,实施协议平仓,并将 9607 合约提前摘牌,且不实施实物交割。最终9607 合约按照空头以 44.20 元/张、多头以 45 元/张的价格实施强制性协议平仓,其中的价差由交易所以交易风险金补足。

(二) 教训与启示

首先,对交易规则的研究至关重要。应该说,当时采用的持仓总额限制方法,根本起不到抑制过度投机的作用,相反,主力机构则利用持仓限制的有利条件抢占仓位,蓄意操纵市场。可以说持仓总额限制是导致 "9607 事件" 的一个主要原因。任何制度都有缺陷,对普通投资者而言,在入市交易前首先要充分了解交易规则,同时还要仔细分析交易规则存在的缺陷,这些缺陷是否会被市场主力机构利用,只有这样,才能有效降低风险。事实上,大的机构投资者在对某品种投资前都会认真研究规则,甚至专门利用规则的漏洞进行操作。

其次,进口板理论价格与实际价格的长期背离,使得真正的套保者无法进入市场,胶合板期货失去了赖以存在的基础,变成了一个单纯的投机品种,出问题也就在所难免。对于无套期保值基础的品种,普通投资者应该敬而远之,因为对于纯粹的投机品种,一切期货理论分析的前提事实上并不存在,对这类品种的投资无异于赌博。

三、广联 "豆粕 9607 逼仓事件"

广东联合期货交易所(以下简称 "广联")自 1995 年 8 月 21 日推出豆粕标准合约交易至 1998 年期货交易所结构调整的 3 年时间,广联豆粕在较短的时间内先后演绎出三次逼仓行情，其中最有名的是 9607 合约的逼仓事件。

（一）事件的简单经过

广联豆粕 9601 合约曾爆发过逼仓行情，结果是多头接下 10 万吨现货进入了广联注册仓库。1996 年 4 月，广联所重新修订了交割及标准仓单管理的规则，其中关于入库申请和仓容的规定引起了某些机构的关注。这为 9607 合约的逼仓提供了制度环境。

1996 年 5 月底至 6 月初，主力机构开始在 3 100～3 200 元/吨之间借助双向开仓交易方式耐心筑成底部。由于当时广联所交割贴水及费用较高，以当时的价格水平，鲜有现货背景的卖方入市。为吸引空头入市，多头从 6 月 14 日开始在短短的三天内便将期价拉至 3 350 元/吨左右。此时空头入市意愿逐渐强烈，多头主力机构为引诱更多空头入市，亦顺势打压，诱发更多的空头跟风而至。多头见时机成熟，于进入交割月的前三天突然发动攻势，一举将期价推上 3 600 元/吨之上。此时空头浮动亏损加大，大多不得不忍痛平仓，价格也一路攀升，部分有实力的空头开始寻找现货，准备组织现货入库，但让空头无奈的是，交割仓位已被多头事先占满，空头只好排队斩仓，随后价位飙涨至 4 000 元/吨以上，直至最后交易日创下 4 465 元/吨的天价，而最终空头能够交割的实盘仅 3 万吨。

（二）教训与启示

实物交割制度在期货交易中具有重要地位，该制度的合理与否决定了期货功能的发挥。没有完善的实物交割制度，期货市场无异于靠资金堆积的赌场。实物交割是现货市场和期货市场的连接点，国内期货市场的多次风险事件均是因为交割环节出了纰漏。9607 豆粕逼仓之所以能成功，就在于广联所在制定交割规则时设置的库容较小，导致多头利用的漏洞，用前期接下的实盘占满库容后，便可毫无顾忌地逼仓。而空头之所以惨败，与其说是多头的蓄意，还不如说是自身对交割规则没有充分了解。此事件再次说明期货交易入市前对规则了解的重要性。

从期货市场建设而言，规范实物交割方式意义重大。实物交割规范化取决于以下三方面：

第一，交割仓库布局要合理，要允许非交易所所在地的大宗商品进行异地交割。不能实现异地交割，大宗商品也就成为小品种，就有可能发生逼仓和大户操纵价格的情况。

第二，要有符合国际惯例的实物交割方式。现行方式虽然可以给交易所带来更大的利益，却容易形成多空逼仓、放大交易规模的局面。逼仓造成的价格扭曲，限制了期货价格在交割期的收敛，使期货市场的套期保值功能无法发挥作用。

第三，要有合理的交割商品的升贴水标准。充分了解和掌握不同地区间的运力情况，合理确定"运输升贴水"标准，了解和掌握不同质量商品的价格差，合理确定"质量升贴水"标准，对于套期保值者计算保值效益具有重要的作用。

规范实物交割方式，还必须优化交割服务，建立能反映生产、消费、储运状况的全方位的信息系统和优质服务系统。同时，由于缺乏资金是套期保值者，特别是套利者面临的最大难题，而套利者在期货与现货价格收敛中所起的作用最为关键，其利益必须得到充分保护。所以应充分发挥金融行业以仓单质押融资的作用，从而保护套期保值者的利益，切实加强期货市场与现货市场的沟通和联系。

四、天然橡胶 R708 事件

海南中商所地处我国天然橡胶主产区，天然橡胶作为其上市品种之一，可谓得天独厚。如此理想的位置，本该对现货市场及地方经济发挥更大的积极作用，然而，"R708 事件"的发生，却对国内天然橡胶期货现货市场造成了巨大冲击，使得参与各方损失惨重。

（一）事件起因与经过

1996 年，R608 合约已经演绎过一场"多逼空"行情，主要表现为投机多头利用东南亚产胶国及国内天然橡胶主产区出现的自然灾害进行逼仓。而"R708 事件"却是在市场供给过剩的情况下发生的。1997 年年初，在 R703 合约上，多头逆市拉抬期市胶价，使得海南中商所定点库所存的天然橡胶仓单开始增加。到 R708 逼空行情出现之前，注册仓单已达 4 万多吨。"R708 事件"的导火线应是东京天胶于 110 日元/公斤一线企稳后的大幅反弹。国内一大批投机商本欲借机在 R706 合约上做文章，但由于受到以当地现货商为首的空头主力凭借实盘入市打压，再加上时间不充足，不得不放弃该合约，并主动平多翻空。于是，胶价全线崩盘，连续 4 天跌停，创下新低 9 715 元/吨。但市场中的多头并不甘心失败，反而调集雄厚的后备资金卷土重来。他们在 R708 合约上悄然建多，在 1997 年 5 月份的下半月将胶价由 10 000 元/吨拉高至 11 300 元/吨以上。而空头也不示弱，从国内现货市场上调入了大批天然胶现货进入中商所仓库，并声称手中已掌握了 10 万多吨现货仓单，准备以实盘交割相见。多头主力是上海和江浙一带的投机大户，他们诈称准备接完库存胶去扩充上海市场，以此来吸引中小散户加盟。多空大战在 6 月底至 7 月初再次升级，双方在 11 200～11 400 元/吨形成对峙。7 月 4 日，多头突然发难，实行上下洗盘。在 R708 合约跌到 10 790 元/吨之后，多方强行拉抬，当日封至涨停，随后将期价连续上推，并挟持近 23 万手的巨仓。

巨大的风险已聚集在海南中商所以及部分会员身上。7 月 26～27 日，交易所理事会持续不断地讨论 R708 问题，并在多空大户之间斡旋。由于谈判无任何进展，7 月 30 日，中商所发文，"对 R708 合约买方持仓保证金分阶段提高，并自 30 日起，除已获本所批准其套期保值实物交割头寸尚未建仓者外，一律禁止在 R708 合约上开新仓"。同日，中商所再次发文，暂停农垦所属金龙和金环仓库的天然胶入库。至此，R708 大战基本宣告收场。从 8 月 4 日起，以每天一个跌停板（前 3 日每日 400 点，后 7 日每日 20 点）的速度于 8 月 18 日以 11 160 元/吨和持仓 59 728 手摘牌。

R708 事件的处理延续了几个月时间。其间，标的达数亿元甚至数 10 亿元的经济纠纷在法院审理。中国证监会有史以来最大规模地处罚了一大批期货经纪机构（其中不乏当时最著名的数家期货公司）和市场参与者。R708 事件的直接结果为：多方分仓的近 20 个席位宣告爆仓；多方按 8 月 18 日持仓单边 29 864 手支付 20%的违约罚款，计 3.33 亿元；多方在 8 月 4 日至 8 月 13 日的协议平仓中支付赔偿金近 2 亿元；多方在交割中勉强接下 13 000 吨现货；而空方意欲交割的 16 万吨现货，最终在期货、现货市场上以平均不高于 8 000 元/吨的价格卖出，共计损失 1.4 亿元。因此，R708 事件是一场严重破坏期货市场规则而又两败俱伤的豪赌。

（二）"R708 事件"留下的思考

第一，R708 合约之所以发生逼空，除了多头资金雄厚、准备充足、操盘凶悍之外，还与交易所制定的规则存在疏漏有关。如中商所在放开交割量之后，未对保证实施细则做出相应的修订，基本上沿用限量交割的做法。这里显然存在一个问题，就是多方必须具备多少保证金方能保证履约交割。再者，在市场出现逼空时，交易所规定对每个席位 200 手（单边）之外的投机盘在现货月到来之日强制平仓，并在交割月将每日涨跌停板缩小到±20 元/吨。但在当时，多头主力控盘拉抬期价至高位，并频繁转换仓位，将头寸集中在有限的席位上等待强行平仓，而且持仓较隐蔽，这样就较容易形成逼仓。因此，交易所在修改交易规则和出台临时性规定时，应充分考虑其科学性、合理性和严密性。

第二，要正确认识实物交割和套期保值的关系。套期保值的重要特征就是在现货、期货两个市场进行品种、数量相同但方向相反的交易。套期保值的操作并不一定要进行实物交割。囤积居奇和倾销压价的恶性投机行为最容易披上套期保值的合法外衣，对此，交易所应通过合理的交易制度和经济手段来调节实物交割的数量。

第三，期货交易是公开、公平、公正的交易行为，但当市场中多空搏杀之时，中商所方面却采取了不合理的监管方式。虽然协议平仓或强制性平仓能缓解一时之难，但最终造成了无法挽回的损失。R708合约多方交割违约即是谈判破裂的结果。协议平仓和强制平仓起着软化交易规则的作用，是期市不规范的一种表现，不仅不能从根本上解决市场存在的问题，而且极易诱发其他不透明的黑暗交易。

五、日本住友事件

（一）事件起因及经过

住友公司是日本集金融、贸易、冶金、机械、石油、化工、食品和纺织为一体的一家超大型集团。在全球500强企业中，曾一度排名第22位。公司通过控股或参股等形式拥有全球包括智利、菲律宾等国众多铜矿山和冶炼厂部分或全部股份。住友公司很早就参与伦敦金属交易所（LME）的金属交易，1987年初，当LME期货铜价在1 300美元徘徊时，住友公司的操盘手滨中泰男在期货市场逐步建立了大量的铜远期合约。到1988年中，伦敦铜价暴涨至2 500美元。滨中泰男从期货市场套取了巨额利润。从20世纪80年代中期到1996年住友铜事件之前近10年的时间里，滨中泰男在LME"叱咤风云，呼风唤雨"，屡屡得手。由于其经常控制着伦敦铜市场5%以上的成交量和未平仓合约，因此获得"百分之五先生"称号。应该说，住友本身就是在LME非常活跃的大鳄。

90年代前期，中国和南美的一些企业纷纷败在"西方列强"默契的攻击中。一批弱者被消灭后，这些强者一时难以找到对手。于是，烽烟在列强之间燃起。由于住友商社是当时伦敦和纽约市场的大多头，终于被欧洲和美国大型基金锁定。

据当时业界人士估计，1994—1996年，滨中泰男控制的铜期货头寸在100~200万吨。与此同时，伦敦三月期货铜价从1993年年底的1 650美元/吨左右一直飚升至1995年年初的3 075美元/吨的高位。1994—1996年年初，滨中泰男通过人为地控制现货，长期大量控制LME的铜仓单。他控制的LME铜仓单最高时占交易所的90%之多，使得伦敦铜期货市场长期处于现货升水的状态，远期低于近期，以此遏制市场的远期抛盘，人为抬高价格。

但是，对手也非常强悍，据说其中有量子基金、老虎基金以及欧洲一些大型金属贸易商，针对住友的多头大量抛空，从3 000美元/吨以上一路抛压，伦敦铜价从 3 075 美元/吨高点跌至 1995 年 5 月份 2 720 美元/吨左右。但顽强的滨中泰男并没有轻易就范，1995 年 7 月、8 月份又把铜价拉升至 3 000 美元以上。

1995 年年末，美国商品期货交易委员会开始对住友商社在美国国债和铜期货市场的异常交易情况进行调查，在美国的压力下，伦敦金属交易所也开始了调查。在调查压力下，伦敦铜价下跌至 2 420 美元/吨左右。但滨中泰男并没有放弃战斗，经过顽强的抵抗，铜价在 1996 年 5 月份又拉升至 2 720 美元/吨以上。多次较量后，索罗斯等基金也感觉到筋疲力尽，几乎想放弃了。而后，就在基金欲放弃战斗时，5 月份美国商品期货交易委员会和伦敦金属交易所宣布准备对住友采取限制措施，有关滨中泰男将被迫辞职的谣言也四处流传。基金终于捞到了最后一根"救命稻草"。在新一轮的强大攻势下，伦敦铜价从 5 月份 2 720 美元/吨高位一路狂泄至 6 月份 1 700 美元/吨左右，短短一个多月，跌幅超过每吨 1 000 多美元。住友商社以彻底失败而告终，据估计，住友的损失高达 40 亿美元。

（二）住友事件的启示

第一，伦敦金属交易所制度缺失，监管不力。反思日本住友事件的发生，伦敦金属交易所在其中负有不可推卸的责任，作为交易规则的制定者和贯彻者，伦敦会展交易所不论是在规则的制定还是执行上都存在不足和疏忽。对于佣金及规模的过度追求，造成了对客户入市的要求标准过低的问题，其本身并不要求客户拥有现金而只需银行担保和信用就可以弥补保证金不足的部分，正是这一制度上的缺失，致使滨中泰男可以凭借住友公司良好的信誉向银行贷款长期进行违规操作。除了制度缺失之外，LME 还允许仓位在不同客户之间自由转换、交换价格不受市场价格限制、对场外交易缺乏制度性的反映，这些方面的问题与同时期美国市场标准相比较都是不可思议的，制度上的缺失是造成住友事件发生的重要原因之一。

第二，日本住友公司在职员管理上存在问题。作为住友公司负责国际铜品交易的滨中泰男，集商品交易员、会计、出纳于一身，就有违现代企业管理原则和会计原则。同时，20 年来，住友商社长期任命滨中泰男从事铜品交易，过分迷信了"百分之五先生"的"名人"效应，从另一个角度也反映了企业在管理上的松懈。

第三，滨中泰男违规操作，试图操纵市场。首先，住友事件中最为核心的问题在于滨中泰男利用 LME 的制度缺失进行违规操作，通过银行信用等方式大量持有多头头寸，以此控制市场，人为抬高市场价格。"苍蝇不叮无缝的蛋"，正是滨中泰男操控市场的行为，为量子基金、老虎基金等财团创造了牟利机会。而当面对市场空头的猛烈进攻时，滨中泰男不仅没有果断止损，反而以赌博的方式进行反击，不理性的行为也最终造成了他的失败，为住友商社带来巨大损失。其次，作为交易员，滨中泰男从业前期一帆风顺，获得了"百分之五先生""锤子"等美誉，然而也造成了滨中泰男风险意识的下降，盲目自信，滨中泰男控制的 LME 铜仓单最高时占交易所的 90%之多，且为多头头寸。1991 年，LME 总裁大卫·金对滨中泰男的行为提出过警告，然而他并未对自己的行为进行反思。

六、中航油事件

（一）事件背景及经过

中国航油成立于 1993 年，由中央直属大型国企中国航空油料控股公司控股，总部和注册地均位于新加坡。2001 年在新加坡交易所主板上市，成为中国首家利用海外自有资产在国外上市的中资企业。公司成立之初非常困难，一度濒临破产。1997 年亚洲金融危机，陈久霖带着一名助手和 21.9 万美元来到新加坡，接管中航油集团所属海外子公司。1997 年 7 月，中国航油公司恢复运行时，只有两名员工，到年底时也只有 4 名员工。中国航油经国内批准的启动资金为 60 万新元，而母公司实际汇入资金只有 49.2 万新元。除去偿还合资时期的亏损约 20 万新元和中航油总公司收购中华航油股权所用资金 10.8 万新元，初始运营资本只剩下 18.4 万新元。陈久霖带着总公司给的 49.2 万新元和一个助手，开始了中国航油的新航程。陈久霖向集团公司建议：让地处世界油料市场中心之一的中国航油开展航油进口业务，把公司业务从单纯的航油运输转变为航油采购、进口和运输的复合结构。

在总裁陈久霖的带领下，公司从单一的进口航油采购业务逐步扩展到国际石油贸易业务，并很快垄断了中国国内航空油品市场的采购权，一举扭亏为盈，将沉寂多年的中航油（新加坡）带出困境，并成功实现了公司的战略转型。2001 年，中航油在新加坡交易所主板成功上市，筹资 6 000 多万美元，成为中国首家利用海外自有资产在国外上市的中资企业。在新加坡交易所主板挂牌上市后，陈久霖逐步将公司打造成摩根士丹利和《金融时报》蓝筹股，也获得了无数个人荣誉，成为中国第一个"打工皇帝"。

2003 年下半年，中航油开始交易石油期权，最初涉及 200 万桶石油，由于中航油对国际石油市场价格判断准确，公司基本上购买"看涨期权"，出售"看跌期权"，产生了一定利润。2003 年底至 2004 年，中航油错误地判断了油价走势，调整了交易策略，导致期权盘位到期时面临亏损。公司一次又一次延期交割合同（挪盘），期望油价能回跌，交易量随之增加。2004 年 6 月，陈久霖曾在新加坡表示，原油现货并未短缺，高油价只是暂时现象，并举 2000 年油价高涨时美国政府释放石油储备、压低油价的例子。在陈久霖发表上述讲话之时，纽约原油期货一举突破 43 美元，创 21 年历史新高。

国际油价的不断攀升，客观上把中航油一步步逼向梁山：中航油新加坡公司必须为未平衍生品仓位追加数额巨大的保证金。由于无法为一些投资性质的交易补仓，公司被迫在亏损的情况下结束部分仓位。

2004 年 10 月是本次事件的一个重要时点，中航油的危机在此后全面爆发：2004 年 10 月，中航油持有的期权总交易量已达到 5 200 万桶之巨，超过公司每年实际进口量 3 倍以上，公司账面亏损已达 1.8 亿美元（此前是 580 万美元）。2004 年 10 月 10 日，中航油首次向中航油集团呈交报告，说明交易情况及面对 1.8 亿美元的账面损失，并已缴付了期货交易的 8 000 万美元补仓资金，公司同时面对严重的现金流问题，已接近用罄 2 600 万美元的营运资金，1.2 亿美元的银团贷款及 6 800 万美元的应收贸易款（上述数据从未向其他股东及公众披露）；此后陈久霖开始向母公司中国航油集团求助。中国航油集团本应立即对此违规操作进行制止，强令其择机斩仓，但集团领导竟不顾国内监管部门有关风险控制的规定，决定对此疯狂的赌徒行为施行救助。2004 年 10 月 20 日，中国航油集团以私募方式卖出手中所持 15% 的股份，获资 1.08 亿美元，立即交给中航油（新加坡）补仓；15% 的股权以低于市价 14% 的价格卖给包括淡马锡控股等 50 多名投资者，由德意志银行承销，补交期货保证金。

这一行为成为压倒中航油的最后一根稻草：2004 年 10 月 26~29 日，巴克莱资本开始追债行动，要求中航油偿还 2 646 万美元；2004 年 11 月 8 日，中航油再有合约被逼平仓，亏损增加 1 亿美元；2004 年 11 月 9 日三井（Mitsui）能源风险管理公司加入追债行列，追讨 7 033 万美元；2004 年 11 月 16 日另一批合约被平仓，再亏 7 000 万美元；2004 年 11 月 17 日伦敦标准银行追讨 1 443 万美元，并指如果未能在 12 月 9 日支付欠款，将申请将之破产。11 月 29 日，为了挽救中航油，集团再向中航油提供 1 亿美元贷款，但此时已是杯水车薪，新加坡交易所不得不对中航油强制平仓（账户亏损额已超过账户保证金，此时交易所有权对账户内所有仓位强制平仓）。中航油在血性追杀约 110 亿美元的原油期货合同，以 50 美元/桶的强行平仓价格计算，这些合同相当于 3 000 万吨燃油，而中航油旗下 91 家机场全年仅有 500 万吨航油需求。中航油的期货交易远超套期保值的需要，属于纯粹的投机行为。2004 年 11 月 30 日，中航油终止所有原油期货交易。

事件的结局。2005 年 6 月，新加坡检控方对陈久霖提出了 15 项指控。2006 年 3 月 21 日，新加坡当地法院以制作虚假年报、违背公司法规定的董事职责、故意隐瞒巨额亏损、欺骗德意志银行和诱使集团公司出售股票等 6 项罪名，判处中国航空石油集团新加坡公司前总裁陈久霖四年零三个月有期徒刑，罚款 33.5 万新元。2007 年 2 月 7 日上午，国资委在京宣布了关于中航油巨亏事件的处理决定：原中国航空油料集团公司（简称中航油集团）总经理荚长斌被责令辞职；原中航油集团副总经理、中国航油（新加坡）有限公司（简称中航油）总经理陈久霖行政开除处分和开除党籍处分（"双开"）。国资委已认定陈久霖三方面问题：①违规从事场外石油指数期权交易；②越权批准超限额交易，并擅自决定对亏空期权交易挪盘和挪用备用信用证；③隐瞒期权交易的真实潜亏情况及出售 15% 股权的法律风险并伪造文书，因此对新加坡公司造成的特别巨大经济损失负有直接责任，已构成渎职。

（二）启示及教训

中航油（新加坡）从一开始就种下了毁灭的种子，因为其从事的期权交易所面临的风险敞口巨大。就期权买方而言，由于风险一次性锁定，最大损失不过是业已付出的期权费，但收益却可能很大（在看跌期权中），甚至是无限量（在看涨期权中）。相反，对于期权卖方而言，最大收益仅限于收取买方的期权费，然而其承担的损失却可能很大（在看跌期权中），以致无限量（在看涨期权中）。至于在信用风险与流动性风险等方面，期权合约与期货合约大致相似，只是期权风险可能还会涉及更多的法律风险与难度更大的操作风险。中航油（新加坡）却恰恰选择了风险最大的做空期权。

期权交易本身的高风险性使没有任何实践经验的中航油暴露在市场风险极高的国际衍生交易市场中。国际上，期权的卖方一般是具有很强市场判断能力和风险管理能力的大型商业银行和证券机构，而中航油（新加坡）显然不具备这种能力。由于中航油（新加坡）公司从事的是场外期权交易（OTC 交易），交易双方都必须承担比交易所衍生品交易更大的信用风险，然而中航油（新加坡）的交易对手却是在信息收集和分析技术方面占绝对优势的机构交易者，其必然会充分利用自身的信息垄断地位来获利，并将信用风险全部转嫁到中航油（新加坡）身上。加上中航油雇用的交易员全是外籍交易员，机密全部暴露，营运风险加剧，在这种强势对手面前，公司无疑处于绝对劣势地位。总裁陈久霖的贪婪心理导致了公司严重违规操作，因为其从事的石油期权投机是中国政府明令禁止的。

1999 年 6 月，国务院发布的《期货交易管理暂行条例》规定："期货交易必须在期货交易所内进行。禁止不通过期货交易所的场外期货交易。""国有企业从事期货交易，限于从事套期保值业务，期货交易总量应当与其同期现货交易量总量相适应。"2001 年 10 月，证监会发布的《国有企业境外期货套期保值业务管理制度指导意见》规定："获得境外期货业务许可证的企业在境外期货市场只能从事套期保值交易，不得进行投机交易。"中航油的期权交易远超套期保值的需要，属于纯粹的博弈投机行为。

七、期货市场的滑铁卢——"327"国债事件

"327"国债事件是在 1995 年 2 月 23 日爆发的一起严重的期货违规事件。它是在国债期货市场发展过快、交易所监管不严和风险管理滞后的情况下，由上海万国证券公司、辽宁国发（集团）股份有限公司等少数大户蓄意违规、操纵市场、扭曲价格、严重扰乱市场秩序所引起的国债期货风波。万国证券作为中国证券业的龙头经此事件而遭遇灭顶之灾，而"327"事件对中国期货业发展的影响也是难以估量的。

（一）"327"国债事件始末

"327"品种是对 1992 年发行的 3 年期国债期货合约的代称。由于其于 1995 年 6 月即将交收，现货 1992 年 3 年期国债保值贴补率明显低于银行利率，市场在 1994 年底就传言"327"等低于同期银行存款利率的国库券可能要加息；而另一些人则认为不可能，因为一旦加息国家需要多支出 10 多亿元资金，于是，围绕对这一问题的争议，期货市场形成了"327"品种的多空博弈，该品种价格的最大振幅曾达 4 元多。

1995 年 2 月 23 日，财政部关于 1992 年期国库券保值贴补的消息正式公布。多头乘势向空头发起强大攻势，而空方却不甘束手就擒。双方围绕"327"高地展开了激烈的争夺战。

空方的 1 号主力是万国证券公司，在"327"品种交易中，万国证券认为国家不可能因其利率偏低而加息，因而一直在做空。而当加息的消息被证实时，为了挽救公司可能出现的高达 10 亿元以上的损失，便不顾一切地铤而走险，违规恶炒。在 148.50 元附近，空方集结了大量的兵力。但多方力量势不可挡，空方二号主力辽宁国发（集团）公司也临阵倒戈，突然空翻多，使数百万的空单被轻而易举地吃掉，价格大幅飙升，迅速推高到 151.98 元天价。16 时 22 分，离收盘还有 8 分钟。正当许多人都以为大局已定时，急红了眼的空方主力万国赤膊上

阵，先以 50 万口将价位打到 150 元，接着连续以几个数十万口的量级把价位再打到 148 元，最后一笔 730 万口（合约价值人民币 1 460 亿元，相当于 36 亿元保证金）的巨大卖单令全场目瞪口呆，多方顿时兵败如山倒，价位被封死在 147.50 元。在一阵紧锣密鼓的狂轰滥炸之中，万国共抛出 1 056 万口卖单，面值达 2 112 亿元，而所有的"327"国债总额只有 240 亿元。也就是说，万国卖空的数额超过了该品种总额的 7.8 倍。当日上海国债期货总成交 8 539.93 亿元，其中 80% 即 6 800 亿元左右集中在"327"品种上。若按收市价 147.50 元结算，意味着一大批多头陷于一贫如洗、资不抵债的绝境。

当晚上交所宣布：23 日 16 时 22 分 13 秒之后的交易异常，经查是某会员公司为影响当日结算价而蓄意违规。故 16 时 22 分 13 秒之后的所有"327"品种的交易无效。这部分成交不计入当日结算价、成交量和持仓量的范围。经调整，当日国债成交额为 5 400 亿元，当日"327"品种的收盘价为违规前最后签订的一笔交易价格 151.30 元。

"327"国债事件震撼了中国证券期货界。在仲裁机关的调解下，2 月 27 日、28 日进行了协议平仓，但效果不甚理想，3 月 1 日又进行了强行平仓。

事件发生后，中纪委、监察部会同中国证监会、财政部、中国人民银行、最高人民检察院等有关部门组成联合调查组，在上海市政府配合下进行了 4 个多月的调查，在此基础上做出了严肃处理。对万国证券公司进行了改组，董事长徐庆熊、副董事长兼总裁管金生同时辞去所任职务。管金生锒铛入狱。

"327"国债事件的二号主角辽宁国发（集团）公司，由来自沈阳的高原、高岭兄弟主持，他们采取私刻公章、伪造证书和票据等欺诈手段，在沈阳、武汉等地大肆进行非法融资和债券、证券回购、股票期货炒作等体外经营，负债 98.66 亿元，资产合计 82.62 亿元，资产与负债差额 16.04 亿元，给国家造成巨大的经济损失。1995 年 2 月 23 日上午，辽宁国发（集团）公司把几家关系户的空仓（卖出合约）集中在海南某公司名下，通过无锡国泰期货经纪公司大量违规抛空，企图压低价格，达到减亏或盈利的目的。当打压无效时，辽宁国发（集团）公司又率先空翻多，制造假象以扰乱市场秩序。事发之前，辽宁国发（集团）公司及其关系户也存在联手操作，超限持仓达 120 万口的严重违规问题。"327"国债事件后，上交所发现辽宁国发有 800 多个账户，但其提供的大批国债入库通知单均是空单。"327"国债事件后，为了挽回巨额亏损，于 3 月份又试图翻本，继续在债市炒作"329"品种，结果再度亏损。辽宁国发（集团）公司案不仅是证券期货违规问题，还有金融诈骗等严重犯罪，涉及金额数百亿元。

"327"国债事件中的多方主力中国经济开发信托投资公司（简称"中经开"）有着财政部背景，信息的不对称使其具有"近水楼台先得月"的先天优势，正是引起这场危机总爆发的导火线。

1995年2月23日，市场之所以敢于做多，是有先知先觉者提前得知财政部将把1992年3年期6月份交割的国债品种（即对应的期货品种"327"）的年利率由原来的9.50%提高到12.24%。"327"品种从1995年2月起，价格一直在147.8~148.3元区间波动，2月9日中经开为首的多方入场，非但没有回避瓜田李下之嫌，反而成为多方司令。多方做多的理由主要是对保值贴补率的预测，后来的事实证明了这一判断是具有预见性的。事实上，市场并未认真地计算价格价值比的走势，而在很大程度上进行的是资金实力和消息的较量。在这里，2月23日多空短兵相接，多方基本控制着主动权，先以80万口在前日的收盘价的基础上提高到148.50元，接着又以120万口攻到149.10元，再以100万口改写150元的记录。盘中出现过200万口的空方巨量封单，但瞬间便被多方收入囊中。这说明，违规操作的不仅是空方，多方也存在类似问题。空方在最后8分钟竟然搬起石头砸了自己的脚，同时也在一定程度上掩盖了多方的违规事实。

"327"风波之后，各交易所采取了提高保证金比例，设置涨（跌）停板等措施以抑制国债期货的投机气氛。但因国债期货的特殊性和当时的经济形势，其交易中仍风波不断，并于当年5月10日酿出"319"风波。5月17日，中国证监会鉴于中国当时不具备开展国债期货交易的基本条件，做出了暂停国债期货交易试点的决定。至此，中国第一个金融期货品种宣告夭折。

（二）"327"国债事件带给我们的教训

"327"风波与引发亚洲金融风暴的巴林事件只相差两天时间，"327"事件同样明显暴露出我们对于高风险市场的内外监控能力不足。酿成"327"事件的具体原因有三点：

第一，期货业务的推出仓促，不仅缺乏经验，也缺乏相应的制度、监管法规，更重要的是对市场风险缺乏必要的认识和有效的风险预警机制。

第二，国债期货市场投机风气极浓，违规造市、超额持仓、内幕交易现象严重。个别券商恶性投机，蓄意违规，对此却缺乏监督，甚至可以在没有相应保证金的情况下短时间内进行上千万口的交易，也没有即时预警机制。

第三，有关"327"国债分段计息加息及贴息消息的泄露，是触发此次事件的导火线。从历史的角度看，"327"国债事件未像巴林事件一样引爆金融危机，可谓不幸之中的万幸，其留下的教训当然是相当深刻的。

"327"国债事件的直接后果是中国期货交易的因噎废食，至今一提到期货就联想到幕后操纵等黑暗面，使国债期货市场背负了太多的坏名声。对"327"国债事件，除了重新认识应吸取的教训以更好地避免相关风险之外，也应适当消除其负面影响。使人们正确认识国债期货作为重要的避险工具的作用。

八、中信泰富外汇期权投资巨亏案例分析

2008年10月20日，中信泰富披露因澳元贬值跌破锁定汇价，导致中信泰富在过去两年中分别与13家国际银行签下的24款外汇累计期权合约公允价值损失约147亿港元，至12月初，巨额亏损已扩大到186亿港元。在短短30多个交易日内，中信泰富以每天1.1亿港元的惊人亏损快步冲刺。

中信泰富外汇累计期权（accumulattor）巨亏的沉重现实，让人无法释怀究竟是什么原因，导致一家拥有优质资产和优秀管理团队的企业，遭受如此凶险致命的一击。

经过有关专家对中信泰富复杂的外汇衍生产品交易进行的深入分析和计算，发现了令人震惊的现实。

（一）合约定价陷阱

中信泰富外汇衍生品合约头寸主要有四类：澳元累计目标可赎回远期合约、澳元日累计合约、双货币累计目标可赎回远期合约和人民币累计目标可赎回远期合约。其中澳元累计目标可赎回远期合约亏损最为严重，该合约规定，中信泰富须以固定汇率（加权汇率0.87美元/澳元），每月买入一定数额的澳元，到期日2010年10月，累计最大买入数额为90.5亿澳元；每份合约都有最大收益终止（knock out）条款。其中，中信泰富在2008年7月密集签署的16份每月累计外汇远期合约，其杠杆倍数绝大多数为2.5倍。当价格对中信泰富有利时，每月的购买量为416万澳元到3 000万澳元不等。

通过统计方法，有关专家将上述16份合约标准化为15个同样的合约。即，交易标的：澳元兑美元汇率；签署时间：2008年7月16日；合约开始结算时间2008年10月15日；到期时间：2010年9月（24个月）。价格有利时买进1 000万澳元，价格不利时买入2 500万澳元，加权行权价为0.89元，按月支付。

中信泰富的这个外汇合约可分解成两种障碍期权组合，一种是向上敲出的看涨期权（up-and-out call）；另一种是向上敲出的看跌期权（up-and-out put）。从障碍期权结构看，看涨期权和看跌期权的条款是一样的。通常这种合约在签订之时，双方没有现金支付，相当于在未来两年内的每个月，中信泰富获得1个向

上敲出的看涨期权，同时送给银行 2.5 个向上敲出的看跌期权作为对价。

据蒙特卡罗（montecarlo）方法定价测算，按汇率历史波动率（约 15%）模拟，研究者高达十几万次的运算结果表明，中信泰富在签订这单外汇合约时就亏损了 667 万美元。其原因就是中信泰富得到的 1 个看涨敲出期权的价值远小于其送给交易对手的 2.5 个看跌敲出期权的价值。正常情况下，如果一个合约是"公平的"，签订时合约双方没有现金支付，那么在合约签署时，其价值应为零，即合约双方都没有占对方便宜。但这笔合约，投行却占了非常大的便宜。按历史波动率测算，中信泰富一份合约的损失就为 667 万美元，15 份外汇合约在签订时就损失了约 1 亿美元。倘若波动率变大，如 30%，亏损将更高达 4.5 亿美元。

中信泰富签订的这些外汇远期合约衍生工具累积期权（Knock Out Discount Accumulator，KODA），按谐音，香港称之为"I will kill you later"。这种合约具有很大的欺骗性，尤其在牛市中。很多投资者认为只要价格不会大幅下跌，就可包赚不赔。在牛市末期，投资者通常比较亢奋，风险意识较低，容易上当。而这种合约时间跨度较长，为市场反转预留了足够空间，这就是为什么这种产品也称作"I will kill you later"。而中信泰富与国际银行签订的合约已经不是我以后杀死你，而是我现在就杀死你（I will not kill you later，Instead，I am killing you right now）。

专家称，中信泰富签订的这类合约，在金融学上被称为奇异衍生品，含有复杂的"敲出障碍期权""双外汇选低期权""看跌期权"。这些产品，从定价到对冲机制都很复杂，一般投资者根本不知道产品应如何估值，不知道如何计算与控制风险，因此很容易在高价买进的同时低估其潜在风险。而作为交易对手的投资银行或商业银行，拥有大量专业人才，对于衍生品的数学模型有多年研究，充分掌握估值与风险对冲技术。因此，交易双方存在严重的知识与信息不对称。单从定价角度考虑，国内企业与国际银行做复杂衍生产品交易，就等于自投罗网。

（二）案例分析

中国企业从中航油开始，屡屡折戟于复杂的期权市场，除了对复杂衍生品缺乏了解之外，更与国内企业投机心态严重、风险管理水平不高、内控机制不足有关，从而使风险不断积累和扩大。

第一，从交易目的与合约内容实质看，带有明显的投机性。中信泰富买入累计期权的初衷是为了对冲投资澳大利亚矿业项目的外汇风险（澳元升值风险）。但从合约内容看，该公司为了回避有限的汇率上涨风险，却附带了在汇率下跌时可带来巨大敞口风险的对价协议（按约定汇率双倍买入），在期权市场的做空行为不仅带有明显投机性，而且使其实际上成为国际市场上大型金融机构才能承担的角色——发售期权的庄家。一般来说，累计期权本身就是投行们利用专业优势和定价优势设计的攫取财富的工具，对买卖双方来说都具有强烈的投机色彩。

第二，从交易方向看，从上述案例中可以看出，中信泰富买入看涨期权方向符合套保要求，在现货方向上可以视作是持有空头部位，因此在衍生品方向上应当买入；但作为对价部分的卖出期权规定则与其外汇现货所需方向相同，已不属于套保交易。从而使整个交易成为投机交易。

第三，从时间看，交易时间约定已脱离套保原则。在套保时间周期上，一般每笔交易应对应于相应的现货周期，如中信泰富投资付款方式为 1 年结算的话，套保操作则应以 1 年为期限，但实际上中信泰富 2007 年所签衍生交易合约期限至 2010 年，与现货周期极度不符，超出部分可视为投机。

第四，从数量看，由于衍生品履约周期为 3 年，远长于现货贸易周期，造成衍生品量超过实际所需保值量。中信泰富买入外汇金融衍生产品的初衷是为了对冲投资澳大利亚矿业初期投资 16 亿澳元的外汇风险，加上 1 年 10 亿澳元的运营费用，1 年所需澳元总量也不过 26 亿澳元，但在外汇衍生品上的投资实际上最终持有超过 90 亿澳元（仅以其一笔最大的合约头寸计），金额比实际矿业投资额高出 3 倍多，超出所需保值部分，带来新的数十亿澳元敞口风险。

第五，从内控机制看，中信泰富在金融衍生品交易方面缺乏有效的流程控制，风险对冲政策形同虚设。中信泰富董事局主席荣智健在公开信中称，"集团财务董事未遵守集团风险对冲政策，在进行交易前未按照公司一贯规定取得董事会主席的事先批准，超越了职权限度"，"财务总监未尽其应有的把关职责，没有将此等不寻常的对冲交易提请董事会主席关注"。

如果中信泰富完全从保值避险出发，出于避免澳元上涨目的，则可以通过购买看涨期权规避风险，由此其最大的损失只限于权利金（完全可以承受的范围内）。